# 猿田彦神は
# イエス・キリスト

## 高《たか》天《あま》原《はら》の黙示録

二宮 翔

郁朋社

猿田彦神はイエス・キリスト——高天原の黙示録——／目次

# 一

## 神話《しんわ》

## 五　サラ姫の謎

装丁／宮田麻希

# 一

# 神話《しんわ》

# 「はじめに」

第七十三世武内宿禰《たけのうちすくね》・竹内睦泰《たけうちむつひろ》氏は、その著書『古事記《こじき》の宇宙』において次のように述べられている。

「正統竹内文書《せいとうたけうちもんじょ》では、猿田彦《さるたひこ》神はイエス・キリストであると伝えられているのです」

「イエス・キリストである猿田彦神と結婚した天鈿女《あめのうずめ》命とはマグダラのマリアのことなのです」

古代史を通説で読む限りでは、とても信じがたいものであろう。

正直なところ、筆者も当初は全く信じられなかった。

武内宿禰とは古代史に登場する英雄の一人で、第十二代・景行《けいこう》天皇の時代から大和王権の官房長官的な役割で活躍し、何と約三百年も生きたとの伝承を持つ。竹内睦泰氏は武内宿禰の後裔《こうえい》、口伝《くでん》にてその歴史を受け継ぐ第七十三世に十九歳の時に就任し、その極秘口伝の一部を一族長老たちの了解を得ながら、徐々に世に公開されたのである。代々木ゼミナールの日本史講座において伝説的な人気講師でもあった。残念ながら二〇二〇年に早逝されてしまったが、その著書や多くの動画は今でも貴重な伝承を語ってくれる。古代史に関する聞き手の知識レベルに合わせて講演されたので、まだまだ語られなかった本当の史実が沢山あるはずである。竹内氏の著書『古事記の宇宙』『古事記の邪馬台《やまたい》国《こく》』は、日本古代史研究の歴史に残る名著となるであろう。しかし何故、その評判を落としかねない、この信じがたい伝承を文書に残されたのであろうか？

通説では偽書とされるが、古史古伝《こしこでん》や古代から続く神社伝承・口伝《くでん》には史実を解く多くの暗号が含まれる。竹内睦泰氏は別の著書にて、「正統竹内文書《せいとうたけうちもんじょ》・富士宮下文書《ふじみやしたもんじょ》・九鬼文書《くかみもんじょ》の順に解いていけば史実に近づく」と残された。筆者はその三書を順番に読んでみることにした。

本書はその三書に加えて、先代旧事本紀《せんだいくじほんき》、秀真伝（ホツマツタエ）、秋田物部文書《あきたもののべもんじょ》、但馬故事記《たじまこじき》などの古史古伝や、元伊勢籠神社《もといせこのじんじゃ》伝承、出雲富家《いずもとみけ》伝承、高良玉垂宮神秘書《こうらたまだれのみやしんぴしょ》など古代より続く神社の伝承、また多くの先達の書見等を繋ぎ合わせ、竹内睦泰氏の残された「猿田彦神はイエス・キリスト」という謎の解明を試みた研究である。

仮説を検証するために、古事記・日本書紀《にほんしょき》（以下「記紀《きき》」）の実質的な編纂者といわれる第四十代・天武《てんむ》天皇、藤原不比等《ふじわらふひと》までに亘る歴史を同じ手法で見通したことで、何故、藤原不比等がこのように歴史を残したのかが少し見えてきた。本書では七世紀の藤原不比等の時代まで記すことはできないが、しかしその時代までを一連の流れで分析しなければ、この謎を解くことはできなかった。

古事記において、猿田彦神は天孫《てんそん》・瓊瓊杵《ににぎ》尊が天照大御神《あまてらすおおみかみ》の神勅《しんちょく》を受けて高天原《たかあまはら》から豊葦原瑞穂《とよあしはらみずほ》の国に降臨する際、伊勢の地で待ち受けて瓊瓊杵尊を先導する場面で登場する。天孫降臨《てんそんこうりん》という重要な場面で登場するので、偉大な神であることは示唆されている。そして天鈿女《あめのうずめ》命と結婚して伊勢に住むことになるが、海で魚を採っている最中に大きな貝に手を挟まれて溺れて死んでしまう。これだけなのだ。

記紀だけでは猿田彦神とイエス・キリスト（以下イエス）が関係するなど全く想像もつかないわけである。そして現代の日本では、記紀に記されたその稀有な容貌（赤ら顔と長い鼻）から、猿田彦神は「天狗」と同体と見做されることが多い。天狗は各地の大祭にて、神々の先導役を果たすことで知られている。しかし日常の社会において、天狗とイエスを同体と見做す人はいない。


神社に祀られる神は私たちと同じ人である。

秀真伝には「ヒトハカミ　カミハヒトナリ（人は神、神は人なり）」という言葉がある。古代史を歴史小説と同じように「人の物語」として再現してみたいというのが本書の狙いでもある。

さて「猿田彦神はイエス・キリスト」であるに違いないと考えるに至ったプロセスを、古代から順に詳細まで説明していくと結論が最後になってしまうので、先に大きな枠組みだけでも説明しておこう。


まず、第一に、古代日本が超多民族国家だったと確信できたこと。

富士宮下文書に加えて「天孫人種六千年史《てんそんじんしゅ》の研究（三島敦雄氏《みしまあつお》）」など多くの関係書籍から、オリエント文明、狭義にはメソポタミア文明の「スメル（シュメール）神話」と、日本の皇祖との関係を確認できたことで、古代の日本が超多民族国家であり、紀元一世紀に活躍したイエスが日本に渡来しても何らおかしくない、と考えられるようになった。

イエスはキリスト教の創始者であり、ユダヤ人である。

第二に、神武天皇《じんむてんのう》即位が紀元五七年であると確信できたこと。

竹内睦泰氏は著書『古事記の邪馬台国《やまたいこく》』において、初代・神武天皇の即位年を紀元五七年とした。ここには多くの学説があり、非常に難解なところである。明治政府が制定した「皇紀《こうき》」では、神武天皇即位は紀元前六六〇年とされる。一方、考古学などを加味した通説では、神武天皇を第十代・崇神天皇と同一と見做すなどとした上で、その即位を二世紀~三世紀とされる研究者が多い。

竹内睦泰氏はこの通説に対し、「神武天皇即位を紀元五七年とするのは、口伝伝承者としてではなく、歴史研究者としての見解である」とされた。筆者の知る限り、この説を主張するのは竹内睦泰氏だけだ。

本書では、中国史「史記《しき》」に記される徐福《じょふく》の分析、朝鮮半島における三韓（高句麗《こうくり》・百済《くだら》・新羅《しらぎ》）の歴史との照合、そして魏志倭人伝《ぎしわじんでん》に登場する卑弥呼《ひみこ》を含む欠史八代《けつしはちだい》といわれる天皇の系図比定から、神武天皇即位を紀元五七年とする竹内睦泰氏の見解が妥当であると確信した。

これにより猿田彦神と、紀元一世紀に活躍したとされるイエスの活動期間が合致してきたのである。ここは極めて重要なポイントになる。

第三に、記紀が隠した富士山など古代日本国土の地理感を、富士宮下文書や秀真伝（ホツマツタエ）で具体的にイメージできたこと。

この二つの古史古伝が醸し出す日本国土全体の地理感は素晴らしい。

記紀では藤原不比等が政治的な意図をもって富士山を隠した。

故に古代日本はまるで西日本しかなかったのか？　との錯覚すら抱く。

日本書紀は、七世紀に白村江の戦いで大敗戦を喫して、侵略される可能性のあった相手「唐」を強く意識している。遣唐使は日本書紀を持ったのである。国土の地理情報は外交戦略においては超極秘事項だった。

富士山を含む東国は隠されたのである。

神道《しんとう》の祭祀で唱えられる大祝詞《おおのりと》には「大倭日高見国《おおやまとひたかみこく》」という聞きなれない国名が日本の総称としてでてくるが、これは出雲《いずも》・丹波《たんば》を中心とした大倭国《おおやまとこく》（出雲王朝・西国）と、富士山を中心とした日高《ひたか》見国《みこく》（富士王朝・東国）が合体し、後に天武天皇が制定した「日本」国となったものと解釈できる。

猿田彦神は、富士山（富士王朝）でも活躍していた。


第四に、イエスが日本にいたと記す「古史」と「現代」があること。

九鬼文書《くかみもんじょ》では「伊恵須《いえす》」という人物が系図に登場する。驚きである。大国主《おおくにぬし》天皇（出雲族）の弟であり、同時に「白人根国《しらひとねこく》　中興の祖」と記される。九鬼文書は、藤原不比等が監修した中臣《なかとみ》氏の歴史と神道秘儀を伝える古史である。富士宮下文書の系図でも猿田彦神は大国主神の弟だ。

そしてまた現代の著名な物理学者であられる保江邦夫《やすえくにお》氏は、その著書『封じられた日本史』において「キリストは日本で生き延びていた」と記されている。詳細は是非とも保江氏の著書をお読みいただだきたいが、伯家神道《はくけしんとう》の伝承者として覚醒された保江氏の書見を信ずるものである。

第五に、彦火々出見尊《ひこほほでみ》、猿田彦神《さるたひこ》、宇迦乃御魂命《うかのみたま》の系図と亦名《またのな》などを解き明かせたこと。ここがポイントなのだが、これにより記紀神話に封印されていた謎（系図・地理・時間）が徐々に明らかになる。

本書題目を「黙示録《もくしろく》」としたのはこの故である。黙示録とは、隠されていたことを明らかにしていく書という意味になる。

とにかく古代の日本は超多民族国家だったのである。

江戸時代の鎖国政策の影響であろうか。日本人は自らの民族を縄文時代から続く単一民族の国家と考えがちだが、全く違うのである。弥生時代の前から、多くの民族が常世國《とこよのくに》（理想郷の意）を目指して、遥かオリエントの地から渡来して様々な場所に住んだ。多くの民族が集結して、大和王権の皇室を創っていった。この間にはもちろん紛争もあった。

しかし結論を先に言えば、神武天皇以降、現代でも討議される王朝交代、中国史でいう易姓革命《えきせいかくめい》のような血族の交代を伴う革命はなく、神日本磐余彦火々出見天皇《かむやまといはれひこほほでみてんのう》（神武天皇）の皇統は現代まで約二千年間、途切れなく維持されている。皇祖は彦火々出見尊なのである。

古史古伝研究の第一人者であられた吾郷清彦《あごうきよひこ》氏は、

「多くの古史古伝が異なる片鱗を示している。これらをすべてよく見て総合せねばならない。特定の史書一辺倒の解析ではだめだ」と述べられている。金言である。

古史古伝にもそれぞれを残した一族による事情と意図があり、当事者として核心をつく伝承と、他者から入手した曖昧な伝承が混載されている場合が多いと感じられるからだ。

それだけに多くの古史古伝や口伝、伝承を繫ぎ合わせて分析していくことが必要になる。

漫画キングダムが若い人にも人気だが、紀元前三世紀の中国（秦始皇帝）の歴史が日本で映画化されるのに対して、日本人は同じ時代の自らの国の歴史をほとんど何も知らないという現況である。

太平洋戦争以降の歴史教育が大きく影響していることは間違いない。

「日本人」について、もう一度深く考えねばならない時がきている。

最近はパワースポットブームだという。神社の御朱印も人気がある。

あるウェブサイトによれば、日本の最強パワースポットランキングは、

一　富士山（静岡・山梨）

二　伊勢神宮（三重）

三　出雲大社（島根）

四　熊野三山（和歌山）

五　高千穂（宮崎・鹿児島）　だという。

いずれも神武天皇以前の神代に由緒あるものだが、残念ながら祀られている神々の「人の物語」はほとんど知られていない。これを知っておけば、もっと日本人としての人生が楽しくなることは間違

いない。

## 「記紀《きき》と古史古伝《こしこでん》」

日本古代史の入門書として古事記を初めて読んだときに感じられることは概ね次のようなことだろう。

「神たちはどのような家系なのであろうか？」（系図）
「高天原（たかあまはら）とはどこにあるのだろうか？」（地理）
「これはいつ頃の時代のことなのだろうか？」（時間）

竹内睦泰氏は、「藤原不比等は、系図、地理、時間について絶妙に隠した」と述べている。記紀だけではわからないということだ。

「高天原」とは広義には宇宙とも捉えられるが、本書では狭義に一定の地域と捉えて、皇祖（天皇）の住む都「皇都」と位置付ける。

一般的には「タカマガハラ」と呼称する場合が多いが、竹内睦泰氏も「たかあまはら」の清音が正しいと強調している。古代では濁音はあまり好まれなかった。本書は「たかあまはら」の黙示録である。

古事記は七一二年成立とされ、現代は「こじき」と読むが、古代では「ふることふみ」であり、天皇家のために書かれた先祖の物語である。したがってほとんど公開されることは無かったが、江戸時代にこれを研究して古事記伝《こじきでん》として世に出したのが本居宣長《もとおりのりなが》である。

日本書紀は七二〇年の成立であり、六国史《りっこくし》とされる日本正史の初めの一書となる。全章が漢文で唐（中国）を意識している。古事記が物語として一連の流れで記されるのに対し、日本書紀では特に神代において、「一書《いっしょ》」という形式で数多くの異なる伝承を伝えている。神代とは当時からにしても既に七百年から千年以上も昔であり、確実な史実がどうであったかを判断するのは難しい。多くの口伝があったはずである。

藤原不比等《ふじわらふひと》と後裔は、日本書紀成立後は、これと異なる伝承が広まることを厳しく統制した。壬申《じんしん》の乱《らん》を乗り越えて成立した天皇制の確立と、天皇家を補佐する氏族たちの勢力争いを避けるためだ。神代から天皇家を支えてきた多くの氏族にはそれぞれの家伝もあったが、藤原氏からの統制は厳しく、これを伝承していくには多くの苦難があった。

古史古伝とは記紀以外の氏族や神社等の伝承である。記紀を重視する現代のアカデミーからは一般的にすべて「偽書」とされる。形式的には藤原氏の統制への対応策として「記紀合わせ」もしながら、「その一族にだけは史実が伝承されるという工夫」がなされる場合が多い。したがって多くの古史古伝の中から謎を解明するヒントを見つけ出し、仮説で繋ぎながら、可能な限りの検証を行うことが史実に近づくことになる。

記紀と古史古伝、口伝伝承等を擦り合わせて読み込むうちに、古代の英雄たちは多くの別名、亦名《またのな》（またの名）を持つことがわかった。

隠された歴史を説く鍵はここにある。

例えば、住んでいた都を離れる、別の国へ行く、他の氏族に婿入りする、夫君との死別により再婚する、などの場合に、過去の名を捨てて新しい亦名をとることが多い。諱《いみな》と諡《おくりな》があり、また役職名や世襲名もあり、更に多くの亦名が派生して解析を難しくしている。

・「諱《いみな》」は、その個人としての名である。
・「諡《おくりな》」は、その個人の活躍を称えて贈られた名。死後に贈られる。
・「役職名」とは、例えば出雲神話に登場する「大国主《おおくにぬし》」、これは多くの国を治める王の意で、現代の総理大臣のような役職名である。
・「世襲名」とは、例えば江戸徳川将軍の世継ぎで使われた「竹千代《たけちよ》」と同じ。一族の世襲名が度々登場するので世代に留意が必要になる。

記紀の中だけでもこの手法が盛んに使われている。これを多くの他の古史古伝と付き合わせることで、英雄たちの多くの亦名が結ばれて、ようやくその人物としての「人の物語」が繋がってくる。

本書で主に参考とした古史古伝の概要について予め記しておこう。

「正統竹内文書《せいとうたけうちもんじょ》」

本書では竹内睦泰氏の『古事記の宇宙』『古事記の邪馬台国』をはじめとする著書、及びYou Tube動画などを「正統竹内文書」とする。

古文書《こもんじょ》としての「竹内文書」は、五世紀の大臣《おおおみ》・平群真鳥《へぐりのまとり》が著者とされ、神代から第二十五代・武烈天皇《ぶれつてんのう》までを記している。

「富士宮下文書《ふじみやしたもんじょ》」

富士吉田市にある北東本宮小室浅間神社《ほくとうほんぐうおむろせんげんじんじゃ》の宮司である宮下家に伝わる多くの古文献の総称である。宮下家は第十五代・応神天皇《おうじんてんのう》の大山守皇子《おおやまもりおうじ》の後裔であり、古文献は神代から南北朝時代まで繋がれている。

本書底本《そこほん》「神皇記《じんのうき》」「開闢神代歴代記《かいびやくしんだいれきだいき》」はそのダイジェスト版である。

「九鬼文書《くかみもんじょ》」

南北朝時代に熊野本宮別当《くまののほんぐうべつとう》の役職についた九鬼家《くきけ》に伝わる古史。

中臣氏（藤原氏）の祖・天児屋根命《あめのこやね》からの歴史と祭祀の内容について藤原不比等が監修したものとされる。公開された内容は限られており、本書底本は「九鬼文書の研究（三浦一郎氏）」である。

「先代旧事本紀《せんだいくじほんき》」

古代史書の中では古事記、日本書紀に継ぐ古典四書の中の一つ。

九世紀（平安時代前半）に物部氏《もののべし》系の一族によって編纂されたと考えられている。神代から第三十三代・推古天皇《すいこてんのう》までの系図や事績について、特に物部氏と尾張氏《おわりし》を中心に記されている。

「秀真伝（ホツマツタエ）」

全編が神代のヲシテ文字によって五七調の文章で記される古伝。

成立時期は不詳だが、神代から第十二代・景行《けいこう》天皇の皇子・日本武尊《やまとたける》の時代までが記されている。著者は前半が初代・神武《じんむ》天皇と同世代の櫛御方《くしみかた》命、後半が第十代・崇神《すじん》天皇と同世代の大田田根古《おおたたねこ》命とされる。

「秋田物部文書《あきたもののべもんじょ》」

秋田県仙北郡の唐松《からまつ》神社に伝承された物部氏に関する古史。

神代の饒速日《にぎはやひ》命の降臨から神武東征《じんむとうせい》、そして第四十代・天武天皇の時代までが記されている。

「但馬故事記《たじまこじき》」

歴代但馬国司《たじまこくし》により語り継がれた国司文書である。神代から平安時代の十世紀まで記されている。但馬国を日本国と見做して、国史そのものについても極めて貴重な伝承を残している。

「神社伝承」

丹後国一宮の元伊勢籠神社《もといせこのじんじゃ》は多くの書籍を刊行されている。本書では特に先々代宮司・海部穀定《あまべよしさだ》氏の『原初《げんしょ》の最高神と大和朝廷の元始《げんし》』、先代宮司・海部光彦《あまべみつひこ》氏の『元伊勢の秘宝と国宝海部氏系図』などを主な参考文献とした。

その他にも多くの古史古伝や神社伝承、先達の貴重な書見があるが、都度簡単に説明を行うこととし、詳細は参考文献を参照いただきたい。

## 「縄文王国《じょうもんおうこく》とスメル人」

紀元前一万五千年頃、縄文時代の日本は世界最先端の文明を以て栄えていたという。地球の最終氷期は約七万年前から一万年前（紀元前八千年）頃まで続いたが、日本は海流と火山の影響によって世界で最も暖かかった。人々はこぞって日本に集まってきた。これが縄文人だ。当時の日本で人口密度が最も高かったのは、現代の山梨、長野、岐阜だったという。

縄文王国である。日本の古代史と山岳信仰は深く繋がっている。

縄文人は各地にある円錐形の山岳や巨石を「神霊の鎮まる場所」として神奈備《かんなび》とし、神籬《ひもろぎ》（神が宿る依《よ》り代《しろ》）をおいて祀った。

現代でも日本の三霊山《さんれいざん》と言えば、「富士山《ふじさん》」「立山《たてやま》」「白山《はくさん》」だが、これらは間違いなく古代史の舞台だった。

また日本の地質学的な構造で重要なのは、フォッサマグナと中央構造線であり、この交差点にあるのが諏訪湖《すわこ》である。フォッサマグナで東西に分離された国土は現代では想像できないような大きな断層で隔離されており、行き来することすら容易ではなかったという。繰り返し大地震があり、八ケ岳《やつがたけ》や車山《くるまやま》は火山噴火を繰り返していた。中央構造線上には、伊勢神宮をはじめとして一宮《いちのみや》とよばれる多くの歴史ある神社が祀られている。


林裕史《はやしひろし》氏はその You Tube 配信において、以下の通り主張されている。

「長野県茅野市の国宝・縄文ヴィーナス土偶はシュメール（スメル）遺跡のイナンナ女神像と同じである」

「女神イナンナは日本の伊那（イナ）、恵那（エナ）で生まれた」

非常に興味深い話だ。紀元前四千年、メソポタミアの地に忽然と現れて世界初の都市文明を開いたスメル人は、日本から行ったとする主張である。

伊那地方には中央構造線が南北に走っており、ここには「ゼロ磁場」といわれる分咋峠《ぶんくいとうげ》もある。極めて神霊の高いところだ。中央アルプスの名峰恵那山《えなさん》を越えるには神坂峠《みさかとうげ》という東山道《とうざんどう》最大の難所を越えていく必要がある。縄文王国で生まれ、諏訪から伊那・恵那と続く神霊の道を通って、女神イナンナは大陸へと旅立っていったのだろうか。

日本では紀元前五千三百年頃、鬼界カルデラ（薩摩硫黄島）の大噴火があり、九州はもちろん西日本一帯はほぼ人が住めない環境になったといわれている。これは過去一万年で地球上最大の火山爆発だったらしい。

西日本一帯には熱風と大津波が押し寄せたことであろう。またその火山灰は遠く離れた伊勢地方でも二十センチ以上積もったとされている。

これを契機に、高い文明を持つ縄文人がユーラシア大陸に渡ったとする説は十分に可能性があることだろう。

竹内睦泰氏は、「日本がすべての人類の御祖国なのだ」と述べられる。

富士宮下文書を語り、不二阿祖山大神宮《ふじあそやまだいじんぐう》を再興されている渡邊政男《わたなべまさお》氏も同じく、「スメル人は日本の縄文人である」と述べられる。

古代史研究家の鹿島曻《かしまのぼる》氏は、「超古代のスメル人は海の植民者であった」と述べられる。

「スメル人は日本から行った」とする説は、かなりの見識者が語っているのだ。竹内睦泰氏との共著も多い秋山眞人《あきやままこと》氏も、「日本人は、スメル人の行動計画書のプログラムが遺伝子に組み込まれた民族である」として、日本人がスメル人の直系であることを確信しておられる。

この説については猿田彦神の出自にも関係するので、徐々に解明していくことにしよう。いずれにせよ日本人の自然信仰的な古神道《こしんとう》の原点が縄文時代に形成されていたことは間違いない。

しかし皇祖となり、日本を創っていくのはこれから登場する人たちだ。本書では、今日の天皇家の祖を天孫族《てんそんぞく》と名付ける。

## 「天孫族《てんそんぞく》　高天原《たかあまはら》は富士山にあった」

古事記は「宇宙の初め」に高天原（たかあまはら）という天の高いところに、天御中主神《あめのみなかぬし》（アメノミナカヌシ）、高御産巣日神《たかみむすひ》（タカミムスヒ）、神産巣日神《かみむすひ》（カミムスヒ）という三柱《みはしら》の原初《げんしょ》の神が現れたと書き始める。

日本書紀本文は同じく、国常立尊《くにとこたち》（クニトコタチ）、国狭槌尊《くにさつち》（クニサッチ）、豊斟淳尊《とよくんぬ》（トヨクンヌ）という三柱の神を原初の神として記している。

「いたって貴いのを尊《みこと》と書き、そのほかは命《みこと》と書く」とされる。「尊」は天皇に準ずる血統と活躍をされた皇族だが、古代では「大君《おおきみ》」とも呼ばれた。天皇という言葉が使われるようになるのは、七世紀末の天武《てんむ》天皇の頃だが、本書では便宜上、天皇という言葉も使う。なるべく古代表記を使うが、読む場合のわかりやすさも考慮して適宜、現代漢字やカタカナ表記を併用する。

古事記からは、まるで神は宇宙人であるとの印象を受けかねないが、神は人である。富士宮下文書は、原初の神が遥か西方の地（メソポタミア）から海を越えて日本にやって来たことを記している。

まずはその場面から確認していこう。

「富士宮下文書要旨」
神皇記《じんのうき》　三輪義熙《みわよしひろ》氏（大正十五年）
開闢神代歴代記《かいびゃくしんだいれきだいき》　岩間《いわま》　尹《ただし》氏（昭和四十三年）

天孫族は遥かユーラシア大陸の西方の地から、日《ひ》の本《もと》なる海原にあるという、この世にふたつとない蓬莱山《ほうらいさん》（不二山＝富士山）・常世国《とこよのくに》（理想郷の意）を目指して船出した。父神の諱《いみな》は農作比古《のうさひこ》、諡《おくりな》は高御産巣日神（高皇産霊神・以下タカミムスヒ）、母神の諱は農作比《のうさひ》女《め》、諡は神産巣日神（神皇産霊神・以下カミムスヒ）という。

諡は後に大倭日高見国《おおやまとひたかみ》の大君（後の天皇）となる彦火々出見尊《ひこほほでみ》による命名とされる。皇祖に諡をするのは最高の権威を示すことでもある。

タカミムスヒには七人の皇子《おうじ》と九人の皇女《おうじょ》がいたが、その中からまず文武に優れる第五の皇子・諱は農立彦、諡は国常立尊（クニトコタチ）に先陣での航海を命じた。クニトコタチは一族五百人を引き連れ蓬莱山の煙を目指して出航したが、その後、連絡を絶ったまま長い年月が過ぎてしまった。

クニトコタチの安否を心配した父母大御神（タカミムスヒ・カミムスヒ）は遂に、第七の皇子・諱は農狭彦、諡は國狭槌尊（クニサツチ）と共に、自らも同行して一族三千五百人余りを伴い、蓬莱山の煙を目指して大海原の航海に出発したのである。

一行は黒潮に乗り、筑紫島《ちくししま》（九州）を右手に見ながら北上し、対馬《つしま》・壱岐《いき》・佐渡《さど》と日本海を進む。そして高志《こし》（越国・能登）から大八島《おおやしま》（本州）に上陸し、鳥獣の導きを得て食糧を得ながら苦難の旅を続ける。

加賀《かが》（石川）・若狭《わかさ》（福井）・丹波《たんば》（京都）・但馬《たじま》（兵庫）・因幡《いなば》（鳥取）と日本海沿岸を回り、また丹波を拠点に瀬戸内海側の播磨《はりま》(兵庫)まで行程を進める。ここでクニサツチは、反転して東を目指す。

おそらく西方の出雲地方に他民族の存在を感じたに違いない。

淡海《おうみ》（琵琶湖）の北側を回り、美濃《みの》を経由して、蓬莱山への眺望を得るべく、高峰への登頂を試みる。飛騨《ひだ》（岐阜）から高峰の急登を登りきった一行は、遂に歓喜の声を挙げる。

東南の方向に流麗なる蓬莱山の頂上部を目視することができたのである。三河《みかわ》（愛知）から駿河《するが》（静岡）を経て、神々しい姿を見せる蓬莱山の麓に広がる大原野にようやくたどり着く。

水あり、火の燃えるところあり、湯の沸くところあり、大自然に恵まれた常世国《とこよくに》である。父母大御神を中心とした一族は、日々、神奈備として蓬莱山を遥拝し、類なきその容姿から高砂《たかさ》の「不二山《ふじやま》」と名付け、また高き地に火が燃え、且つ日に向かうことから「日向高地火《ひむかのたかちほ》の峰《みね》」とも名付け、麓の倒木が多い一帯を青木ヶ原《あおきがはら》と呼んだ。

そして御宮のある丘を阿田都山《あたつやま》（現代の山梨県富士吉田市）、周辺一帯の大原野を「高天原《たかあまはら》」と名付けた。

山を祖とすることから阿祖谷《あそたに》・阿祖原《あそはら》ともいう。

高天原は富士山にあったのである。


タカミムスヒは行方がわからないクニトコタチを除く六人の皇子たちに告げる。「クニトコタチもいずれここに着くであろう。それまではクニサッチがこの蓬莱之国を治めるべし。そしてここを拠点に五人の皇子は直ちに大陸に渡り、国造りを成すべし」と。

五人の皇子たちは即座に大陸の国造りに従事して父神の期待に応える。

一男　大陸の大中原を治める
二男　大陸の東州を治める
三男　大陸の南州を治める
四男　大陸の西州を治める
六男　大陸の北州を治める

父母大御神は高天原に着いてからも、先に航海に出たクニトコタチの安否を常に気にしていたが、遂に再会することなく、高天原にて亡くなられた。

一方、兄のクニトコタチは瀬戸内海の航路で苦闘していたが、実は何と既に淡路島までは先に到着していたのだ。そこで蓬莱山の方向を見失い、そのまま当地で一族と共にしばらく生活していたが、落ち着くと再び蓬莱山を目指し、駿河の地でその煙を発見するや、急いで高天原を目指して進行した。兄弟は歓喜の再会を果たし、二人で父母大御神を改めて追悼した。

クニトコタチとクニサツチは、常世国（日本）を四つ（阿祖東《あそひがし》・阿祖西《あそにし》・阿祖南《あそみなみ》・阿祖北《あそきた》）に分けて二人で分割統治することとした。

これにより国土を四季島《しきしま》と名付ける。

すなわちクニトコタチは血族・一族を淡路島に留め置いていることから阿祖北（越・若狭・飛騨）と阿祖西（丹波・因幡・筑紫島）を、クニサツチは高天原を本拠として阿祖東（相模・筑波・奥州）と阿祖南（駿河・淡海・紀州・南島）を治め、国事の相談は高天原に集って行うこととした。

クニトコタチは淡路島から南島（四国）の阿波《あわ》（徳島）の地に既に一族を移動させていた。その後、クニトコタチは阿波・淡路島の本拠地を慎重に北方に移動し、淡海の琵琶湖西岸の高島・安曇川《あどがわ》周辺から丹波に入り、桑田宮《くわたのみや》を設営してその本拠地とした。ここが後に後裔により、丹後国一宮である籠《この》神社（与謝宮）、真名井原《まないはら》に遷されて祀られることとなる。クニトコタチの諡《おくりな》を「豊受大神《とようけおおかみ》」といい、現代の伊勢神宮外宮に祀られる日本の原初《げんしょ》の神《かみ》の一人である。クニトコタチの祭政は先住民族である民（縄文人）を国の宝であると慈しみ、その姿勢は「慈母《じぼ》の赤子《あかご》に於けるが如く」「民は尊に心酔して尊に勤めようとする心、鉄石《てっせき》の如く」だと伝わる。大君（天皇）の御心は古代から不変だった。

天孫族の御代《みよ》はクニトコタチ・クニサツチに続いて、

そして伊弉諾尊《いさなき》（イサナキ）と皇統が引き継がれ、高天原世天神七代《たかあまはらのよてんしん》と呼ばれている。

大戸道尊《おおとのち》（オオトノチ）、面足尊《おもたる》（オモタル）

豊斟淳尊《とよくんぬ》（トヨクンヌ）、泥士煮尊《うひちに》（ウヒチニ）

富士宮下文書には、記紀に記される原初の神、タカミムスヒ・カミムスヒ・クニトコタチ・クニサッチが「人」として記されている。

これだけで感動的な出会いである。

神々は私たちと同じ「人」であった。

クニサッチは日本海側から陸路をとった。本州への上陸地点はおそらく能登半島の七尾湾だろう。現代でも周辺には古代の名を残す神社が多く残っている。蓬莱山（不二山）への遠望を得ることができた高峰は木曾御嶽山《きそおんたけさん》、あるいは北アルプス最南端の乗鞍岳《のりくらだけ》、いずれかであろう。富士山の眺望を得ることができる地点は古代では特別な意味があった。その南西限界は「伊勢」であり「熊野」であり、現代でもパワースポットの地である。富士王朝の勢力範囲を示すともいえるだろう。

クニサッチは富士を本拠として東国「日高見国《ひたかみ》」の始祖となる。

クニトコタチは、淡路島から淡海（近江）、そして丹波に入った。

この時、更に西方の出雲には先住民族として既に「出雲族」がいて、しばし対峙する期間があったと思われる。

後に出雲族と丹波勢力は融和して大勢力を築き、クニトコタチは西国を中心とした「大倭国《おおやまと》」の始祖となる。

富士宮下文書ではタカミムスヒ（農作比古）が蓬莱山への航海にでる前のこと（居場所・地理感）について、以下のように記している。

「農作比古は、天之御中世十代の神皇、農山比古より分かれた神皇族が、ペルシャ北東部、オクッス河（現アム河）とヤクザテス河（現シル河）の地に移り、天竺真郡洲《あまつくにまごりこく》を開いたが、その五代の国王として、須弥蓬莱国傘下に於いて、智神として知られた異数の国王であった」

現代のウズベキスタン（サマルカンド）あたりが示唆されている。

天孫族はメソポタミアの地からペルシャ北東部に移動し、そして天竺（インド）方面を経由して、蓬莱山（不二山）への航海に旅立ったのであろう。

## 「神代系図《しんだいけいず》　富士宮下文書《ふじみやしたもんじょ》と秀真伝（ホツマツタエ）」

クニトコタチは一体いつ頃、日本に渡来したのであろうか？

「猿田彦神はイエス・キリスト」という謎を解明していくには、この時代設定が極めて重要になってくるのである。ここを富士宮下文書と秀真伝（ホツマツタエ）の神代系図を比較しながら考えてみよう。

二書の神代系図にはほぼ同じ神々が登場するのだが、系図の時代設定は大きく異なっている。氏族が異なると系図伝承はここまで違うのだ。

富士宮下文書はクニトコタチ・クニサッチ兄弟から主要な神々の親族構成を同時代として示す。そして鵜草葺不合尊（ウガヤフキアエズ）五十一代を経て初代・神武天皇に繋げている。大君の一世代を約二十年とすると、クニトコタチの渡来は概ね紀元前十世紀前後と想定される。

ここは鹿島昇氏もほぼ同じ見解であり、妥当なものと考えられる。

一方、これに対して秀真伝は、高天原神世七代の神々を縦の時系列で繋げていて、そして神武天皇の直前の系図を親子関係として同時代に記すという全く異なった系図体系である。加えて秀真伝は「古事記では女神の天照大御神を男神アマテル」としており、古事記とはここが決定的に異なっているのだが、この謎はまた後段で解析していこう。

本書における神代系図の前提は、富士宮下文書の伝承構成を底本としながらも、時系列については秀真伝の伝承を併用する折衷方法とする。

その理由は、富士宮下文書は神々の親族関係を氏族（民族）の出自という観点から大きく捉えている点で価値があると判断するからである。例えば、大国主神と作田彦神（猿田彦神の別称）を大戸道尊の皇子兄弟とするのは、両神を輩出したオリエントの民族が兄弟的な血族関係にあることを示唆す

## 系図①　神代系図　二書比較

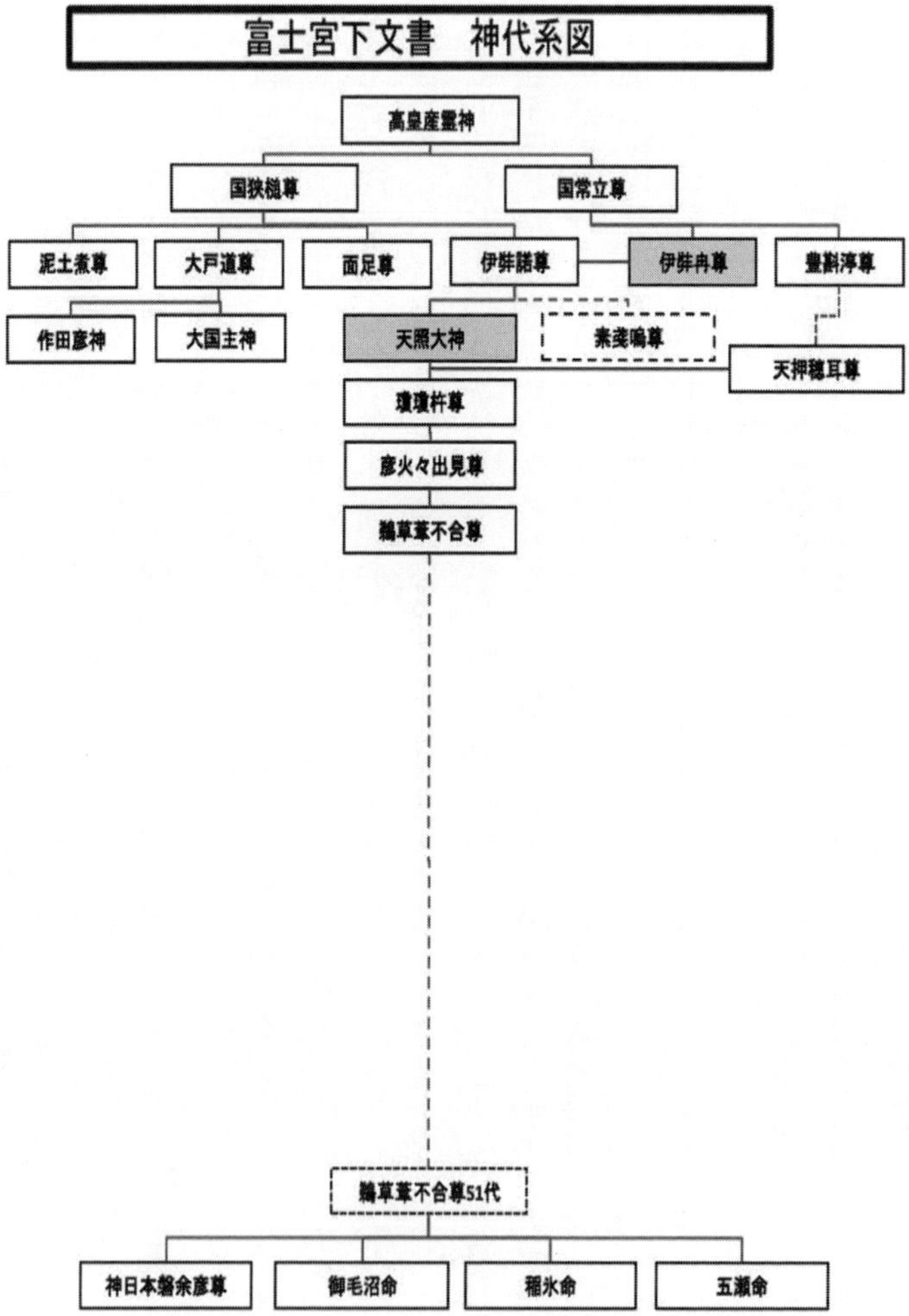

## 秀真伝（ホツマツタエ）　神代系図

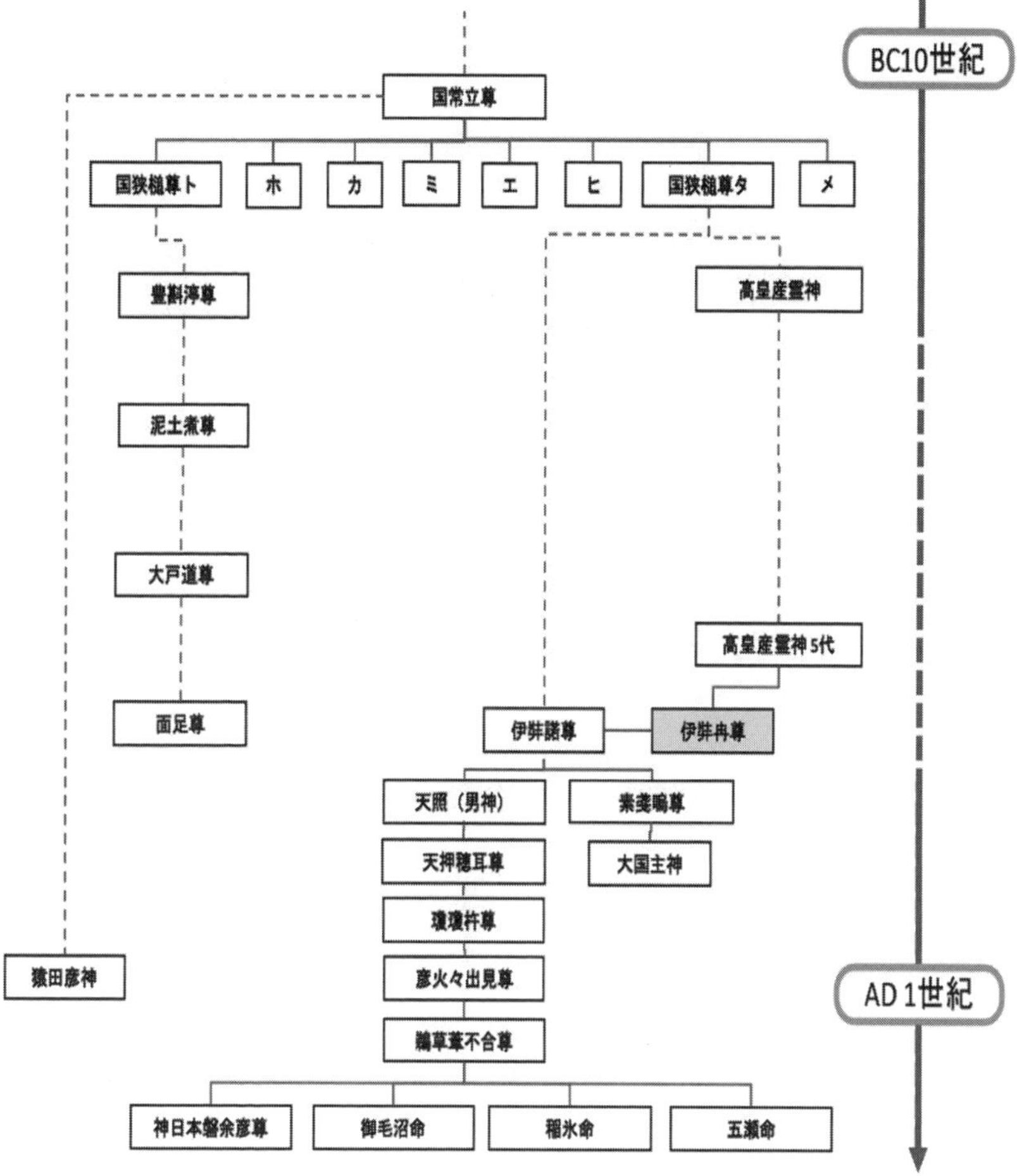

ると考えるからだ。

また一方で注目すべきは、秀真伝の神代系図は猿田彦神が早い時期にクニトコタチから分かれた天孫族であるとしていることだ。このように全く異なる伝承の中にこそ史実を紐解くヒントが含まれている。


古事記に登場する原初の神「天御中主神《あめのみなかぬし》（アメノミナカヌシ）」は、タカミムスヒ、カミムスヒの祖神として富士宮下文書に登場している。先史として天之世《あめのよ》天之神《あめのかみ》七代があり、次に天之御中世《あめのみなかのよ》火高見神《ほたかみのかみ》十五代、その筆頭の第八代が天御中主神であり、そしてその次に高天原世天神七代がある。すなわち伊弉諾尊（イサナキ）に至るまで累計で何と二十九柱もの神々の名が記されている。メソポタミア・ユーラシア大陸における長い皇祖の歴史なのだ。おそらく世界古代史でも重要な役割を持つ神々（人）と比定できるのであろう。

富士宮下文書では、天御中主神はその三人の皇子に対して「日嗣家・左大神家・右大神家」の役割を明確にする。天孫族はこの後もこの三家が婚姻を繰り返して血族を守っていくことになる。後の大和王権における「天皇・左大臣・右大臣」に近い体系である。「三位一体」というに相応しい血族の承継体系を整えたわけだ。

また現代も多くの神社で見ることができる天皇家の御紋「日輪に十六筋の光明（十六弁菊花紋）」を日嗣《ひつぎ》（天皇）の璽《しるし》として定める。

この図柄は、イラン・サダムフセイン元大統領の指輪や、エルサレム神殿のヘロデ門にもあるという謎の紋章でもある。神后（皇后）の御紋章は「月輪に五三の模様の雲の形を附せるもの」と定める。

鹿島曻氏はこの天御中主神をオリエント史に輝く「世界四方の王」、紀元前十八世紀バビロニア帝国の初代「ハンムラビ王」だと比定されている。これは驚きである。しかし、順次説明していくが、富士宮下文書の系図や伝承と対比すると「なるほど」と十分に説得力がある比定だ。

筆者は藤原不比等までの日本古代史を解析していく上では、鹿島曻氏と異なる系図比定をとる場合も非常に多いのだが、オリエント史における大胆な分析と系図比定には唸るほど同調できる部分も多い。

ここは鹿島曻氏の見解にのることにしたい。

これでオリエント史と日本古代史がぐっと近づいてくるはずだ。

一方、鹿島曻氏は、高天原はユーラシア大陸（のまま）であった、すなわちクニトコタチとクニサツチは大陸に留まったままで王朝を築いたとするのだが、しかしここは本書では鹿島曻氏とは異なる説をとる。

天孫族は紀元前十世紀頃、海路での航海を経て蓬萊山（富士山）に渡来したものと考えたい。「天孫人種六千年史《てんそんじんしゅ》の研究」の著者・三島敦雄氏は、「海神ヤーを最高神とする天孫族の渡来は明確に海路での航海を経たものであった」と述べられている。本書ではこの説をとる。海神ヤーについては後段で解析するが、スメル神話の原初の神と同体である。

「高天原は富士山にあった」とする富士宮下文書を本書底本とする理由は、筆者のこれまでの日本人としての直感によるものだ。古代人が山岳信仰を重視していたのは間違いなく、早い時期からこの国土を開拓した縄文人がおそらく世界で一番美しく、畏怖を感じるほどに神々しく、また時には怒れる神のごとく暴れまくる富士山を、国土全体の神奈備として仰いだことは間違いないと確信するからだ。まさに日本国土の象徴こそ富士山である。富士宮下文書に記される国狭槌尊（クニサッチ）一行が、富士山麓に到着した時の喜ぶ姿がまさに目に浮かぶのである。

国狭槌尊は富士山周辺の大社の主祭神にはなっていないが、不二阿祖山大神宮の宗廟跡にて宮下家が秘かに祀っている。

筆者はこの山の中の古宮に辿り着いた時、「間違いなく富士王朝は存在したのだ」と確信することができた。

写真①　不二阿祖山七宗廟のひとつ
祭神　素戔嗚尊・国狭槌命・伊弉諾尊
（筆者撮影）

## 「スメル神話」

「神たちはどこから来たのだろうか？」を理解するため、前置きが長くなるが、スメル神話について少し説明しておこう。

昭和初頭に言語考古学の視点からスメル語を研究して、日本の神と神社の系譜を分析した三島敦雄氏の「天孫人種六千年史の研究」における総論冒頭の文章を紹介する。三浦氏は伊予国（愛媛）一宮・大山祇《おおやまつみ》神社の神職であられた。実はこの神社も後々極めて重要な位置付けになる。

「東方日出《とうほうひので》の大帝国《だいていこく》を経営せる我が崇高無比《すうこうむひ》なるスメラ（天皇）尊《みこと》を中心とする天孫人種《てんそんじんしゅ》は、世界東西文明の祖人種として、文明創設《ぶんめいそうせつ》紀元六千年を有する所謂《いわゆる》世界の黄金人種《おうごんじんしゅ》たるスメル系民族である」

この書は、戦前の陸軍士官学校の教材でもあった。この書に刺激を受けた帝国陸軍中将・石原莞爾《いしわらかんじ》は、「スメル文明から東に発展した国である日本と、西に発展した国である米国が、八紘一宇《はっこういちう》（世界平和）を目指して、太平洋を挟んで戦争を行う」という世界最終戦論を展開した。

スメル人の分析が先の太平洋戦争論にまで繋がっている。

天孫族の基本信仰は古神道《こしんとう》「神《かむ》ながらの道《みち》（随神道）」であり、それはまさにスメル人の思想を淵源とするという。スメル人の国においては「君主（天皇）も神、国土も神、国民も神裔」という「三位一体」が掲げられ、これが地上を高天原とするための理想思想であったという。

またスメル語と日本の「やまとことば」には多くの共通点があることが、言語考古学の観点から分析されている。どちらも膠着語《こうちゃくご》である。

古代では天皇のことを「スメラミコト（スメラのミコト）」と呼ぶ。古事記では第十代・崇神《すじん》天皇の和風諡号《わふうしごう》「所知初國之御真木天皇」を「ハックニシラシシ　ミマキ　スメラミコト」と読ませる。

紀元前四千年紀、メソポタミアの地で栄えていたのがスメル文明だ。日本ではシュメールともいうが、本書ではスメルで統一する。

天神アン↓知恵と水の神エンキ・火山女神ニンフルサグ・

風神エンリル↓月神ナンナ↓日神ウツ・豊穣の女神イナンナ

ここに登場する七大神は「運命を決める七人の神々」と呼ばれ、その後のメソポタミアの神話に繰り返して登場する「大元霊神《だいげんれいしん》」、すなわち「神格神《しんかくしん》」である。偉大な霊魂を持つ神は、その霊魂を何度も繰り返し、それを受け継げる「人」に降ろすことができる。大元霊神の霊魂を受け継いだ人としての大君は「人格神《じんかくしん》」となる。日本の古代史においても、この大元霊神「神格神」と「人格神」の関係は成立している。

系図②　スメル神話　神代系図

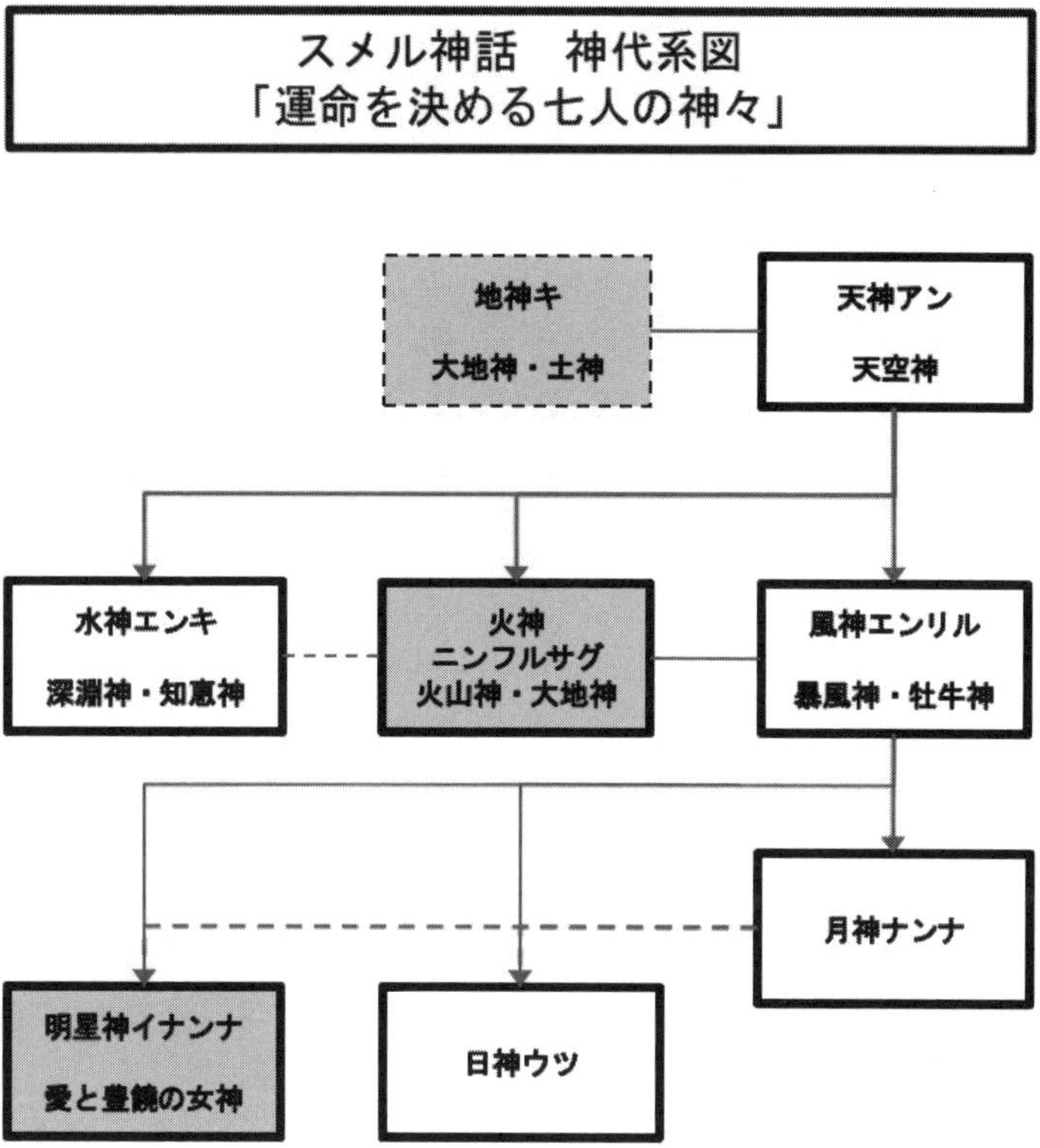

秀真伝では、人（ヒト）は「タマ」と「シイ」から成るとする。「タマ」は霊魂であり「シイ」は肉体である。生命の終わりを迎えると「シイ」は蘇ることはできないが、「タマ」は一旦天界まで戻った後、また「人生を楽しむため」に何度も新しい生命として生まれ変わるのだという。現世を苦ともする仏教の輪廻転生《りんねてんしょう》に対し、人として楽しく生きること、より人生に前向きな霊魂の再生こそが古神道の基本思想だ。

スメル神話には人間創造の神話があるのでまず紹介しておこう。

最高神アンは王子のエンリル神にその役割を譲り渡した。風神エンリルを中心に神々は結束を固める。エンリル神は神の中の神、至高神であるが、その性格は激しく苛烈である。

水神エンキはエンリル神の異母兄とも異母弟ともいわれるが、母の血筋から王位継承権ではエンリル神の次位だった。水神エンキは世界秩序を定めた神・宰相であり、知恵の神、理性的で慈悲深い神である。

神々の人口が増えてくると神殿造りなどの細々とした労働が増えて、やがて労働を課せられた下位の神たちから不満が漏れる。そこで神々は相談して、そんな労働を肩代わりさせるために粘土から人間を創ることにした。水神エンキと火山神ニンフルサグが口喧嘩をしながらも、エンキ神は自らが創った身体が不自由な粘土の人間の一人一人にも相応しい仕事を与えて運命を決めていく。人間創造はエンキ神の功業であった。

そして風神エンリルが定めた運命の一つに洪水伝説がある。エンリル神は増えすぎた人間の傲慢さに次第に腹を立てるようになる。そして大洪水を起こしてすべての人間を滅ぼすという恐ろしい計画をたてる。

エンリル神の大洪水計画に反発したのはエンキ神ひとりだった。しかしエンリル神の決定は絶対だ。悩んだエンキ神は自分を信仰する一人の人間に秘かに洪水計画を漏らして、造らせた船に乗せて逃がした。

洪水後にそれを知ったエンリル神は激怒する。が、エンキ神の宰相としてのとりなしにより、人間はやがて再興を果たすことになる。

この神話はユダヤ教の旧約聖書にも記される「ノアの箱舟」伝説の基盤となったものであり、粘土板に書き残されたスメル神話である。


火山神ニンフルサグは「大地母神」でもある。母性は相反する二つの側面を持つ。肯定的な面は大地から生命を生み出すこと、否定的な面は大地と同一視された死の面で生命を飲み込んでしまうことだ。この神格を日本神話で真っ先に受け継ぐのは、伊弉冉尊（イサナミ）だろう。

これから説明する日本の神々はスメル七大神の霊魂を受け継いでいる。風神エンリルと水神エンキの霊魂を受け継ぐ神々がいる。三貴子の一人である月読命はスメルの月神ナンナの霊魂を受け継いでいる。また双子の兄妹である日神ウツと豊饒の女神イナンナに相当する皇子と皇女も、これから主役として登場してくることになる。

最も魅力ある女性として描かれるのが女神イナンナである。

その神格は「愛の女神・豊饒の女神・戦いの女神・金星の女神・王権の守護者」などで、性格はわがままで奔放、かつ策略家で好戦的、きまぐれな女神だが、二律背反的な性格を持つ最古の「大地母神」の一人でもある。日本神話の女神はスメル女神の霊魂を受け継いでいる。

酒井洋一《さかいよういち》氏は、スメル人には五つの動物トーテムがあったと述べられている。トーテムとは自らの部族の守り神であり、紋章とも繋がって部族の象徴として掲げる風習である。

主なトーテムとしては、牛・蛇・鳥・馬・犬がある。

紀元前四千年頃、南部メソポタミアにはウル族とドゥア族という二つの部族がいた。ウル族は農民で牛をトーテムとした。ドゥア族は漁民で製塩も行い、蛇をトーテムとしていた。この両部族が対婚を重ねながら一緒になり、スメル人と呼ばれるようになったという。平和を好むスメル人の青銅器国家群のトーテムは、牛・蛇・鳥であった。風神エンリルは牛、水神エンキは蛇、火山神ニンフルサグは鳥がトーテムである。

その後、メソポタミアの北方にいた好戦的な騎馬民族（アッカド・バビロニア・アッシリア）がこの地を順に支配した。このセム人系の鉄器国家群の動物トーテムが、馬であり、犬であったという。

古代日本にはこれら五大トーテムを持つ部族がすべていた。神社にいくと五大動物トーテムに会うことができる。まず鳥居は鳥トーテム族の名残、お神輿に乗る鳳凰も鳥、手水舎には蛇や龍の造形、拝殿の前には向かって右手に狛犬、左手に獅子、拝殿のしめ縄は蛇、そして神社の系統によるが、神馬があり、牛の像などがある。

三浦敦雄氏は日本の主要な神社に祀られる神々を五つに分類する。

一　天孫人種（スメル族）
二　天孫人種（セミチック・バビロニアン族）
三　倭人派（前印度モン・クメール族）
四　隼人派・前出雲派（ポリネシア族）
五　後出雲派（朝鮮ツングース族）

後段にて順次説明するが、この分類での「天孫人種（スメル族）」がスメル人直系になる。スメル人は後にアッカド人・アムル人などのセム語族とも一体化してセミチック・バビロニアン族ともなっていく。

スメル人の国璽（ハンコ）は「生命《いのち》の樹」と呼ばれ、生命の創造を表現している。中央に命の樹があり、左側に枝が四本、右側に枝が三本、合わせて七本の枝が生えている。「七」がスメルの聖数である由縁だ。生命の樹の右側に「牡牛神ハル」が座り、左側に「蛇女神キ」が座り、お互いに生命の樹をはさんで手を差し伸べながら下半身を搦め合う。

牡牛神ハルはスメル語でエシャアラムキ、転訛《てんか》して日本語のイサナキ（伊弉諾尊）、蛇女神キはスメル語でエシャアラムミ、転訛して日本語のイサナミ（伊弉冉尊）になるともいう。現代では「イザナギ」と濁音で読まれることが多いが、本書ではこの転訛も加味して「イサナキ」「イサナミ」の清音で通すことにする。

日本の古代史に伝わる聖数「七」で象徴的なものは、物部氏の祀る「石上神宮《いそのかみじんぐう》」に収められる国宝「七支刀《しちしとう》」である。七支刀はスメル人の「生命の樹」の象徴だ。四世紀に朝鮮半島の同盟国・百済《くだら》の近肖古王《きんしょうこおう》から贈られたと伝わる。スメル人の聖数は「七」と覚えておきたい。

## 「月神族《げっしんぞく》　ツキヨミは天御中主神《あめのみなかぬし》」

大倭日高見国は五男（クニトコタチ）と七男（クニサツチ）の後裔が治めることになる。この一族を天皇家の祖として天孫族と名付ける。

が、どうやら残りの五皇子の後裔も、それぞれ時期を違えて日本に戻ってきている。筆者はこの七人の皇子たちの登場を、「古代日本にはスメル人の血を受け継ぐ七部族が共存していた」物語だと考えるようになった。そして天孫族との通婚により、その血を深く皇祖に残していく。

天孫族よりもかなり早く、一番初めに日本に渡来していたのは、北洲（中国北方・シベリア）を治めよといわれた六男の一族、月神族、すなわち三貴子の一人である月読（ツキヨミ）族であろう。

古事記では、伊弉諾（イサナキ）尊が禊祓《みそぎはら》いの最後に三貴子を産み、天照大御神《あまてらすおおみかみ》には、「私に代わって高天原を治めよ」
月読命《つきよみのみこと》には、「私に代わって夜乃食国《よるのおすくに》を治めよ」
建速須佐之男命《たてはやすさのをのみこと》には「私に代わって海原を治めよ」と仕事を任せる。

しかしこの後の古事記では、月読命（月夜見命・月弓命）には全く出番がなく、三貴子においての存在感は乏しい。

だが、いくつかの史書を横通しすることで、日本古代史における位置付けは極めて重要なものと判断できる。

宇佐神宮《うさじんぐう》（大分）の宇佐家伝承（宇佐公康氏《うさきみやす》）によれば、宇佐族は月神を祀る一族であり、紀元前七千年頃には最古の先住民族として、大陸の北方経由で渡来して、やがて山城（京都）、吉備（岡山）、隠岐（島根）、豊国（大分）などに分散して縄文生活を営んだ。この時代の宇佐族の本拠地は吉備だったという。

次に渡来したのは、南洲（天竺＝インド）を治めよといわれた三男の一族、出雲族だ。次章にて詳しく説明するが、出雲富家《いずもとみけ》の伝承（斎木雲州《さいきうんしゅう》氏）によれば、出雲族は紀元前二千年頃、天竺（インド）からシベリア北方経由で渡来した。鉄器を持つ最強民族となり、先住である月神族＝宇佐族を常に圧迫して日本海側を制圧した。

宇佐家伝承では、古事記に記される「稲羽《いなば》の素兎《しろうさぎ》（因幡の白兎）」神話は、他民族（鰐《わに》）からの圧迫と借財に喘いでいた宇佐族（白兎）を、出雲族（大国主神）が、救済してくれたことを暗喩するものだという。

一男　大陸の大中原を治める
二男　大陸の東州を治める
三男　大陸の南州を治める　（出雲族）
四男　大陸の西州を治める
五男　国常立尊　（天孫族・西国・大倭）
六男　大陸の北州を治める　（月神族）
七男　国狭槌尊　（天孫族・東国・日高見）

渡来時期を紀元前七千年と紀元前二千年とする時代考証については検証を要するが、この両氏が自らの氏族について伝える口伝伝承の核心部分の信頼度は高いと判断する。宇佐も出雲も日本古代史に与えた影響は極めて大きいものがある。

宇佐神宮は現代の大分（豊前国）にあり、奈良時代までは伊勢神宮に次ぐ日本第二の宗廟《そうびょう》として大和朝廷の信仰を集めた。法王道鏡《どうきょう》が天皇即位を狙ったことに対して、忠臣和気清麻呂《わけのきよまろ》が決死の思いで皇祖の神託を得て皇統を守ったという道鏡事件で、今でも日本史の教科書に記載される由緒ある神社だ。

宇佐族の地、豊前は古代でも早くから繁栄してきた。古事記の神武天皇東征記において、「宇佐の国造の祖、宇佐津彦《うさつひこ》・宇佐津姫《うさつひめ》」「宇佐津姫を神武天皇のお側に仕える天種子命《あめのたねこ》に娶せた。天種子命は中臣氏の遠い祖先」と記され、中臣氏（藤原氏）は宇佐に由縁がある。

藤原不比等が監修した九鬼文書で最も重要なことの一つは、中臣氏（藤原氏）の皇祖を月神・月読尊（月夜見尊）としていることである。

ここで尊と記したのは、九鬼文書では月読命は天照大御神の次に皇位を継いでおり、月夜見天皇とも記すからである。一部を紹介しよう。

天津大日本國　出雲日御碕高天原《いずもひのみさきたかあまはら》
月夜見天日嗣身光天皇《つきよみあまのひつぎしんこうてんのう》
　皇子
　天八意思兼命《あめのやごころおもいかね》　天児屋根命《あめのこやね》（大中臣祖）
　経津主命《ふつぬし》　武雷槌命《たけみかつち》（鹿島・香取・春日及び常陸大中臣祖）
　　天津大日本國　日向高千穂高天原《ひむかたかちほたかあまはら》
　　天児屋根命　百四十九代

天種子命　亦名　天児屋根命
御子
天豊春日命《あめのとよはるひ》　三十一代裔　中臣春日鎌足《なかとみのかすがかまたり》

最後に記される中臣（藤原）春日鎌足とは、通説では藤原不比等の父とされる。少し先取りとなるが、高天原が富士山からいずれ出雲、そして筑紫の高千穂に移動することが記されている。天八意思兼命と天児屋根命は同体であり、また天種子命の亦名が天児屋根命となっていることから、天児屋根命とは中臣氏における世襲名であることがわかる。

ユダヤ人言語学者のヨセフ・アイデルバーグ氏は、アメノコヤネの「コヤネ」とはヘブライ語の祭祀を表しており、この一族はユダヤ人の祭祀を司るレビ族の後裔でないかとの見解を述べている。天児屋根命と猿田彦神は秀真伝で宿命を感じる秘話がある。順次謎を解いていこう。

月読尊が祀られる神社で最も高貴なところは伊勢神宮である。

月神族・宇佐族・月読尊と中臣氏（藤原氏）の関係は、後々で重要となるので、伊勢神宮の秘史についても予め確認しておこう。

本来は「神宮《じんぐう》」である。皇大神宮《こうたいじんぐう》（内宮《ないくう》）・豊受大神宮《とようけだいじんぐう》（外宮《げくう》）をはじめ百二十五社（正宮《しょうぐう》・別宮《べつくう》・摂社《せつしゃ》・末社《まつしゃ》・所管社《しょかんしゃ》）で成り立つ。

内宮・外宮の正宮に祀られる神々は後段で紹介するが、正宮と同格とされる別宮にて月読尊が祀られている。

内宮別宮（域外）　月読宮　月読尊
　月読荒御魂宮　月読尊荒御魂《あらみたま》
外宮別宮（域外）　月夜見宮　月夜見尊　月夜見尊荒御魂

次に伊勢神宮内宮に伝わる「倭姫命世紀《やまとひめのみことせいき》」に記される秘伝である。
荒魂《あらみたま》と和魂《にぎみたま》とは神の霊魂が持つ二つの側面で、荒魂は神の荒々しい荒ぶる魂であり、和魂は神の優しく平和的な側面、仁愛謙遜の魂である。

「天照皇太神　荒魂」　内宮別宮　荒祭宮《あらまつりのみや》
・伊弉諾尊の禊で左目から生まれた大日霊貴《おおひるめむち》（天照大神）
「天照皇太神　和魂」　内宮別宮　瀧原宮《たきはらのみや》（域外）
・伊弉諾尊の禊で右目から生まれた月天子《つきてんし》（月読尊）
「豊受皇太神　荒魂《あらみたま》」　外宮別宮　多賀宮《たがのみや》（域外）
・伊弉諾尊の禊で左目から生まれた大日霊貴（天照大神）

・伊弉諾尊の禊で右目から生まれた月天子（天御中主霊貴《あめみなかぬしみたまのむち》）

天照大神は太陽神、陽の神・火の根源であり、二神一座・二元融合。

豊受大神は月神、蔭の神・水気の根源であり、一神二座・一元多変。

この関係を象徴した古称（神名）は、天照坐豊受大神宮《あまてらすいますとようけだいじんくう》となる。


神宮の奥義は難解だが、内宮と外宮、一体で神宮なのである。

まずここで理解しておきたいのは、月読尊は人格神としては古事記では存在感が極めて薄いが、神祀においては元初の神・最高神でもあり、天御中主神の霊魂を受け継ぐ「月天子＝天御中主霊貴《あめのみなかぬしみたまのむち》」ということだ。

籠神社の海部宮司著書に記されるが、通説では倭姫命世紀が偽書とされるためか、本件はあまり語られることがない。月神は最高神として、月夜のように静かに、目立たず後ろに控えながら、全体を差配するということであろうか。月神族は最古の天孫族、すなわちスメル人そのものかもしれない。


内宮は第十一代・垂仁《すいにん》天皇の時代に、皇女・倭姫《やまとひめ》命によって大和から多くの宮を経て伊勢に遷され、これは記紀に記される。

外宮は第二十一代・雄略《ゆうりやく》天皇の時代に、丹波真名井原《まないはら》（籠神社）から伊勢に遷されたが、このことは何故か記紀に記されない。

神宮の祭典は「外宮先祭《げくうせんさい》」であり、参拝も同じく「外宮先拝《げくうせんはい》」が慣わしというが、神宮ホームページには現代も以下の通り記されている。

「豊受大神宮（外宮）は皇大神宮（内宮）と共に、かつて二所大神宮と称されました。（中略）しかし、両宮は決して同格ではなく、皇大神宮（内宮）こそが最高至貴のお宮で神宮の中心です」

「豊受大御神（外宮）は内宮の天照大御神のお食事を司る神であり、衣食住、産業の守り神としても尊敬されています」

富士宮下文書では既に紹介した通り、「国常立尊（クニトコタチ）を豊受大神」としており、天孫族の祖・大元霊神であり、決して天照大御神のお食事を司るだけの神ではない。神宮の祭祀にもまだ何か隠された謎が残されているようだ。

籠神社の海部宮司はその著書にて、「天御中主神、国常立尊、天照大御神は大元霊神として三神一体」、また別の言い方では「豊受大神の豊とは国常立尊、受とは天照大御神」とわかりやすく説明されている。大元霊神は一体でもあるのだ。

また海部宮司は、大元霊神について「多次元同時存在の法則」という言葉を創造されて、神格神と人格神の関係を説明されている。偉大なる神の霊魂はその後裔に受け継がれていくものと理解しておこう。

スメル神話では「月神ナンナを日神ウツより上位」に置いている。

月神はとても高貴な存在であり、大元霊神であり、造化三神の筆頭である天御中主神の霊魂を受け継いでいる。
天武天皇や藤原不比等には、自らがスメル人の直系であり、天御中主神の霊魂を引き継ぐものであるとの自負が強くあったようだ。

伊勢神宮には他にも重要な神が祀られているので確認しておく。

内宮別宮　風日折宮《かざひのみのみや》　級長津彦命《しなつひこ》・級長戸辺命《しなとべ》
外宮別宮　風宮《かぜのみや》　級長津彦命・級長戸辺命

風神である。別宮に昇格したのは、鎌倉時代の「元寇」で「神風」を吹かせてモンゴルと高麗の海軍を全滅させたことによるともいう。
スメル神話「風神エンリル」の霊魂を受け継ぐと共に、船を操る海神でもある。スメル神話では、月神ナンナは風神エンリルの王子である。
天武天皇が盛んに祀った大和（奈良）の龍田《たつた》神社は風の神、天御柱大神を祀るが、亦名は古事記での志那都比古神（シナツヒコ）と同神だ。

「龍田神社」二十二社　奈良県生駒郡
祭神　天御柱大神《あめのみはしらのおおかみ》（志那都比古神）

国御柱大神《くにのみはしらのおおかみ》（志那都比売神）

では、スメル神話のもう一人の英雄「知恵と水の神エンキ」はどこにいるのであろうか。エンキ神は淵源《えんげん》の神ともいわれる。

水の神と言えば、古事記で伊弉諾尊の禊で生まれる海神である。

この各三柱の神々は、安曇族《あずみぞく》が祀る海神と、住吉大社《すみよしたいしゃ》で祀られる住吉三神である。

底津綿津見神《そこつわたつみ》・中津綿津見神《なかつわたつみ》・上津綿津見神《うはつわたつみ》　（安曇族）

底筒之男命《そこつつのを》・中筒之男命《なかつつのを》・上筒之男命《うはつつのを》　（住吉三神）

「底・中・上」という三柱の神の形態は、スメル人の「君主も神、国土も神、国民も神裔」という「三位一体」思想に基づくものであろう。

また大海原の航海測量に必要な星、オリオン座の三ツ星を示唆するともいわれる。淵源の神エンキを象徴するに相応しい。

籠神社伝承によれば、天御中主神は原初では「海御中主神《うみみなかぬし》」であったものが、後に海神が別に分離されていったのだという。「底・中・上」の三柱の海神がそれであるに違いない。

古事記では安曇族の祖として「宇都志日金拆命《うつしひかなさく》」の諱を記すが、古事記の中で氏族の祖の名を具体的に記すのはこれが一番目であり、古代においてこの氏族が重要な役割を果たしたことがわかる。

筆者はこれを「宇（ウ）」の一族とみている。宇佐族（中臣氏）も、安曇族も「宇」の一族であり、これから後に更に重要な「宇」族が登場してくることになる。

月神・天御中主神は、神格神として豊受大神、そして国常立尊と同体であり、また月天子（月読尊）でもあり、そして三位一体として両脇に風神と海神を従えていた。スメル神話では、月神ナンナでもある。

月神族は最も早く日本に戻ってきていた。

丹後国一宮・籠神社が元伊勢を標榜するのは、外宮（豊受大神）に加えて、内宮の天照大御神の御魂も、大和から四年間ほど丹波真名井原におられたためである。内宮と外宮の双方の元宮であるということだ。

「元伊勢《もといせ》　籠神社《このじんじゃ》」　丹後国一宮　京都府宮津市
奥宮真名井神社《まないじんじゃ》　磐座主座　豊受大神
　　　　　　　　磐座西座　伊射奈岐大神・伊射奈美大神・天照大神
本宮　籠神社　　主神　　彦火明命
　　　　　　　　相殿　　豊受大神・天照大神・海神・天水別神《あめのみくまり》
　　　　　　　　摂社　　蛭子神社・天照皇大神社・真名井稲荷神社
　　　　　　　　末社　　春日神社・猿田彦神社

言語考古学者である川崎真治《かわさきしんじ》氏は、古代日本の皇祖群の渡来時期を次のように想定している。

・～紀元前三世紀頃まで　鳥族と蛇族
・紀元前二世紀～紀元一世紀頃　牛族と犬族
・紀元二世紀（倭国大乱）～　馬族

富士宮下文書は、天孫族・国狭槌尊のトーテムを「鶴と亀」と伝承している。鶴は鳥族、亀は蛇族のトーテムでもある。

天孫族よりも先に渡来していた出雲族も蛇族（龍蛇族《りゅうじゃぞく》）であった。

## 「出雲族《いずもぞく》　出雲の最高神」

出雲族の考察では、出雲富家伝承（斎木雲州氏）を参考とする。

「出雲富家伝承要旨」

出雲族がユーラシア大陸の南方・天竺（インド）から、日の本なる海原にある温暖で平和な地を目指して移動を始めたのは紀元前二千年頃である。山岳と砂漠の地帯を北上してバイカル湖周辺まで移動し、アムール川を上流から船を利用して東に向かい、間宮海峡から樺太島へ、そして北海道から津軽半島に上陸した。

当時の日本は縄文時代であり、先住民と共存・混血しながら青森の「三内丸山遺跡《さんないまるやまいせき》」周辺にしばらく住んだ。その後、気候の寒冷化により順次、日本海側を南下し、最後に出雲の地に到達してそこに定住した。

出雲は雪深い土地であったが、そこが定住地に選ばれた理由は、

第一に「黒い川（斐伊川《ひいかわ》）」があったこと、すなわち鉄の原料となる砂鉄が豊富だったことである。

第二は、出雲が天然の良港だったことである。島根半島は天然の防波堤であり、中海《なかうみ》は波が穏やかだ。既に当時から日本海を通じた交流はさかんに行われていた。能登半島や庄内地方など日本海側に分散して定住した出雲族同士の交流が盛んになり、紀元前七世紀頃には日本で初めての地方連合王国を成立させたともいう。武力による統一ではなく、出雲族に共有する信仰による連合であった。

出雲族の信仰は、民族の先祖を守護神とする「幸《さい》の神《かみ》」信仰であり、三人の家族神として構成される。父神は「久那斗大神《くなとのおおかみ》」、母神は「幸姫命《さいひめのみこと》」、御子神は象神（ガネーシャ）としての「サルタ彦大神《さるたひこのおおかみ》（サルタヒコ）」である。久那斗大神は神々を産んだことから「神魂神《かみむすび》」とも呼ばれ、その名は神魂神社《かもす》（松江市）に名残が残っている。サルタ彦大神は境界から悪霊の侵入を防ぐ役割を与えられ、「道祖神《どうそしん》」や「岐の神《ちまたのかみ》」と呼ばれる。

出雲族では二王制がひかれたが、主王の呼称は「大名持《おおなもち》」、副王の呼称は「少名彦《すくなひこ》」である。初代

王となった八耳王《やつみみおう》には二人の王子がおり、東西王家として直轄地を分けた。東王家（松江市）は富《とみ》家《け》、西王家（出雲市）は郷戸家（神門臣家《かむとおみけ》）であり、二王家は互いに協力して統治し、両家の当主のうち年長者が大名持になり、年少者が少名彦になった。

出雲富家に伝わる大名持は、

初代・菅之八耳《すがのやつみみ》（富家）、　二代・八島士之身《やしまじぬみ》（郷戸家）、
三代・兄八島士之身《えやしまじぬみ》（富家）、　四代・布葉之文字巧為《ふはのもじくぬす》（郷戸家）、
五代・深渕之水遣花《ふかふちのみずやれ》（富家）、　六代・臣津野《おみつぬ》（郷戸家）、
七代・天之冬衣《あめのふゆきぬ》（富家）、　八代・八千矛《やちほこ》（郷戸家）、
九代・鳥鳴海《とりなるみ》（富家）、　以下十七代まで続く。（省略）

出雲族の軍備が整えられ、領土拡大が始まったのは六代大名持・臣津野（オミツヌ）の頃である。オミツヌは出雲風土記において国引き神話に登場して国土を拡大したと伝承される。おそらく海を越えた朝鮮半島から能登半島あたりまで、日本海側を制圧したのであろう。

そして八代大名持・八千矛命（ヤチホコ・神門臣家）が、記紀において「大国主（オオクニヌシ）」と名付けられる人物である。

そして「事代主《ことしろぬし》（コトシロヌシ）」と名付けられたのは、ヤチホコを補佐する八代少名彦・八重波津身《やえなみつみ》（ヤエナミツミ・富家）であり、七代大名持・天之冬衣（アメノフユキヌ）の嫡子であった。

出雲富家口伝の伝承者である斎木雲州氏は出雲富家の後裔であり、第七十三世武内宿禰を称された竹内睦泰氏と同様、口伝が伝える重みを感じさせる。特に出雲王朝の東西二王制「大名持《おおなもち》」と「少名彦《すくなひこ》」という役職名は、氏の著書以外に存在しない確実な史実であろう。奈良の吉野には、大名持の名を伝える「大名持神社」（奈良県吉野郡）がある。

現代まで新潟（長岡市）などに伝えられる「さいの神」信仰は、出雲族の伝承であるに違いない。

しかし斎木氏の著書を読む限り、信仰が異なっており、天孫族と出雲族は全く別の民族かと思える内容も多い。少なからず斎木氏は天孫族や素戔嗚尊に対して同族との認識は持っておられない。

一方、富士宮下文書、秀真伝においては、出雲族を広義の天孫族の一族として同じ神代系図に組込んで位置付けている。何故であろうか。

筆者は、出雲族六代大名持のオミツヌは天孫族オモタル尊と同体ではないかと比定している。先に説明した秀真伝の神代系図では、オモタル尊には皇子がおらず、やむなく皇統を変更せざるを得なかったというのだが、富士宮下文書との対比からすると、これにはやや違和感がある。

富士宮下文書では、クニサツチの皇子であるオモタル（面足）尊は、クニトコタチの養子となって亦名をオモタル（尾茂太留）尊と改める。

そして尾茂太留尊の皇子として事代主命が記されているのだ。

スメル語の転訛ルール（母音はすぐに転訛する）に従えば、OMiTuNu と OMoTaRu は同音 OMTN

（NとRは子音の同音転訛）とも判断できる。オモタル尊が亦名をオミツヌに変えて出雲族に婿入りしたと考えると、この系図関係をよく整理できるのだ。斎木雲州氏も、オミツヌは優秀な人材として近隣の一族から婿入りしてきたとも記されており、おそらく出雲族もスメル人の一部がメソポタミアから天竺（インド）へ移動して栄えた一族だったのであろう。

斎木氏が伝承する出雲族の渡来時期である紀元前二千年頃といえば、オリエントの地で最後のスメル人王朝となった「ウル第三王朝」が滅びる時期と一致している。東方からエラム人、西方からアムル人に攻め込まれて、スメル人は政治的、民族的な独立を失ったとされている。

出雲族はおそらくこの時期にメソポタミアから日本への帰還を目指したスメル人の一族なのではないだろうか。

何故ならば天孫族が天御中主神とも称えるハンムラビ王はアッカド人であり、そのハンムラビ王が出現するのは、まだこの後の紀元前十八世紀になってからだ。メソポタミア文明の基礎はスメル人がつくった。

この後には周辺民族との融合でそれを伝えていく。

オリエント史の概要については、後段でもう一度確認していこう。

いずれにせよ古代日本に出雲王朝が実在し、その発展に大きな貢献を果たしたことは間違いない。

古事記において、出雲王朝十七代の大名持の名は、大国主神の後裔「十七世の神」として全員の名が記載される。

国が編纂する史書に名を残すことが名誉とされたという編纂当時（七世紀～八世紀）の時代背景も理解する必要があるだろう。記紀が編纂された当時、出雲族は時の権力者である藤原不比等に対しては、既に従属する姿勢を明確にしていた。これに対して最後まで抵抗した尾張氏・丹波氏などについては、記紀での記述は限られており、また時には貶《おとし》めるような表現も目立つのだ。

系図は大きく変更されて古事記に記されている。大国主神（ヤチホコ）は古事記に記載されるような須佐之男命の六世孫ではない。

また「大国主《おおくにぬし》」や「事代主《ことしろぬし》」とは世襲の役職名であり、諱、すなわち個人名ではない。故に多くの世代で同じ役職名を引き継ぐ人物がいると想定しておく必要がある。

出雲族の神として猿田彦神が登場するが、出雲富家伝承では人格神としての猿田彦神が全く登場していないことはやや違和感がある。富士宮下文書で人格神として積極的な行動を見せることとは対照的である。

象神ガネーシャは長鼻の猿田彦神らしいが、これは仏教導入後に普及したものだろう。そして出雲信仰の最高神とされる「久那斗大神」は、「岐の神」とも同体とされ、まさに猿田彦神と同体なのではないか。

通説では、出雲の最高神といえば須佐之男命か大国主神（八千矛命）とされるのだが、斎木雲州氏の説明をよく読み解くと、出雲の最高神は実は猿田彦神ではないのかと思えてくる。先に説明した通り、秀真伝の系図でも同様に、猿田彦神は早くから天孫族と分かれた一族として特別に扱われているからだ。まずここでは、猿田彦神を「西州を治めよ」といわれた四男の一族と位置付けておく。

一男　大陸の大中原を治める
二男　大陸の東州を治める
三男　大陸の南州を治める　（出雲族）
四男　大陸の西州を治める　（猿田彦神）
五男　国常立尊　（天孫族・西国）
六男　大陸の北州を治める　（月読族）
七男　国狭槌尊　（天孫族・東国）

先ほど紹介した川崎氏の説によれば、紀元前三世紀以降、牛族と犬族が渡来する。ここは中国・秦始皇帝＝漫画キングダムの時代になる。徐福《じょふく》が日本に来た。

## 「徐福《じょふく》と伊弉諾尊《いさなき》・伊弉冉尊《いさなみ》」

徐福とは、中国の「史記《しき》」に記される実在した人物である。史記は中国前漢の時代、紀元前一世紀に司馬遷《しばせん》によって編集された歴史書だ。

史記によると徐福は、秦始皇帝に対して「東方の三神山（蓬萊山《ほうらいさん》・方丈山《ほうじょうさん》・瀛洲山《えいしゅうさん》）に長生不老《ちょうせいふろう》の霊薬があると具申し、始皇帝の命を受け、三千人の童男童女（若い男女）と百工（多くの技術者）を従え、財宝と財産、五穀の種を持って東方に船出したものの三神山には至らず、平原広沢（広い平野と湿地）を得て王となり、遂に秦には戻らなかった」と記されている。

徐福の渡航は一度目が紀元前二一九年、二度目が同二一〇年である。

中国史書の暦年は確かだ。徐福と古代日本史の接点を見いだすことが、歴史年代の特定に大きく貢献できるはずである。

（但し、二度目の渡航が史実であったかどうかは様々な説がある）

日本には多くの徐福渡来伝説を伝える地がある。

九州佐賀、紀伊熊野、丹波、富士吉田が特に有名だが、すべて挙げれば九州・中国・四国・近畿・

東海・関東・東北・北海道まで広く分布している。しかし記紀はもちろん、富士宮下文書以外の古史古伝でも徐福の名を記すものはない。亦名で記されているのだ。

古事記では伊弉諾尊（イサナキ）と伊弉冉尊（イサナミ）が国生みをするが、最初に淡路島が生まれる。この一番目という順序は、天孫族すなわちクニトコタチが、先陣を切って上陸していたところが淡路島だったという富士宮下文書の記載を示唆するものであろう。

続いて古事記ではイサナキとイサナミが神生みをするが、ここで生まれた神々は、いずれも当時の日本に存在し、既に活躍していた「人」なのである。そして一番目には特別な意味がある。

神生みの一番目は、「大事の成ったのを称えた大事忍男神（オオゴトオシヲ）」である。

しかしこの一言のみで、この後、古事記では一切記述はない。

九鬼文書の人名索引に「大事忍男命　亦名　事解男命」とあり、別名は事解男命（コトサカノヲ）であるとわかる。

秀真伝では、事解男命がイサナキとイサナミにとって重要な役割で登場する。天孫族第六代オモタル尊には日嗣の皇子がいなかった。そこでクニトコタチから続く血縁により、タカミムスヒの名を世襲して日高見《ひたかみ》（奥州）を治めていたトヨケカミ（豊受大神）の一族から、イサナキとイサナミを結婚させ、天孫族第七代の日嗣を継がせたのである。

当初、イサナミはイサナキとの結婚になかなかその気にならなかったというが、これを説得し、仲介の労をとって二神の縁を結んだのが事解男命である。

古事記でイサナミは、火の神・迦具土神（カグツチ）を産んだことが原因となって亡くなられる。最愛の妻を失ったイサナキは悲しみのあまり黄泉国にイサナミを訪ねるが、既にイサナミの身体は朽ちていて、そこから逃げるイサナキと追うイサナミの凄まじい攻防戦が始まる。

先代旧事本紀《せんだいくじほんき》には古事記には記されない二神の会話が記される。

イサナキは岩を間にはさんでイサナミと向き合い、ついに絶妻乃誓《ことど》（夫婦離別の言葉）をお唱えになった。

「離婚しよう」

その絶縁の言葉を言い渡されると、イサナミは宣誓して「あなたには負けません」と返したという。

そして吐いた唾から現れた神を名づけて速玉男神《はやたまおのかみ》（丸く光る玉のような唾の神）といい、次にそれを掃き清めた神を泉津事解男神《よもつことさかのをのかみ》（黄泉の国との関係を清算する神）と名付けた。事解男命は日本書紀一書にもその名が記されている。イサナミが早逝されたことは事実であろうが、その理由は単に出産に伴う病だけではない事情があったことが想定される。

事解男命は、二神の成婚と離縁の双方に関与していた重要な神だ。

事解男命を祀る神社で注目すべきは和歌山県新宮市の阿須賀《あすか》神社だ。ここは熊野速玉大社《くまのはやたまたいしゃ》の元宮ともいわれる。

祭神は事解男命と熊野大社三社（本宮・新宮・那智）の主祭神だ。

「阿須賀神社」和歌山県新宮市

祭神　事解男命

家津美御子大神《けつみみこおおかみ》（素戔嗚尊・国常立尊　同体）

熊野速玉大神《くまのはやたまおおかみ》（伊弉諾尊　同体）

熊野夫須美大神《くまのふすみおおかみ》（伊弉冉尊　同体）

配神　建角美神《たけつのみ》・黄泉通守神

「熊野山略記《くまのさんりやくき》」では事解男命を「阿須賀（飛鳥）大行事《だいぎようじ》」と呼び、「権現《ごんげん》（神）の総後見《そうこうけん》なり。阿須賀大行事は熊野権現《くまのごんげん》より以前に、蘆鳥神《あしとりのかみ》という鳥の翼に乗り下りて熊野に来る故に、飛鳥権現《あすかごんげん》と名づく。飛鳥《あすか》、稲葉根《いねばね》、稲荷《いなり》は同体なり」と記している。

事解男命はこの地にいち早く入った飛鳥権現であり、後の都「飛鳥」の名称の由来ともなった。

そして阿須賀神社には「徐福乃宮《じよふくのみや》」がある。

また後には、熊野権現と呼ばれる別の神がやって来て、熊野の祭祀を更に発展させたことがわかる。社殿背後の「蓬莱山」と名付けられた山からは大量の御正体《みしようたい》が出土しており、熊野最古の原始信仰の形態を実証し、熊野権現発祥の地として確認されている。

熊野の祭祀は、その後の神仏習合《しんぶつしゆうごう》もあって非常に難解である。

南北朝時代に編纂された神道集《しんとうしゅう》「熊野権現」には、「鎮守の第一は伊勢大神宮である。天照大神の御心を思い奉ると、天照大神と神武天皇は一つである。天照大神が天岩屋に隠れた時、子孫のためにその姿を鋳留めたのが内侍所《ないしどころ》（内裏で神鏡を奉安する場所）である。熊野権現が預かって神武天皇に渡し、天皇は祖父・曽祖父の形見として崇敬された。開化天皇まで同床共殿していたが、崇神天皇の御宇に天津社と国津社を定められた時に、畏れ多いと温明殿《うんめいでん》に移された。内侍所の第一の守護は熊野権現である」と記す。

熊野の祭祀に深くかかわる神として、天照大御神と須佐之男命の誓約にて生まれる熊野樟日命（クマノクスヒ）という神がいる。

後に語るが、筆者は熊野樟日命を神武天皇と同世代と比定している。

また阿須賀神社の配神に、賀茂建角見命（カモタケツノミ）が記されることも重視する。

賀茂建津見命は後に熊野で神武天皇を導く八咫烏（ヤタガラス）であり、上賀茂《かみがも》神社の祭神・賀茂別雷命《かもわけいかずち》の祖父でもある。

阿須賀神社は、第五代・孝昭《こうしょう》天皇の時代の創建と伝わる。

欠史八代といわれる孝昭天皇はもちろん実在され、古代史の鍵を握る超重要な人物である。筆者は考昭天皇を速玉男神と比定する。いずれにしても皇統を継ぐ大きな霊力を持つ皇祖が、繰り返し熊野を訪れていたことは間違いない。

徐福は紀元前三世記末に日本に渡来し、イサナキとイサナミの時代にその仲介役を果たした大事忍男（古事記）、事解男命（日本書紀・先代旧事本紀）、熊野の飛鳥権現だったと比定してよいだろう。竹内睦泰氏は別の著書にて、「オオゴトオシオ朝があった」との主旨を述べられており、古事記で一番目に神生みされた大事忍男命は、ただの神ではなかったことを暗喩されている。

富士宮下文書には、徐福が富士山を訪れてから八百六十七年後となる天智《てんじ》天皇十年八月に、「中臣藤原物部麻呂《なかとみふじわらもののべまろ》」なる人物が富士山を訪れ、第八代・孝元《こうげん》天皇から蘇我物部《そがもののべ》両家の世までの記述を「写し改められた」と記されている。天智天皇十年を通説により紀元六七二年とすると、ここから徐福が富士山に至ったのは紀元前一九五年（紀元前二世紀）と比定され、史記での徐福の活躍時期と完全に一致する。

徐福は富士山まで辿り着いていた。

中臣藤原物部麻呂は記紀に登場しない謎の人物だが、おそらく藤原不比等で間違いない。藤原不比等は富士宮下文書を確認した上で、九鬼文書を自らの歴史として残し、そして国史としての記紀を編纂している。

富士宮下文書には、徐福が書いたと伝わる「支那震旦国皇代歴記《しなしんたんこくこうだいれきき》」という史書がある。中国史で伝説といわれる「三皇《さんこう》＝伏羲《ふくぎ》・神農《しんのう》・黄帝《こうてい》」からの歴史について徐福が富士山にて書いたもので、最後は徐福が渡来する直前の秦始皇帝まで書き繋がれている。これは後程説明しよう。

おそらく徐福は秦始皇帝から信頼された同族であったのだろう。

また五世紀に第十五代・応神《おうじん》天皇の支援により渡来して、八幡神社と稲荷神社を熱狂的に普及した秦《はた》氏は、自らを秦始皇帝の後裔と標榜している。最近の研究では徐福も秦氏もユダヤ人ではないかとの説が多く語られている。スメル人の血を引き継いでいることは間違いないだろう。

一男　大陸の大中原を治める　（徐福・秦氏）
二男　大陸の東州を治める
三男　大陸の南州を治める　（出雲族）
四男　大陸の西州を治める　（猿田彦神）
五男　国常立尊　（天孫族・西国）
六男　大陸の北州を治める　（月読族）
七男　国狭槌尊　（天孫族・東国）

富士宮下文書では、伊弉諾尊（イサナキ）はクニサツチの子で、富士高天原にて育ち、天資聡明、常世国第一の知恵神との評判をとった。

東国・日高見国の代表である。

后の伊弉冉《いさなみ》尊（イサナミ）はクニトコタチの子であり、諱《いみな》を白山姫《しらやまひめ》という。西国・大倭国の代表である。クニトコタチの桑田の宮から阿祖北地方を男勝りの活躍で統治した。

イサナキは丹波（丹後）にある天橋立《あまのはしだて》を渡ってイサナミに会いに行き、事解男命（徐福）の仲介で夫婦となった。二神は国法を定め、祭政を補佐する左臣・右臣の役割を定めるなど、広く国を興し、四方四海を治めた優れた大君であったという。

秀真伝では、イサナキとイサナミは筑波山の麓にあった「新治（ニハリ）宮」にて新婚時代を過ごしたという。興味深い伝承である。

「筑波山《つくばさん》神社」茨城県つくば市
　祭神　男体山　筑波男大神（伊弉諾尊）
　　　　女体山　筑波女大神（伊弉冉尊）

竹内睦泰氏は、イサナキとイサナミは世襲名であり、何世代も続いたと述べられている。徐福がその伝承を神話として整えたのであろう。

そして最後のイサナキとイサナミの皇女こそが天孫族の本流になる。アマテラスである。

徐福（飛鳥権現）は飛ぶ鳥の鳥族だったが、その渡来により牛族と犬族を日本に引き連れてきた。童男童女たちである。牛族の代表は牛頭天王の素戔嗚尊であり、犬族は物部氏をはじめとする技術者軍団である。

飛鳥昭雄《あすかあきお》氏の著書『物部氏の謎』において、現代の裏天皇とも呼ばれて天皇の祭祀を支える秘密組織・八咫烏《やたがらす》が、

「物部氏は徐福とともに来たれり！」と発言している。

これを受けて飛鳥氏は物部氏を「徐福とともに秦帝国からやって来た童男童女と技術者」と結論づけた。本書もこの説をとる。

徐福の初回の渡来は日本海側から石見〜出雲〜丹波、二回目の渡来は筑紫島（佐賀）〜熊野、そして最後にようやく富士山に辿り着いた。

徐福は、富士王朝が自らと先祖を同じくするスメル人の血を引くことに驚き、また感動し、イサナキ尊・イサナミ尊までの歴史と、これからはじまる神話の段取りを整えたのであろう。そして大きなことを成し遂げた大事忍男命（事解男命）と命名されて古事記にその名を残した。

事解男命は全国の多くの熊野神社でも祭神として祀られている。

## 「オリエント皇代歴記《こうだいれきき》」

富士宮下文書（富士古文献）の「支那震旦国皇代歴記《しなしんたんこくこうだいれきき》」は、「支那」とあるので中国史だと捉えがちだが実はそうではない。ここにこそ日本の史実、オリエント史の史実が隠されている。まず最も重要なのは次の一文である。漢文のような原文だが、日本語読みできる。

「蓬莱山高天原天都州依《より》里大昊伏羲氏東陽婦人登供供《ととももども》大陸大中原仁天降止里座《にあめふりとどまりまして》面炎帝神農氏尾《を》産」

（現代語訳）

「蓬莱山《ほうらいさん》（富士）高天原《たかあまはら》の天都州《あまつしゅう》より皇帝伏羲《ふつき》氏は東陽婦人《とうようふじん》（女媧《じょか》氏）とともども大陸の大中原《だいちゅうげん》に天《あま》降《ふ》り止《とどま》りまして炎帝神農《えんていしんのう》氏を産む」

中国史では伏羲氏は一番初め＝原初の皇帝として語られている。

徐福は、その伏羲氏は富士山の高天原から大陸の大中原に行ったのだと記している。そして女媧氏と結婚して炎帝神農氏を産んだという。

これを既に紹介したメソポタミアでの伝承と比較してみよう。

「紀元前四千年頃、南部メソポタミアにはウル族（伏羲氏）とドゥア族（女媧氏）という二つの部族がいた。ウル族は農民で牛をトーテムとした。ドゥア族は漁民で製塩も行い、蛇をトーテムとしていた。この両部族が対婚を重ねながら一緒になり、スメル人（炎帝神農氏）と呼ばれるようになった」

「スメル人の先祖伝承では、生命の樹の右側に牡牛神ハル（伏羲氏）が座り、左側に蛇女神キ（女媧氏）が座り、お互いに生命の樹をはさんで手を差し伸べながら下半身を搦め合う。牡牛神ハルはスメル語でエシャアラムキ、転訛《てんか》して日本語のイサナキ（伊弉諾尊）、蛇女神キはスメル語でエシャアラムミ、転訛して日本語のイサナミ（伊弉冉尊）になる」

中国の皇帝神話とは、実はメソポタミア神話と同一の借史《しゃくし》であった。鹿島曻氏は伏羲氏をフツリ人と比定している。すなわちここから想定すれば、伝説のメソポタミア初代皇帝である牡牛神ハルは中国史の伏羲氏（フツリ人）と同体であり、蛇女神キ（東陽婦人・女媧氏）と共に、日本の蓬莱山（富士山）からメソポタミアの地へと行ったのである。そして産んだのが炎帝神農氏（スメル人）である。富士宮下文書で高皇産霊神（タカミムスヒ）の諱《いみな》は農作比古だが、諡《おくりな》は「天之神農氏神」ともいう。まさに炎帝神農氏の後裔の族長という意味である。

炎帝神農氏は日本の皇祖である天御中主神、高皇産霊神、国常立尊の祖であり、スメル人の始祖であった。これを信ずれば、やはりスメル人は日本から行き、そして日本に戻ってきたのだ。

中国史では、炎帝神農氏の後裔は、異母兄弟となる黄帝氏との衝突の後、合併・融合したとされ、その子孫が漢族になったと見做される。

後に炎帝神農は姜《きょう》姓を、黄帝の後裔は姫《き》氏を名乗ったともされる。

支那震旦国皇代歴記をよく読み込むと、徐福自身はどうやら黄帝の後裔（姫氏）であるらしい。しかし苦難の末に、皇祖の出身地である蓬莱山に辿り着けたことを喜んでいたに違いない。

この関係をスメル神話に当てはめてみると、伏羲氏は天空神アン、女媧氏は地神キ、炎帝神農氏は水神エンキ、黄帝氏は風神エンリルの霊魂を引き継ぐ一族と見做すことができるであろう。

伝説のスメル人はやはり日本人の皇祖であった。

スメル人がメソポタミアで王朝の頂点にいたのは、紀元前四千年紀のウルク文化期から紀元前二千年頃のウル第三王朝までである。

その後のスメル人の後裔を確実な歴史として繋いでいくのは難しい。

考古学的な見地からみれば、紀元前三千年紀のエブラやマリの古代遺跡にてスメル語の粘土板が多く発見されていることから、スメル人が相当の古代からメソポタミア西方へも影響力を及ぼしていたことは間違いないだろう。おそらくエジプトまで及んでいる。

しかし北方のアッカド人、西方のアムル人、東方のエラム人等との政争も絶えなかった。周辺民族との融合も含めてスメル人の皇統は消えていく。スメル神話には史実が反映された「スメルとウルの滅亡哀歌」も記されている。そこではウル第三王朝の最後の王イッビ・シンはエラム軍の捕虜となって山岳地帯の遥か彼方に連れ去られていった。

この時、祖国に戻った一族もいたはずである。

ここで古代オリエント史を少し確認しておこう。（資料①参照）

出自不明のスメル人が忽然とメソポタミアに現れたのは、紀元前四千年頃といわれる。スメル語は日本語と同じ膠着語《こうちゃくご》だが、周辺には他に膠着語を使う民族は確認されていない。紀元前三千年紀には北方のアッカド人と対峙しながらも連携して初期王朝を創設する。

鹿島曻氏は、伏羲氏がスメルの地に入ったのは紀元前三千年頃、炎帝神農は紀元前二千八百年頃の人だと比定されている。「中国の皇帝神話はメソポタミア神話と同一の借史」というのは、中国神話の皇祖たちは実はメソポタミアの神々と同体であったということだ。文明の始まりは中国よりも圧倒的にメソポタミアの方が早かったのだ。

アッカド人である「サルゴン王」の時代には更に領土を拡大して、ウル第三王朝で全盛期を迎える。

## 資料①　メソポタミア年表

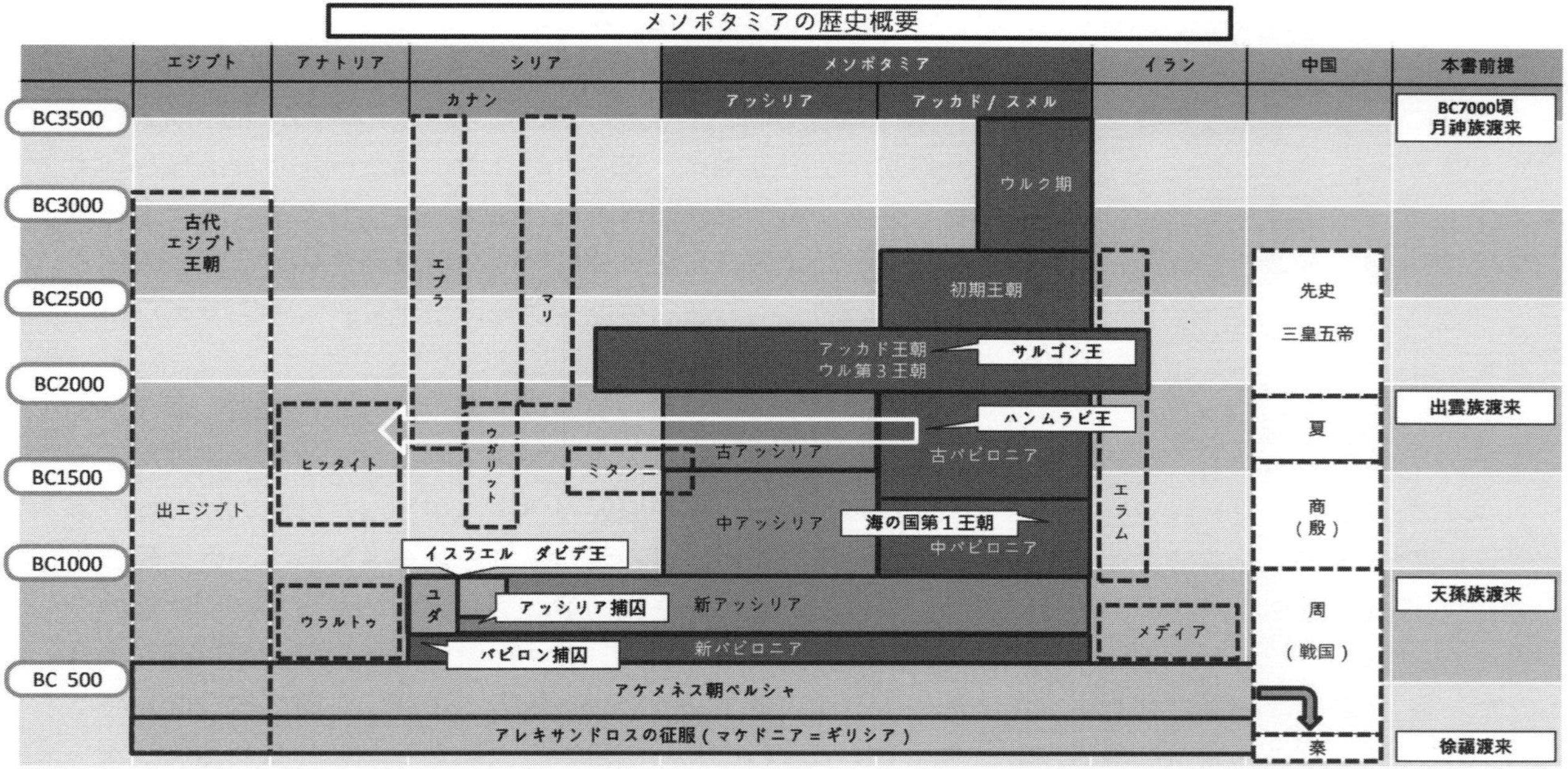

ウルは都市の名である。しかし紀元前二千年頃には東方のエラム人など異民族に攻め込まれて、スメル人王朝としての独立性はここで消滅する。しかしスメル語を中心とする圧倒的な文化は周辺の民族に受け継がれていった。鹿島曻氏が天御中主神と比定するハンムラビ王の出現は、この後の時代になる。

そしてスメルの地は周辺民族の王によるバビロニア帝国、アッシリア帝国などを経た後に、アケメネス朝ペルシャに征服されて遂に終焉を迎える。そしてペルシャはマケドニア（ギリシャ）のアレクサンドロス大王に敗れ、ここから多くの民族が四方へ逃れていく。秦始皇帝の戦闘軍団はペルシャ亡命政権の性格が強かったともいわれている。スメル人は日本からメソポタミアに行き、そして順次また日本に戻ってきたとする仮説は大枠ではこのような歴史観になろう。

鹿島曻氏は、天孫族（クニトコタチ）は中バビロニア帝国の「海の国第一王朝・カルデア人」の後裔であろうと比定している。ユダヤ人もまた「カルデアからマリに移住した人々の後裔である」と主張している。

秋山眞人氏は、「おそらく当時、スメル人には行動計画書があって、それは密かにスメル人との婚姻関係を繰り返すことによって、のちのペルシャの建国にかかわったとみられる白人系のユダヤ人が引き継いだとみている」と述べられる。歴史的に証明することは難しいが、本書ではスメル人の血は後のイスラエル人・ユダヤ人にも間違いなく繋がれているとの仮説を土台とする。

徐福の「支那震旦国皇代歴記《しなしんたんこくこうだいれきき》」はもちろん中国史も語っている。「三皇五帝《さんこうごてい》」の時代はメソポタミアでのスメル直系王朝（〜ウル第三王朝）にあたる。「夏《か》」は南州王が開いたとし、ここは本書で出雲族が紀元前二千年頃に渡来したという時期と一致する。「商《しょう》（殷《いん》）」は西州王が開いたとし、時期的には中アッシリア帝国創設との関係が想定される。「周《しゅう》」は元の東州王が西州と東州の二部族に分かれた後の西州王が開いたとし、新アッシリア帝国創設との関係が想定される。

イスラエルはダビデ王・ソロモン王の後、二つの国に分裂する。

北朝イスラエル王国の十支族はアッシリア捕囚により歴史から消えて「失われた十支族」といわれる。南朝ユダ王国の二支族は続く新バビロニア帝国のバビロン捕囚により故郷の地を離れる。そしてメソポタミアは、アケメネス朝ペルシャに占領され、中国も戦国時代となる。後に中原を制する「秦（始皇帝）」は、以前に西州を治めていた一族の遠い血族になるのだという。中国史の西州とはまさにメソポタミアそのものであろう。

どうやら中国史とオリエント史は連動している。

鹿島曻氏は、「宮下文書の神々はすべてフツリ人（スメル人）、アッカド人、アモリ・アラム人、三族の王である」と総括されている。

スメル人とユダヤ人は、間違いなく繋がっている。

徐福は、古代中国の皇帝たちが何度も日本（豊葦原瑞穂の国）を大陸国に併合しようと試みて大軍を派遣したことを記している。

しかしその度に、「蓬莱山に黒雲が現れ、神風が吹き出し、遂に大暴風となり、大軍はすべて海の藻屑と消えてしまった。この須弥蓬莱山嶋《すみほうらいさんのしま》豊葦原瑞穂《とよあしはらみずほ》の国は全世界開闢《かいびゃく》以来の神々が鎮座されている御国なので、諸々の神々の神罰が下ったのだと大陸を始め諸国の人々はみな恐れ慄いた」という。風神エンリルによる神風なのであろうか。古代オリエントでも日本は「全世界開闢以来の神々が鎮座する御国」と伝えられていたのだ。

徐福は間違いなく富士山まで来ていた。

写真②　不二阿祖山七宗廟
徐福大明神・古宮
（筆者撮影）

# 二　三貴子《さんきし》

## 「三貴子《さんきし》と蛭子命《ひるこ》」

ようやく古事記の山場、三貴子（天照大御神・月読命・須佐之男命）の登場を迎える。紀元前一世紀頃である。古事記における皇祖の系図を確認しておこう。ここで留意しておくべき点は以下の通りである。

・天照大御神の次の日嗣は天忍穂耳尊《あめのおしほみみ》だが、その両親については古事記では何も記載されていない。
・天忍穂耳尊は高皇産霊神（高木神《たかきのかみ》）の娘、万幡豊秋津師姫命《よろずはたとよあきつしひめ》を娶り、兄天火明命《あめのほあかり》と弟瓊瓊杵尊《ににぎ》を産む。次の日嗣は弟の瓊瓊杵尊だが、兄の天火明命については何ら事績の記載はない。
・瓊瓊杵尊は大山祇命《おおやまつみ》の娘・木花咲夜姫《このはなさくやひめ》を娶り三人の皇子を産む。次の日嗣は海幸彦《うみさちひこ》（火照命《ほでり》）との対決に勝利した火遠理命《ほおり》（山幸彦《やまさちひこ》・彦火々出見尊《ひこほほでみ》）だが、火須勢理命《ほのすせり》については何ら事績の記載はない。
・彦火々出見尊は海神豊玉彦《とよたまひこ》の娘・豊玉姫《とよたまひめ》を娶り、日嗣の御子鵜草葺不合尊（ウガヤフキアエズ尊）を産む。
・鵜草葺不合尊は母（豊玉姫命《とよたまひめ》）の妹、すなわち叔母（玉依姫命《たまよりひめ》）を娶って四人の皇子を産む。第四皇子が神武天皇となる。

叔母を娶るのは世代的にはやや違和感がある。

しかし、富士宮下文書では、まず三貴子そのものが古事記とは大きく異なっている。まずはここから確認しよう。

「富士宮下文書要旨」

イサナキ尊とイサナミ尊の二神には、一皇女、二皇子がいた。
皇女の諱は大市姫《おおいちひめ》（後の大日霊貴《おおひるめむち》・天疎日向津姫尊《あまさかるひにむかつひめ》・天照大御神《あまてらすおおみかみ》）、二人の皇子の諱を、月峰尊《つきみね》（ツキミネ・月夜見命・月読命）、そして蛭子尊《ひるこ》（ヒルコ）、という。
富士宮下文書で三貴子は、アマテラス・ツキミネ・ヒルコの三人だ。
須佐之男命《すさのを》はどうしたのか？　富士宮下文書の一部を見てみよう。

「支那震旦国皇代歴記《しなしんたんこくこうだいれきき》（富士宮下文書）」

「神農《しんのう》氏の二男、東州国王、新羅王の四男、多加王《たかおう》は、一族郎党八千余人を引き連れて祖国の国、蓬莱山嶋豊葦原の瑞穂の国に向かい、ここを征服し、祖国の大王となり、全世界を従え、全世界の大王になろうと倭国（日本）に渡り、国王の大日霊尊《おおひるめのみこと》を計略を以て妻にし、諸国を従え大王になることを計画したが、一族郎党は皆殺しになったため、国王大日霊尊に従い、義姉弟の契りを結び、大日霊尊を姉君と敬い、国王より多加王を改めて、祖佐之男命（ソサノヲノミコト）という諱名を

# 系図③　古事記の系図

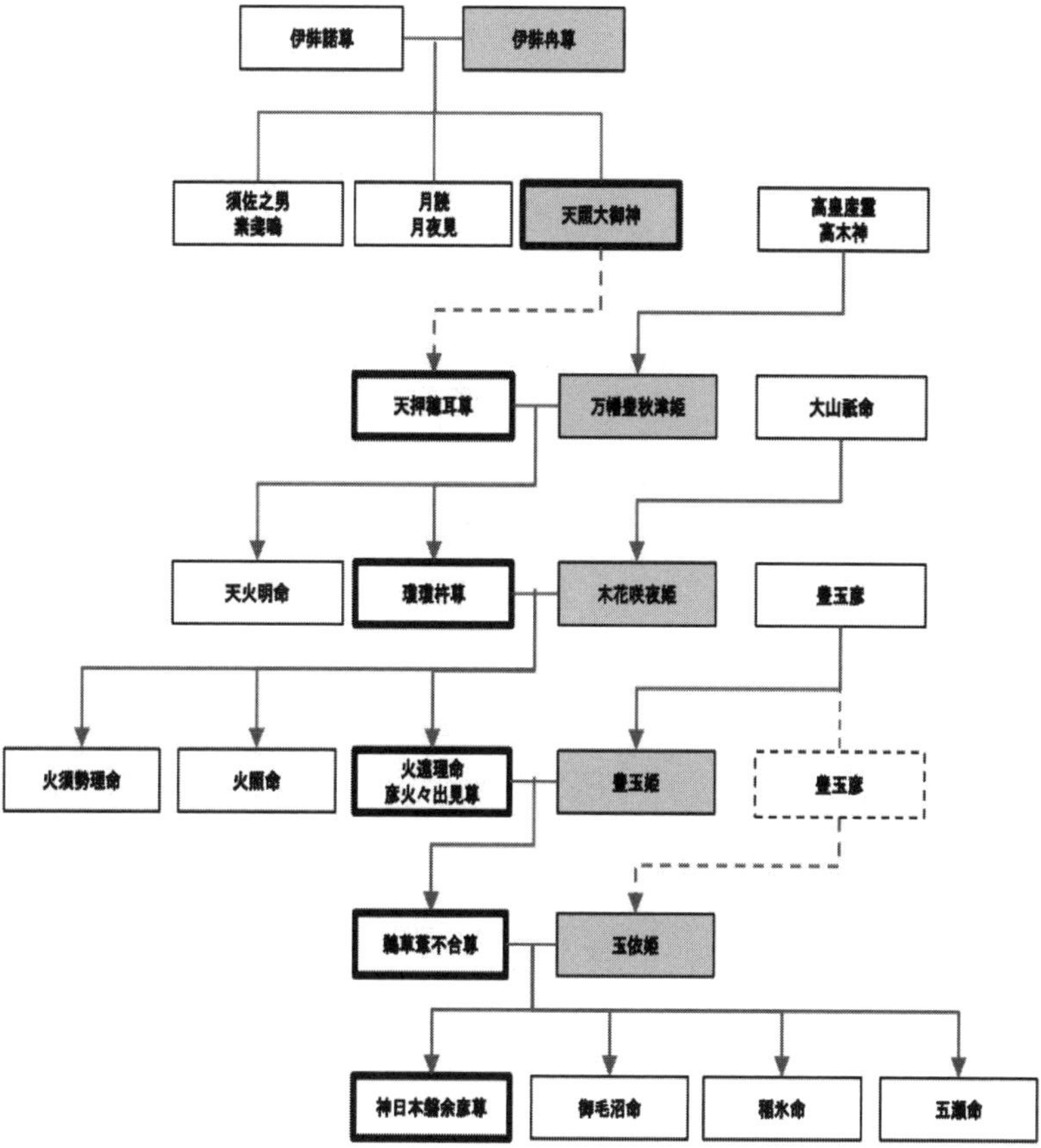

伊弉諾尊
伊弉冉尊
須佐之男
素戔嗚
月読
月夜見
天照大御神
高皇産霊
高木神
天押穂耳尊
万幡豊秋津姫
大山祇命
天火明命
瓊瓊杵尊
木花咲夜姫
豊玉彦
火須勢理命
火照命
火遠理命
彦火々出見尊
豊玉姫
豊玉彦
鵜草葺不合尊
玉依姫
神日本磐余彦尊
御毛沼命
稲氷命
五瀬命

賜り、祖国蓬莱山嶋豊葦原の瑞穂国の守護神になった、と言い伝えられる」

須佐之男命は日本書紀では「素戔嗚尊」の字が充てられ、一般的には「スサノオ」と呼称されることが多いが、富士宮下文書は「祖佐之男（ソサノヲ）」、秀真伝でも「ソサノヲ」とオシテ文字で記される。

祖国を補佐する守護神との命名理由を尊重して、本書ではこれから「多加王または素戔嗚尊（ソサノヲ）」として記すことにする。

尚、引用した文書は誇張された表現と理解しておけばよいだろう。

この時代にはまだ新羅《しらぎ》国は建国されていないので、この記述における新羅王とは朝鮮半島からの渡来であったことと理解できる。日本書紀一書にも素戔嗚尊は新羅にいたと記されており、驚くことではない。

しかしアマテラスと素戔嗚尊（ソサノヲ）は姉弟ではなかった。古事記の物語は大きく見方を変える必要がある。ソサノヲはアマテラスの義弟（イサナキの義子）とされ、また二人はそれぞれタカミムスヒの曽孫となっている。神農氏の次男とはソサノヲがスメル人の一族であることを示しており、アマテラスとソサノヲの一族は親族関係にあったことを示唆しているのだ。

東州国王の皇子がここで登場して、ようやく主役が勢揃いする。

一男　大陸の大中原を治める（徐福・秦氏）
二男　大陸の東州を治める（素戔嗚尊）
三男　大陸の南州を治める（出雲族）
四男　大陸の西州を治める（猿田彦神）
五男　国常立尊（天孫族・西国）
六男　大陸の北州を治める（月神族）
七男　国狭槌尊（天孫族・東国）

古事記ではイサナキの禊ぎはらいの最後に三貴子が生まれる。

竹内睦泰氏は、「これは当時の日本に三つの民族が住んでいた、そして伊弉諾尊が三つの民族を束ねていたことを象徴する」と評している。

天孫族（五男・七男、アマテラス）、月神族（六男、ツキヨミ）、そして一男から四男までをまとめた代表として海神（ソサノヲ）＝地神（国津神）としたのであろう。

実際は七皇統ともスメル人の血を受け継いでいるはずだ。

アマテラスが左目から生まれたのは、その一族が遥か西方の地から海路にて南方経由（シルクロード海の道）で日本に渡来したことを示す。

本書ではこれを「海のスメル人」と称する。

ツキヨミが右目から生まれたのは北方シベリアの地を経由（シルクロード草原の道）して、ソサノヲが鼻から生まれたのは中央アジアを経由（シルクロード・オアシスの道）して日本に渡来したことを示す。

これを「陸のスメル人」と称する。

蛭子命は、古事記ではイサナキとイサナミの国生み・神生みの前に未熟児として一番初めに生まれたため、葦の葉を編んで作った葦船に入れて流してしまったと記される。この話はスメル神話で、エンキ神が身体の不自由な人間にもしっかり役割を与えたことを想起させるものだ。

しかし富士宮下文書では蛭子命はイサナキとイサナミの皇子とされ、その後裔は海神豊玉彦《とよたまひこ》であり、その娘・豊玉姫《とよたまひめ》は彦火々出見尊の后となり、鵜草葺不合尊《うがやふきあえず》を産む高貴な一族、すなわち安曇族なのである。

古事記ではその祖神として「宇都志日金拆命《うつしひかなさく》」の諱を記している。

この神は秀真伝の「カナサキ」である。天孫族をメソポタミアの地から運んできた海軍の一族だ。オリエント史に登場するエブス人、フェニキア人の後裔であろうと鹿島曻氏は述べられている。安曇族の祖神・綿津見三神は筑紫の志賀海《しかのうみ》神社で祀られる。高良玉垂宮神秘書《こうらたまだれのみやしんぴしょ》によれば、安曇族の祖の一人とされる安曇磯良《あずみのいそら》は、「筑前國では志賀、常陸國では鹿島、大和國では春日明神と同体」とされる。

鹿島神宮と春日大社は中臣氏の氏神である。

「志賀海《しかのうみ》神社」綿津見三神（安曇磯良）　福岡市志賀島

「鹿島神宮《かしまじんぐう》」　武甕槌大神（タケミカツチ）　茨城県鹿嶋市
「春日大社《かすがたいしゃ》」　武甕槌・経津主・天児屋根・比売神　奈良市

春日大社の経津主命（フツヌシ・香取神宮）は物部氏の氏神であり、これはすなわち、中臣氏、安曇氏、物部氏が強い同盟で結ばれていたことを示唆している。

月神族については既に前章で中臣氏との関係から考察したが、富士宮下文書での注目は、月神の諱が「月峰命（ツキミネ）」、その皇子が「大山祇命《おおやまつみ》（オオヤマツミ）」とされることだ。大山祇とは山河を支配する惣領としての役割を示す役職名であり、富士王朝では順次、多くの神々がこの役割についていく。「大山祇」とは役割の世襲名である。

月峰命の後裔である大山祇命の諱は「寒川比古《さむかわひこ》」、現代の相模国一宮である寒川神社の祭神だ。妃は「寒川比売《さむかわひめ》」、亦名を「別雷命《わけいかずち》」、また「賀茂沢姫《かもさわひめ》」ともいう。この後、改めて主役となって再登場する。

古事記はここから、アマテラスとソサノヲの誓約《うけい》に場面が移るが、富士宮下文書の記述から、アマテラスとソサノヲは姉と弟でないことは明らかであり、またソサノヲは誓約の後に出雲へ追放されるのではなく、朝鮮半島、出雲から不二阿祖山高天原に乗り込んできたと思われる。

先代旧事本紀では、高天原に昇ろうとするソサノヲに羽明玉神《はあかるたま》が曲玉《まがたま》（翡翠《ひすい》）を献上するという記述がある。翡翠は高志（越＝糸魚川）の暗喩であり、少なくとも越国を経由した道で不二山へ向かったのだ。

## 「ソサノヲの三人の妃《きさき》」

富士宮下文書では天照大御神は生涯独身を貫いたことになっている。古事記でのソサノヲとの誓約《うけい》とは一体何を示唆するのであろうか。記紀では、高天原第二代の日嗣大君である天忍穂耳尊の父と母を明らかにしていないが、一般的には天照御大神の実子と見做されるだろう。

まずはソサノヲの妃は誰か、子は誰か、という謎から解いていこう。通説では、誓約によって生まれた神、すなわちソサノヲの五男三女説が有名だだが、どうもそう簡単ではない。

〔誓約で生まれた五男神と宗像三女神〕

男神　正勝吾勝勝速日天之忍穂耳命《まさかつあかつかちはやひあめのおしほみみ》

　　　天之穂日命《あめのほひ》（出雲国造の祖）

　　　天津日子根命《あまつひこね》

## 女神

活津日子根命《いくつひこねのみこと》
熊野久須毘命《くまのくすひのみこと》
多紀理比女命《たきりひめのみこと》（奥津島比女命《おきつしまひめのみこと》）
市杵嶋比女命《いちきしまひめのみこと》（狭依比女命《さよりひめのみこと》）
多岐津比女命《たぎつひめのみこと》

記紀を読めば、ソサノヲの一人目の妃は、まずは出雲の櫛稲田姫《くしいなだひめ》だ。

何も系図について説明がないので、当然ながら出雲王朝の皇女と考えてしまうのが普通だ。古事記では八島士奴美神《やしまじぬみ》を産んでいるが、この神は出雲王朝の二代大名持の名を記したものであり、櫛稲田姫の実子ではない。ソサノヲを出雲王朝に繋げるための見せ掛けの系図である。

富士宮下文書をよく読むと、櫛稲田姫は天太力男命《あめのたちからお》の娘とある。

天太力男命は、古事記では天照大御神の天石屋《あめのいわや》隠れにおいて、その戸をこじ開けて投げ飛ばした神として知られる。しかし古事記に記されるのはこれだけである。秀真伝の系図によると、天太力男命は父が天八意思兼命《あめのやごころおもいかね》、すなわち月神族・天児屋根命と同族（子）である。つまり櫛稲田姫は月神族・中臣氏の姫だったのだ。これだけで記紀の話は引っ繰り返る。秀真伝によれば、天太力男命には天下春命《あめのしたはる》、天表春命《あめのうわはる》という弟妹がいる。この二人も謎が多いのだが、古代では妹を娘と記すことも多い。本書では、天表春命が櫛稲田姫であると比定する。

天表春命は父・天八意思兼命とともに信州恵那山《えなさん》の麓（伊那側）にある阿智《あち》神社に祀られている。

ここは戸隠《とがくし》神社の元宮である。

「阿智神社」長野県下伊那郡阿智村
奥宮　天八意思兼命・天表春命（安産の神）

中央アルプスの名峰・恵那山の山頂は天照大御神の胞衣《えな》（へその緒）を洗い清めて納めたという伝説の場所である。神坂峠《みさかとうげ》を越えた美濃・中津川（恵那側）にある恵那神社に伝えられる。この峠は古代の東山道《とうざんどう》で最大の難所だ。そしてここそが、既に紹介した林裕史氏が「スメル女神イナンナの生まれた地」とする伊那・恵那地方なのだ。

天下春命は古代に武蔵国一宮であった小野神社の祭神である。

もう一人の小野神社の祭神は瀬織津姫《せおりつひめ》であり、この神は大日霊貴《おおひるめむち》とも比定される神だ。古代において長らく、小野神社がソサノヲ尊を祀る氷川神社を差し置いて武蔵国一宮であったことは解けない謎の一つだったが、瀬織津姫が天下春命の妹、天表春命＝櫛稲田姫だとするとよく納得できるのだ。

各国の一宮である神社に伝わる神話伝承は極めて重要だ。この地と何らかの地縁があったのは間違いない。

「小野神社」武蔵国一宮　東京都多摩市
祭神　瀬織津姫命（本書　櫛稲田姫＝天表春命）・天下春命

いずれにせよソサノヲの妃の一人、櫛稲田姫が中臣氏の血筋の姫であることは極めて重要だ。櫛稲田姫とソサノヲの子は、宗像三女神の中の二人、多紀理姫《たきりひめ》（田心姫）と市杵嶋姫《いちきしまひめ》であろうと比定する。富士宮下文書では、宗像三女神は登場しないのである。また各種伝承では三神同体説などもあり、その比定はなかなか難しい。

籠神社の国宝・勘注系図《かんちゅうけいず》には「市杵嶋姫　亦名　多紀理姫」と二神の同体説もある。しかし多くの古史古伝を読み込んでいくと、三女神の中で多岐津姫だけが他の二人と異なる動きをしていると感じることが多い。

・籠神社伝承では、多岐津姫は豊受大神の祭祀をしていたとする。
・高良玉垂宮神秘書では「龍神の女は厳島大明神（市杵嶋姫）、水神の女は宗像大明神（多紀理姫＝田心姫）」と二柱のみを指名している。

本書では出雲富家伝承も参考として、三女神を別神として、それぞれの夫君（嫁入先）を比定していくこととする。

次にソサノヲの二人目の妃について、古事記では次のように記す。
「また大神（ソサノヲ）は大山津見命（オオヤマツミ）の娘、名は神大市姫（カムオオイチヒメ）を妻として、穀物の神である大年命（オオトシ）と、次に同じく宇迦乃御魂命（ウカノミタマ）の二人の御子を生ませた」

この神裔は日本書紀では省かれた。古事記の価値を高める記述だ。

この後は、妃も、皇子も、皇女も、記紀には全く登場しない。

すべて亦名で記されているのだ。


富士宮下文書に登場する天照大御神の幼少時の諱は「大市姫《おおいちひめ》」だ。

富士宮下文書でもこの諱はほとんど強調されていないのだが、大市姫はソサノヲと結ばれて「神大市姫」となったに違いない。

古事記が姫の父を大山祇命とするので判別しにくいが、これは大山祇命を富士王朝の惣領であった伊弉諾尊（イサナキ）として意図したか、或いは、大市姫が大日霊貴《おおひるめむち》としての役職を皇女に譲位した後に、富士王朝の惣領としての役職名である大山祇を父と見做したかに違いない。

大山祇（オオヤマツミ）とは役職名なのだ。


ソサノヲとアマテラス（大市姫＝神大市姫）はやはり聖婚していた。

何故ならば、その子である大年命（大歳命）と宇迦乃御魂命が日本古代史の皇統において極めて大きな役割を担っているからである。古事記がこの神裔の系図を残したことは大変価値のあることだ。

そしてこの系図の更に詳しい展開が古史古伝である但馬故事記《たじまこじき》にも記されている。

ソサノヲの三人目の妃については、ソサノヲを祀る多くの神社の中の一つ、京都・八坂神社にて暗喩している。

「八坂《やさか》神社」二十二社　京都市
　中御座　素戔鳴尊
　東御座　櫛稲田姫命・神大市姫命・佐美良比売《さみらひめ》命
　西御座　八柱御子神
（八島篠美《やしまじぬみ》神・五十猛《いたける》神・大年《おおとし》神・大屋比売《おおやひめ》神・抓津比売《つまつひめ》神・宇迦乃御魂《うかのみたま》神・大屋比古《おおやひこ》神・
　須勢理比売《すせりひめ》命）

まず先に八柱の御子神は、記紀に登場する亦名を羅列してすべて記載しているが、ここにも秘がありそうだ。次の通り比定する。

・八島篠美神はソサノヲの実子ではない。出雲族二代目大名持だ。
・五十猛神、大年神、大屋比古神の三神は同体、すなわち一柱だ。
・大屋比売神、抓津比売神は、多紀理姫、市杵嶋姫と同体である。

宇迦乃御魂神は須勢理比売命と同体である。すなわち三柱だ。


そして謎の妃は「佐美良比売命（サミラヒメ）」である。

この名は記紀にも他の古史古伝にも全く登場しない謎の神だ。

しかし、これに近い名を秘史である伊勢神宮（内宮）の倭姫命世紀の中に見つけることができた。

「倭姫命世紀（内宮）」

「伊弉諾尊の禊にて、鼻から生まれた神を祓戸大神《はらえとのおおかみ》とするとき、その名を佐須良比売神（サスラヒメ）という。この神の亦名は土蔵霊貴（ツチクラミタマノムチ）。この神は素戔嗚尊と力を合わせ賜う」


古事記でイサナキ尊の禊にて鼻から生まれた神はソサノヲだ。それをこの書では祓戸大神として佐須良比売神《さすらひめのかみ》だとし、ソサノヲと力を合わせると伝えている。佐須良比売神は大祝詞に登場する祓戸大神の一人ではあるが、「土蔵霊貴《つちくらみたまのむち》」という名は他の古史古伝でも一切現れない極秘の神名ではなかろうか。これこそ大地母神を表す神名に違いないだろう。

伊弉冉尊（イサナミ）しかあるまい。

「サミラ（八坂神社）」と「サスラ（倭姫命世紀）」の違いがあるが、「サラ」が共通である。スメル人の母神である蛇女神キを転訛すると、スメル語でエシャアラムミ、エ「サラ」ミ、転訛して日本語のイサナミになる。イサナミは「サラ姫」なのである。これは世襲名であろう。

ユダヤ教・キリスト教で「信仰の父」とされるアブラハムの正妻の名も同じ「サラ」姫である。

## 「アマテラスは二人いた」

天照大御神から日嗣を継いだ天忍穂耳尊《あめのおしほみみ》は、富士宮下文書では国常立尊の皇子である豊斟淳尊（トヨクンヌ）の孫であり、天照大御神の養子となって日嗣を継いだのである。天照大御神の実の皇子ではない。

天忍穂耳尊の后は、万幡豊秋津師比売《よろずはたとよあきつしひめ》、亦名は栲幡千千姫《たくはたちちひめ》という。父は高皇産霊尊（タカミムスヒ）とするのが通説だが、これは古事記に記す高木神（タカキノカミ）を高皇産霊神と見做すためである。

遠い皇祖であるはずの高皇産霊神が何故ここで登場するのかと違和感を抱きながらも、これまでこの謎があまり明確にされなかった。

富士宮下文書、九鬼文書では、栲幡千千姫をソサノヲの娘とする。言い換えれば、高木神はソサノヲなのである。

すなわち先祖代々の世襲名である高皇産霊神（神格神）を、ソサノヲ（人格神）が襲名、すなわち霊魂を自らに降ろしていたのである。

ここで更に、記紀の話は引っ繰り返っていく。

富士宮下文書の底本二冊は、それぞれソサノヲの娘は二人とするが、諱が違っている。大事なので確認するが、母の記載は無い。

「神皇記」
　一女　栲幡比女尊　諱　雲津比女命、天忍穂耳尊神后
　二女　三穂津比女《みほつひめ》命　諱　出雲比女命、豊受大神宮守

「開闢神代歴代記」
　一女　栲幡比女命
　二女　別雷比女《わけいかつちひめ》

栲幡千千姫がソサノヲの娘であり、天忍穂耳尊の后となったことは間違いない。神皇記では「栲幡比女尊」と天皇を意味する尊が付される。

では栲幡比女尊の母は誰か？　佐美良姫（佐須良姫）しかあるまい。

佐美良姫は伊弉冉尊（イサナミ）であろう。

イサナミはソサノヲの母ではなかったのだ。

ここは超極秘として隠されたに違いない。

万幡豊秋津師比売、亦名　栲幡千千姫は、九鬼文書においては、天照大日霊天皇「素戔嗚天皇の皇

女なり」と記され、日嗣（天皇）の位についたとされる。父・素戔嗚尊、母・伊弉冉尊、夫君・天忍穂耳尊という最も高貴な血筋であれば、日嗣となることは当然ともいえる。

アマテラスは二人いたのである。記紀だけではわからない。

伊勢神宮内宮は、通説では天照大御神を祀るといわれる。

九鬼文書によれば、内宮の祭神は二人いる。

ここで九鬼文書が伝える神宮正宮の祭神を確認しておこう。

「神宮《じんくう》」

内宮　天照皇大神　「天照大日霊尊」

天疎日向津比売尊「天照座大神」

相殿　天児屋根命

天太玉命

神路山頂　天御中柱天地豊榮大神

外宮　天津豊受大神

国津豊受大神

相殿　瓊瓊杵尊

猿田彦命　宮比姫命

神宮内宮に二人の天照大御神が祀られることは九鬼文書の独自伝承であろうが、おそらく秘中の秘とされたに違いないのである。

神路山頂は聞きなれないが、播磨富士《はりまふじ》とも呼ばれる高御位山《たかみくらいやま》（兵庫県加古川市）であろう。ここは丁度、出雲と伊勢を直線で結ぶ中間点あたりになる。絶景のパワースポットであるという。

通説では外宮相殿に猿田彦命がいることも同様に公開されていない。猿田彦神は外宮相殿に祀られるほどに皇室に貢献していたのだ。

富士宮下文書では、ソサノヲの諱を多加王（タカオウ）とする。

他の史書には全く現れない独自の亦名である。

出雲富家伝承では、宗像三女神の父の名を吾田片隅（アタカタス）とする。古代史を調べると、吾田片隅は三輪の大物主《おおものぬし》家である大三輪家の系図に、後の紀元二世紀頃に登場する。筆者はこのアタカタスを第八代・孝元《こうげん》天皇（＝大物主の後裔）と比定している。おそらく、吾田片隅（アタカタス）を短くした「多加（タカ）王」が若かりし頃のソサノヲの諱であり、その血統を受け継ぐ孝元天皇が大物主神として再度、アタカタスを世襲名として名乗ったか、或いは、大物主一族がその名を歴史に残すために記したか、のいずれかであろう。多加王（タカオウ）の名の由来にはもう一つの比定があるが、それは次の章に記すこととする。

記紀では、伊弉冉尊（イサナミ）は火之迦具土神《ほのかぐつち》（カグツチ）を産んだ時に、蔭処《ほと》（女陰）を焼かれて煩い、亡くなってしまう。

この火之迦具土神はソサノヲの暗喩分身である。これは竹内睦泰氏も『古事記の宇宙』にて言及されている。イサナミは、土の神である埴山姫（ハニヤマヒメ）と水の神である罔象女（ミツハノメ）を産む。

（書紀一書）迦具土神《かぐつち》（ソサノヲ）は、埴山姫《はにやまひめ》（イサナミ）を妻として、稚産霊（ワクムスヒ＝栲幡千千姫）を産む。

（古事記）穀物の成長をつかさどる和久産巣日神（ワクムスヒ＝神大市姫）、この神の御子を豊宇《とよう》気比売神《けひめ》（宇迦乃御魂命）という。

稚産霊・和久産巣日（ワクムスヒ）は二人の天照大御神であり、稚産霊は後の「稚日女尊（ワカヒルメ）」である栲幡千千姫、和久産巣日は神大市姫で、その御子・豊宇気比売とは宇迦乃御魂命のことである。

二人のアマテラスを祀る神社が関東にもある。

「麻賀多《まかた》神社」式内社　千葉県成田市
祭神　和久産霊日神《わくむすひ》
（奥宮）稚日霊命《わかひるめ》　併せて「真賀多真《まかたま》（勾玉）の大神」

岡本天明《おかもとてんめい》氏に国常立尊（クニトコタチ）の霊魂が降りて、日月神示《ひつきしんじ》の預言書を自動書記したというのは、この境内末社「天日津久《あまひつく》神社」においてである。大元霊神には特別な強い繋がりがあるのだろう。

富士宮下文書でソサノヲには栲幡千千姫の他にもう一人の娘がいる。その諱は「三穂津比売《みほつひめ》」「別雷比売《わけいかつちひめ》」である。

この姫はソサノヲと神大市姫の皇女「宇迦乃御魂命」と同体である。そして既に説明してきた「須勢理姫《すせりひめ》」、「豊宇気（豊受）姫」とも同体である。更にこの宇迦乃御魂命は宗像三女神の一人「多岐津姫《たぎつひめ》」、古事記の「天鈿女命」とも同体であり、多くの亦名を持つ日本古代史のスーパーヒロインなのだ。

神格神の豊受大神（男神）が、人格神となって現れたのが宇迦乃御魂命（女神）である。まさに豊饒の女神「日本のイナンナ」なのだが、その素顔はほとんど知られていない。後程、主役となって再登場する。

系図④　古事記の系図（改１）

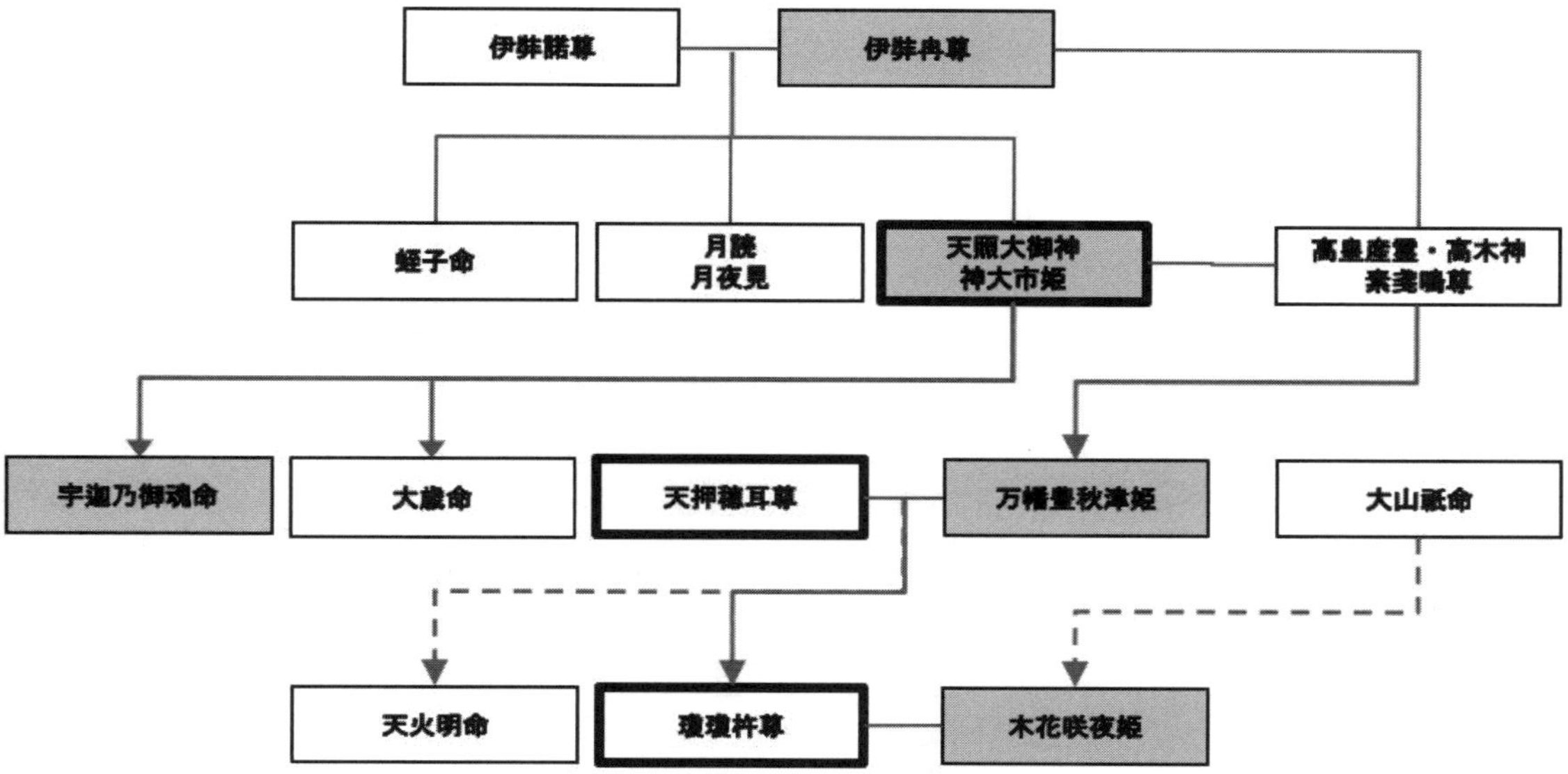

## 「東州国王《とうしゅうこくおう》の出自《しゅつじ》」

支那震旦国皇代歴記《しなしんたんこくこうだいれきき》によれば、ソサノヲは神農氏の二男、東州国王、新羅王の四男、諱を多加王《たかおう》というう。アマテラスと同じく高皇産霊神の曽孫であり、両氏族が親戚関係にあったことが示唆されているが、この系図の時系列では、ソサノヲは紀元前十世紀頃の人になってしまう。

本書では多加王（ソサノヲ）は紀元前後に実在した人であると考えており、おそらくは大元霊神の霊魂を引き継ぐ人格神であった。

多加王（ソサノヲ）の一族の出自について考えていこう。


鹿島曻氏は、天孫族の出自を紀元前十八世紀から同十五世紀にメソポタミアで栄えた「海の国第一王朝」のカルデア人の後裔だと比定する。カルデア人は、スメル人がアッカド人を中心とするセム語族を受け入れて混合した一族（セミチック・バビロニアン族）である。

メソポタミアでの王朝が滅びると、一族は船を連ねてペルシャ湾を渡り、インダス川を遡り、現代のウズベキスタンのサマルカンド（旧マラカンダ）周辺に建国した。これは後に「扶余《ふよ》」と呼ばれる国である。

ここから本書の独自比定になるが、国常立尊（クニトコタチ）と国狭槌尊（クニサツチ）に率いられた「海のスメル人」は、紀元前十世紀頃にはサマルカンドから海路での航海にて日本に渡来した。そして残った「陸のスメル人」は、扶余から更に東征を繰り返しながら「東に帰ろう」を合言葉として順次、新しい国を建国していった。

日本に渡来するまでには、まだ相当な時間がかかることになる。

まずは扶余の建国神話から確認してみよう。

「扶余の建国神話（三国史記）」

北扶余の初代・解夫婁王《かいふる》（ヘプル王）は老いて子がなかった。ある日、王の乗る馬が岩を見て涙して立ち止まる。その岩の蔭に「金色の蛙《かえる》」の姿をした子がいた。

王は子に金蛙（きんあ）と名付けて太子とした。その後、宰相が解夫婁王に太陽神からの預言を告げる。「我が子孫がいずれ国を作る。この地から離れなさい。東海の五穀の良く実る地に都を遷しなさい」と。

王は遷都して国名を東扶余とした。王が移動すると、どこかから忽然と天帝の子を自称する解慕漱《かいぼそう》王（ヘモス王）が現れて北扶余の王となった。金蛙は解夫婁王が亡くなった後に東扶余王となった。

解夫婁（ヘプル）も解慕漱（ヘモス）も太陽を神格化した太陽神とされるが、この名の言霊はヘブル人（ヘブライ人・イスラエル民族とほぼ同義）を感じさせるものだ。スメル人の血を引いているのだろう。

扶余の王統を受け継ぐのが、紀元前三七年に建国される高句麗《こうくり》だ。

高句麗の初代王は東明聖王《とうめいせいおう》、姓諱は高朱蒙《こうしゆもう》である。

「高句麗の建国神話（三国史記）」

朱蒙の母となる柳花《ゆふぁ》は河伯（かはく・ハベク・鴨緑江《おうりよくこう》＝黄河《こうが》の水神）の娘だった。柳花は黄河の畔で東扶余の金蛙王に初めて出会うこととなる。柳花は「遊びに出た先で天帝の子を自称する解慕漱王（ヘモス王）に誘われて付いていくと帰してもらえず、また両親一族の怒りをかって、仕方なくここに住んでいる」と現在の境遇を話した。

金蛙王はこれを疑って、自らの城の部屋に柳花を幽閉した。しかしこの部屋の中で、日光が常に柳花を照らし続け、身を引いて避けても日光は柳花を追い続けた。そして柳花は身籠り、やがて大きな卵を産んだ。

天光受胎を怪しんだ金蛙王は、卵を犬や豚に食べさせようとするが食べない。路上に捨てると牛馬がこれを避けて通り、野原に捨てると鳥が卵を抱いて守った。金蛙王は自ら卵を割ろうとするが、どうしても割れなかった。観念した金蛙王は卵を柳花に返す。そして柳花が温め続けると遂に卵が割れて、男の子が生まれた。これが高朱蒙である。

朱蒙の名の由来は扶余の言葉で「弓の達人」である。七歳になると自ら弓を作り、矢を射ると百発百中であった。金蛙王からは馬の世話を命じられるが、朱蒙の余りの優秀さに東扶余の臣下は暗殺を企てる。

陰謀を察知した母の柳花は逃亡を促し、朱蒙は三人の友と東北に向けて逃走した。黄河に橋がなく渡れなかった。追手を恐れた朱蒙は叫ぶ。「私は天孫（太陽の子）で河伯（水神）の外孫である。今逃亡してきたが、追手が迫っている。どうすれば大河を渡れるか！」するとし魚や鼈《すっぽん》が水底から浮かんできて橋を造り、これを渡って朱蒙らは渡河することができた。朱蒙らが渡り終えると魚たちの橋は解かれ、追手は渡河することができなかった。更に東北に移動した朱蒙は、土地が肥沃で要害堅固な地にて高句麗を建国した、という。

注目すべきは朱蒙が水神の血を引いていることだ。水神の使いは魚であり、魚たちが朱蒙を助けた様子は、後の日本古代史にて三韓を征伐したとする神功皇后の渡海の様子を彷彿とさせる。水神は海神でもある。

そして高句麗を建国の祖とするのが、後の百済《くだら》である。

「百済の建国神話（三国史記・百済本記）」

高朱蒙には高句麗に二人の王子がいた。長子を高沸流《こうふる》（フル）、次子を高温祚《こうおんそ》（オンソ）という。しかし、やがて朱蒙が北扶余にいた頃の先妻と王子（後の高句麗二代・瑠璃明王《るりめいおう》）が現れて朱蒙の寵愛を受ける。

二人の王子は身の危険を感じて、十人の部下を連れて半島を南下し、新しい都にするべき土地を探す。一行が漢山（ソウル）に辿り着くと、部下たちはこの地こそ都に相応しいと主張する。しかし高沸流は海辺への居住を希望したためこの意見を退け、部下を半分に分けて仁川（インチョン）に移動してそこに住んだ。高温祚は漢山に住んで都とし、十人の部下の助力に感謝して国号を十済とした。

沸流の住んだ所は土地が湿って水は塩分が強く、暮らしは楽ではなかった。そして沸流は自らの決定を恥じて亡くなってしまったという。沸流の部下は温祚の元に集結して、国号を百済と改めた。紀元前一八年のことだと伝承される。

百済建国神話までのあらましを追ってきたが、もちろん異説も多い。

百済が国体をしっかりするのは紀元四世紀頃からのことであり、紀元前後の朝鮮半島では高句麗が建国し、その南は馬韓《ばかん》（後の百済《くだら》）、弁韓《べんかん》（後の金官伽耶国《きんかんかやこく》・任那《みまな》）、辰韓《しんかん》（後の新羅《しらぎ》）といわれた時代になる。

筆者は、「三韓（高句麗・百済・新羅）と日本古代史は切り離して考えることはできない」と考えている。多加王（ソサノヲ）は紀元前後に実在した人との仮説を検証するために、もう少し踏み込んでいこう。

「百済建国神話（異説）」

通説では百済の建国王は次子の高温祚とされる。しかし三国史記の分注別伝では長子の高沸流（フル）とする説も記されている。この説では高兄弟は北扶余・解夫婁（ヘプル）王の庶孫であるとする。

この高沸流の存在に着目して古代日本との関係を論じたのが韓国の在野の歴史研究家・金聖昊（キム・ソンホ）氏である。

氏は『沸流百済《ふるくだら》と日本の国家起源（日本語訳）』を一九八三年に刊行されている。まだ韓日の歴史問題は、政治問題と合わせてかなり慎重に扱う必要があった時期であろう。氏はまず韓国でも忘れられていた沸流百済の存在を徹底的に究明された。そしてその沸流百済が日本列島に進出したと結論付けたのである。端的に言えば、「日本の第十五代・応神《おうじん》天皇は沸流百済王朝の末王」とする説であり、日本でいえば江上波夫《えがみなみお》氏の騎馬民族征服王朝説にほぼ近いものである。

本書では騎馬民族征服王朝説をとらない。

筆者の見解を端的に言えば、「三世紀から七世紀、倭王（天皇）は、三韓（高句麗・百済・新羅）の王を兼務していた」とする説である。

詳細は次の機会とするが、本書の論点である「多加王（ソサノヲ）の出自」についてはもう少し詳細を述べておきたい。

富士宮下文書は多加王（ソサノヲ）を東州国王の王子といいながら、その出自（父）については何も言及していない。高皇産霊神の曽孫（親族）だとして、スメル人の後裔であると示唆はしている。そして、ソサノヲが日本の偉大な皇祖の一人であることに間違いはない。伊弉諾尊（イサナキ）から「海原を治めよ」といわれた海神（水神）としての素養も持っている。

本書では「多加王（ソサノヲ）の父は高沸流」であると比定する。

高沸流は三国史記では海沿いの地に住んだとするが、おそらく本人は金聖昊（キム・ソンホ）氏の比定通りに朝鮮半島での建国に邁進して、そして海沿いの地から自らの代理として四男（多加王）を倭国（日本）へ渡来させたに違いない。多加王の生年は紀元前一五年としておく。

「陸のスメル人」である。メソポタミアの地から、海の国王朝カルデア〜扶余〜高句麗〜沸流百済〜出雲という東征の流れを受け継いできた。

多加王の出自として「扶余《ふよ》」に拘ることに明確な理由がある。

これから約六百年後、日本書紀は倭国（日本）と三韓（高句麗・百済・新羅）の対峙の歴史をこれでもかというほど詳細に記述している。

百済の聖明王《せいめいおう》は仏教公伝で有名な王だが、その王子である「余昌《よしょう》」が敵将である高句麗の兵士に対して自らの出自を告げる場面がある。


「姓は高麗（高句麗）と同姓の扶余、位は杆率《かんそつ》、年は二十九」


余昌は自らの出自（姓）を「高句麗と同じ扶余」だという。

筆者はこの「余昌」を後の日本（倭国）のある天皇と比定している。

繰り返すが、筆者の見解は「三世紀から七世紀、倭王（天皇）は、三韓（高句麗・百済・新羅）の王を兼務していた」とする説である。日本の男系皇統が扶余に繋がっていることまでは日本書紀で既に比定できていた。しかしそこで留まっていたのである。

しかし鹿島昇氏の解析で、扶余を建国したのが海の国第一王朝カルデア人の後裔だと比定できたことで、ようやく多加王（ソサノヲ）の男系皇祖の血族がスメル人まで繋がっていると確信できたのである。

そしてもう一つ、ソサノヲの出自を考える際に重視すべき神社がある。物部氏の総氏神である大和の石上神宮、由緒はソサノヲである。

「石上神宮《いそのかみじんぐう》」二十二社　奈良県天理市

祭神　布都御魂大神《ふつのみたまのおおかみ》（神武天皇国土平定時の剣）

布留御魂大神《ふるのみたまのおおかみ》（鎮魂にかかわる天璽十種神宝）

布都斯魂大神《ふつしみたまのおおかみ》（ソサノヲの十握剣）

「やまとことば」は言霊（ことだま）であり、漢字は当て字である。

重要な言霊は「フツ」と「フル」である。

この意味をずっと考えてきたのだが、「フツ」は日本からスメルに行った原初の神「伏羲《ふつぎ》（フツリ人）氏」のフツであろう。石上神宮の祭神「フツノミタマの剣」は「牡牛神ハル」の魂でもある。

「フル」は、ソサノヲの父である高沸流のフルであろう。

神宮の祀られるところは「フル（布留）」という地名でもある。

「フツシ」は、フツの子、自らも含めてフツの子孫・後裔、すなわちスメル人という意味であろう。おそらく名付け親はソサノヲである。

ソサノヲが先祖を祀る祭祀の神器三つである。

そしてソサノヲの諱「多加王」のタカとは、「高王」の意味でもあろう。高氏は高句麗の王家の姓である。高氏はヘブル人の血を受け継ぎ、またスメル人の血も関与している。後の日本の皇統は高句麗の王統とも、実に深い関係を続けていくのである。

## 「ソサノヲが来た道」

さてここからは、これまでの情報と富士宮下文書を底本として、「ソサノヲが来た道」を辿ってみることにしよう。

紀元前三世紀後半には、大陸から秦始皇帝の指示を受けた徐福《じょふく》が大軍団で渡航を実行したことにより、大陸・朝鮮半島と倭国（日本）の交流は一気に盛んになった。現代のような国境はない海峡国家である。

徐福の第一回の渡来は紀元前二一九年。安曇族を経由して出雲王朝と事前に交渉をし、石見《いわみ》（島根県西部）の海岸に渡来して童子たちを住まわせたが、信仰の違いもあり、やがて徐福と出雲王朝は亀裂が大きくなった。しかし徐福は丹後で豊受大神（トヨケカミ）に逢う機会を得て、蓬莱山（不二山）にある不老不死の薬草・千代見草《ちよみくさ》の話を聞く。

徐福は童子たちを残して再び秦に戻った。

徐福の第二回の渡来は紀元前二一〇年。目指すは蓬莱山であり、今度はまず筑紫島（佐賀吉野ヶ里・高良山）、瀬戸内海経由で次に熊野へ。

諦めかけた徐福だったが、熊野の山中から蓬莱山を奇跡的に発見して最後の力を振り絞る。そしてわずかな伴と共に何とか蓬莱山まで辿り着くことができた。しかしやがて大陸からは秦始皇帝が亡くなったとの情報も伝わり、もう再び大陸に戻ることはなかった。

不二阿祖山高天原を開いた祖が、自らの祖の一族と同じであったことを知った徐福は歓喜し、その歴史を後世に残すことにわずかに残された生涯を捧げた。熊野には一族を再び派遣したとも伝わっている。

徐福は富士にて安住の地を得たが、大陸王朝の覇権主義をよく理解していた。自らの子孫には字名《あざな》を変えさせて氏族出自がわからないようにした。徐福は富士王朝に対して、一刻も早く出雲王朝と和睦して強い統一国家を創り、大陸からの外寇に備えるよう遺言したのであろう。

紀元前一世紀、東州国王で多加王の父・高沸流は、一族と共に朝鮮半島で王国を建国し、倭国への渡来の機会を探っていた。六代大名持・臣津野《おみつぬ》（オミツヌ）の出雲王朝は強力な軍事力を有して日本海を制圧しており、渡航は簡単ではなかったであろう。

しかし出雲王朝のオミツヌは、富士王朝のオモタル尊と同体だった可能性がある。多加王（ソサノヲ）の出自を知った天孫族は、むしろ多加王の渡来を歓迎したのかもしれない。多加王が渡来したのはちょうど紀元前後になるだろう。多加王は出雲族の大名持オミツヌの客将として出雲で一時期を過ごす。出雲風土記にソサノヲがほとんど記されないのは、ソサノヲが元からの出雲族ではなかったからである。

富士王朝は今の富士吉田市にあった。不二山の東北、鬼門にあたる。常に眼前には不二山の神々しい姿がある。

伊弉諾尊（イサナキ）の御子である大市姫が天孫族で初めての姫の日嗣御子《ひつぎのみこ》となる。同族の月峰命は、第一子である大市姫を立てて、自らが日嗣となることを拒んだ。イサナキは大市姫の霊力が幼い頃より人並外れていることをよく理解していた。古代の王朝では、統治王《とうちおう》と祭祀王《さいしおう》が共に立って政《まつりごと》を行っていたが、先祖代々から続く霊力を持ったものが日嗣として大君の役割を受け継ぐ。大市姫は日神を祀る大日霊貴《おおひるめのむち》という役職名を母である伊弉冉尊（イサナミ）から引き継ぐ。古代では統治王よりも祭祀王の役割が大きく、王朝の最高位と位置付けられていた。また民からは古代から続く富士王朝の水の女神、清流や滝を守る女神としての世襲名である瀬織津姫《せおりつひめ》とも呼ばれていたであろう。

月峰命は、亦名を月読命・月弓命・月夜見命ともいい、月神を祀って暦を担当するとともに、山河の開拓や軍事も受け持った。大山祇《おおやまつみ》一族を束ねる。大山祇という役職名は、富士王朝の大番頭、惣領であり、国土（山河）の統率者であるが、大陸を越えた航海も経ており、元は海神でもある。海神が山に上って統治王になったのが大山祇の一族である。

蛭子命（ヒルコ）は海神の棟梁であり、後の諱を江日住命《えびす》（エビス）という。幼少時から海神安曇族に育てられた。安曇族は天孫族が大陸西方からの大航海において海軍を担当した一族である。

日本海側航路は常に出雲王朝の勢力との競争状態にあったため、筑紫島（九州）に本拠を置き、志賀海（博多）・大隅（鹿児島）を開拓し、その後、瀬戸内海航路の開拓のため、豊前の宇佐族との連携を深め、宇佐を最大の海軍基地とした。そして大隅から南島（四国）を経由して、熊野灘を越え、駿河・相模への航路を開拓していく。しかし当時の航海技術では瀬戸内海や熊野灘を経た太平洋はまだ危険な航路であり、大軍での航海は困難であった。古代は気候変動により、現代より海面水位が相当高く、駿河の富士川は大河であった。甲府盆地は大きな湖であり、富士王朝の海軍基地があったという。

本書では、富士王朝が東国と太平洋側を統治した連合を「日高見国《ひたかみこく》」、出雲王朝、後の丹波王朝を中心に西国と日本海側を統治した連合を「大倭国《おおやまと》」、と呼称する。

両王朝は覇権を争うことになるが、大陸からの移民も常時あり、大陸で軍事強国が成立するといつでも外寇を受ける可能性があった。

ここで秀真伝による当時の日本国土の地理呼称を確認しておこう。

「ヒタカミ」　東北六県
「シナノ」　岐阜・長野・群馬・栃木
「ホツマ」　神奈川・東京・埼玉・千葉・茨城・栃木

「ヤマト（コエ）」　三重・愛知・静岡・山梨（富士山まで）・伊豆

一般的に「ヤマト」といえば大和＝奈良を想定するが、古代でヤマトとは富士山から西の地方を指した。そして「ホツマ」とは関東である。

秀真伝では不二山の宮を「ハラミ宮」というが、ここは現代の富士山本宮浅間神社《ふじさんほんぐうせんげんじんじゃ》（富士宮市）周辺であろう。おそらく政《まつりごと》は不二山の南西（富士宮）で、神祇は鬼門の北東（富士吉田）でと分担していた。

渡邉政男氏は「ヤマト」の語源を富士山として、「山の都」「山都（やまと）」との見解を述べられている。本書もその説をとる。

奈良がヤマトと呼ばれるようになったのは、紀元三世紀に第十代・崇神天皇が纏向《まきむく》（奈良）に大和王権を起こした際に、富士吉田（不二阿祖山大神宮）から神祇の都を纏向に遷したという経緯によるものだろう。

古代において富士山が見える場所には特別な意味があった。ある意味で富士王朝の勢力範囲と考えても良いだろう。

次項の「富士山ココマップ」は大変興味深いデータになる。

注目すべきは最遠望（熊野）、南西限（伊賀・伊勢）、西限（琵琶湖西岸高島）、北西限（北アルプス富山）、東限（千葉犬吠埼）、南東限（千葉房総半島）あたりであろう。神々が散策した足跡がある。

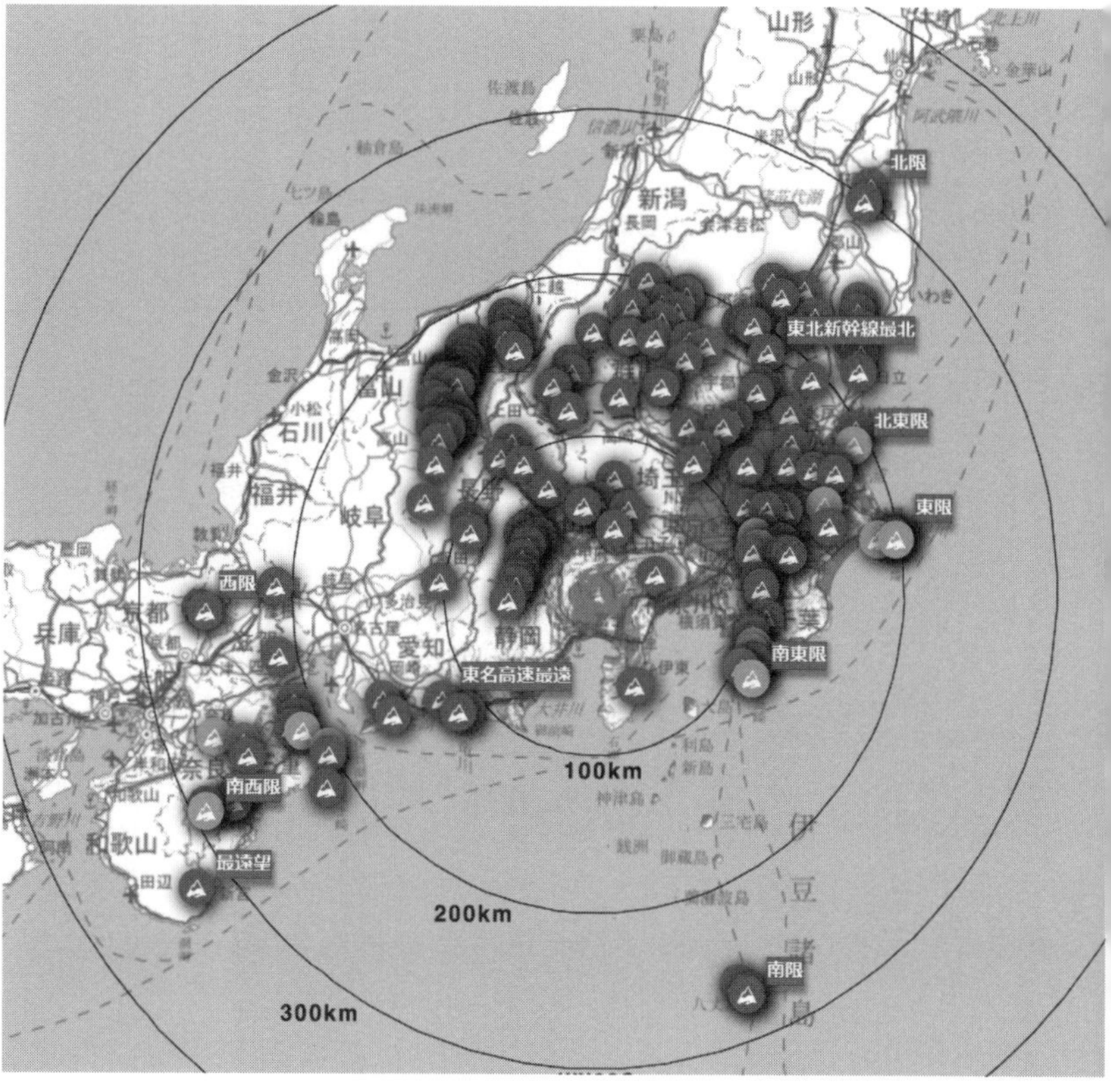


資料②　富士山ココ（出典　日本地図センター）を参考に作図

徐福は、おそらく熊野に停滞している最中、山中より不二山の遠望を奇跡的に見つけたに違いない。歓喜する姿が目に浮かぶのである。

ソサノヲは、出雲から不二阿祖山高天原を目指して進軍する際に、おそらく北アルプスの高峰から富士山を目視で確認したに違いない。

そしてこれから順次説明していくが、伊賀・伊勢、琵琶湖西岸高島、千葉犬吠埼・房総半島には、猿田彦神の軌跡が色濃く残っている。

多加王は出雲王朝・七代大名持・冬衣（フユキヌ・富家・松江市）を補佐する少名彦の立場となったが、役職就任は受けなかった。自らの目的は天孫族の都である不二阿祖山高天原に向けて一刻も早く出陣して、一族と合流することだったからだ。

多加王軍団の主力である金山彦《かなやまひこ》と経津主《ふつぬし》は、いずれも一族の血族である。金山彦は半島での諱を剣刀知、父の金剣清は多加王の父の兄弟（叔父）であり、金山彦は多加王の従兄になる。

この親族関係は富士宮下文書に明記される情報であり信頼度が高い。金山彦の父は後の新羅の王統となる「金姓」を持っていたのである。

忌部氏の祖となる太玉《ふとたま》命は徐福と共に出雲に移住した一団の後裔であろう。祭祀が専門の一族だが、多加王の人としての魅力に引かれてすぐに軍団入りしていたに違いない。

多加王は安曇族の長・志賀《しが》神、嫡子である宇都志日金拆《うつしひかなさく》命とも連携を深めた。お互いに朝鮮半島との安定した航路を確保するには、宗像～大島～沖ノ島を結ぶ航路を常に確保しておくことの重要性をよく認識していたからだ。この関係はいずれ金拆命の嫡子・穂高見《ほたかみ》命にまで繋がる。

秀真伝によれば、丹波には高皇産霊神（タカミムスヒ）の五世を襲名していた豊受大神（トヨケカミ）がいた。国常立尊（クニトコタチ）の霊魂を引き継いでいたのであろう。オモタル尊だったかもしれない。

トヨケカミも多加王と会って、その人物と霊力を確かめただろう。

多加王は少数の軍団主力と共に馬で出雲から丹波へ向かう。馬は紀元前一世紀頃には半島で畜産が始まっており、倭国では貴重な新戦力であったが、多加王たちは既に自分たちで乗りこなしていただろう。

そしてトヨケカミは多加王に、出雲王朝と富士王朝の天孫族を融和しての新たな国造りを託したのである。

多加王はトヨケカミの意向も含めて出雲王朝の七代大名持・冬衣に、富士王朝との統一政権づくりを熱心に説得したが、長年に亘り日本海側の主要部族と連携して、自尊心の高い出雲族は聞く耳を持たなかった。

多加王は自らの軍団だけで不二山へ向かう決心をする。まずは出雲～但馬～丹波～若狭～越へと日本海側を、馬と船の併用の北行軍である。

多加王はおそらく白山《はくさん》で、天孫族の后、豊受大神の娘である白山姫・伊弉冉尊（イサナミ）に出会った。籠神社の海部宮司はイサナミの霊力を天御中主神《あめのみなかぬし》に喩えている。神そのものである。多加王の霊力はまだ全く及ばなかったが、二人にはお互いに引き付け合う何か特別な霊魂があったに違いない。イサナミと多加王の聖なる交合があった。

イサナミ二十五歳、多加王十五歳くらいの頃であろうか。ここで多加王の霊力が飛躍的に上昇したに違いない。イサナミは多加王の生涯の憧れとなるが、しかし遂にその後は人生で再び巡り合うことは無かった。

古事記におけるソサノヲのイサナミに対する思い（涙）の表現は尋常でないものがある。

「その泣く有様の烈しいことは、青々と草木の茂る山々も、枯木の山となるまでに泣き枯らし、波の立ち騒ぐ海や河も、水の一滴もなくなるほど泣き乾してしまう勢いだった」

「私は母の国が恋しくてならないのです」

母と息子ではなかったのだ。後にイサナミは一人の姫を産む。

「白山比咩《しらやまひめ》神社」加賀国一宮　石川県白山市

祭神　菊理媛尊《くくりひめ》（白山姫）

伊弉諾尊・伊弉冉尊

富士宮下文書では菊理媛尊（白山姫）と伊弉冉尊（イサナミ）は同体である。通説では菊理媛を伊弉冉尊の姉妹ともする。

現代の北陸（富山）にあたる高志（越）の国は、糸魚川の翡翠《ひすい》を中心として縄文時代には都が置かれるほど発展した地域であった。高志の海辺から見上げる立山連峰（剣岳）の景色は圧巻である。多加王はまだ蓬萊山(不二山)を観たことがなかった。おそらくここで不二山を自らの眼で確認すべく、少人数で立山に登ったことであろう。

富士山ココマップによれば、北アルプスの山々から見る富士山が北西限になる。筆者も剣岳から富士山を見たことがある。桃源郷のようだ。

海神安曇族の宇都志日金拆命も立山から眺める山岳連邦の圧倒的な雄大さと美しさに驚嘆したことだろう。この一族は海神ながら、河川を船で行けるところまで遡って、そこから高峰の山岳まで制覇していく一族である。その嫡子、穂高見命が後に、立山（剣岳・雄山）よりも高峰となる岳を「穂高岳」と名付けることになる。

富士王朝ではイサナミが天石屋《あめのいわや》隠れして姿を見せなくなっていた。

記紀で天石屋隠れは、ソサノヲの乱暴に堪忍袋の緒を切らしたアマテラス（日神）が天石屋に隠れることで世の中が暗黒になったこととされ、通説でも日食や火山爆発の噴煙による遮光ではないかとされる。

九鬼文書では天石屋隠れとは「妃が出産のために天石屋に籠ること」だと記されている。

イサナキとイサナミは王朝運営方針で意見が合わなくなっていた。

イサナキは出雲王朝との統合による新しい国造りには反対だった。男勝りの闊達な后であるイサナミは、霊力でイサナキを上回る原初の神（天御中主神）の魂を受け継いでいたが、あくまで統治王として振る舞うイサナキの主張とは徐々に亀裂が大きくなっていたのだろう。

先代旧事本紀では二人の最後の会話を次のように記す。

「離婚しよう（イサナキ）」「あなたには負けません（イサナミ）」

イサナミは姫を無事出産したが、産後の肥立ちが悪く、若くして亡くなられた。記紀では伊弉冉尊（イサナミ）は火之迦具土神（カグツチ）を産んだ時に、陰処《ほと》（女陰）を焼かれて煩い亡くなる。

火之迦具土神はソサノヲの暗喩分身である。

多加王（ソサノヲ）の子を産んだ際に亡くなったのである。

イサナキは休む間もなく働き続けたが、心労も重なったのであろうかまもなく亡くなられ、淡路島の宮に埋葬されたという。

「伊弉諾神宮《いざなぎじんぐう》」淡路国一宮　兵庫県淡路市

祭神　伊弉諾尊・伊弉冉尊

多加王は自ら不二山を確認したことで、日の位置と暦を使いながら、川沿いと山沿いの進路を並行して使うことで方向を見失うことは無い。

多加王軍団は、弥彦山（新潟）～信濃川～川中島（長野）～千曲川～佐久平～碓氷峠《うすいとうげ》（群馬）を越えていく。馬に乗る軍団長は十人、総勢で約百名程度の行軍であったろうか。荷駄を中心に佐久平までは船で信濃川を遡りながら騎馬・徒歩の併用となる。越の信濃川流域は火焔式土器《かえんしきどき》が多数発掘されるなど、縄文時代から活気にあふれる土地柄であった。

しかし馬を初めて見る先住民はただ恐ろしく見つめるだけだった。

その行軍の様子は偵察部隊から、

「山も河もことごとく鳴り響き、大地は地震のように揺れ動く」（古事記）と、富士王朝に伝えられた。多加王は暴風神であった。

碓氷峠を越えると川の流れが逆向きになる。分水嶺を越えたのだ。

いよいよ関東平野に侵入する。

「碓氷　熊野《くまの》神社」日本三大熊野　長野県・群馬県県境鎮座
祭神　新宮殿　速玉男命（熊野権現＝二代目饒速日命）
　　　本宮殿　伊邪那美命（イサナミ）・日本武尊《やまとたけるにみこと》
　　　那智殿　事解男命（飛鳥権現＝大事忍男命＝徐福）

熊野大社の本来の祭神はおそらく（日本武尊を除く）この三柱だ。

古事記には根堅洲国《ねのかたすくに》という地名がある。本書はこれを北関東の山麓、関東平野の台地部と比定する。古代では「根（ネ）」とは「北」を意味する。当時の北関東地方は海面上昇により利根川と霞ケ浦が繋がり、青海《あおうみ》と呼ばれる湖水の地であった。不二山からみて北方にある山沿いの堅い土地、人々が住める土地が「根堅州国」であろう。

出雲でソサノヲを祀る最大の神社は熊野大社である。

「熊野大社《くまのたいしゃ》」出雲国一宮　島根県松江市

祭神　加夫呂伎熊野大神《かぶろぎくまのおおかみ》　櫛御気野命《くしみけの》と称える素戔嗚尊

多加王（ソサノヲ）の亦名「櫛御気野命（クシミケノ）」は忘れられがちである。群馬・埼玉には櫛御気野命を祀る神社が多いのである。

「甕䕬神社《みか》」式内社　埼玉県児玉郡美里村

祭神　櫛御気野命《くしみけの》・櫛甕玉命《くしみかたま》

櫛甕玉命は大神神社の祭神・大物主である。櫛御気野命（ソサノヲ）とは異色の祭神の組み合わせだ。どうやら「櫛」の一族がいたようだ。

また多加王軍団はこの一帯を通る中央構造線に沿って行軍した可能性が高い。古代では辰砂《しんしゃ》（硫化水銀からなる朱色の鉱物・丹《に》）が大変貴重な金属であった。中央構造線は信濃の佐久平、毛野の下仁田から武蔵の山野の境目に沿って延び、そして常陸の鹿島神宮に向かっていく。金鑚《かなさな》神社は背後の御室山《みむろやま》（御室ヶ嶽）を御神体とする古代祭祀を残している。中腹にある「鏡岩《かがみいわ》」は構造線が形成された時の「すべり面」である。鍛冶の神である金山彦が見逃すはずがない。

「金鑚神社」武蔵国五宮（二宮）埼玉県児玉郡神川町
祭神　天照大御神・素戔嗚尊　配神　日本武尊

**「富士《ふじ》王朝《おうちょう》・不二《ふじ》阿祖《あそ》山高天原《やまたかあまはら》」**

古事記に記されるアマテラスとソサノヲの誓約とは何だったのか？

富士宮下文書には誓約の場面は登場しない。そして宗像三女神も登場しない。攻め込んだ多加王（ソサノヲ）を高天原の軍団が叩きのめして大市姫（アマテラス）が勝利する。敗れた多加王（ソサノヲ）は後に三種の神器となる剣や鏡を造って許され、大市姫（アマテラス）の義弟となる。しかしこれも筆者には史実とは思われない。

少なくともソサノヲを迎え撃つ富士王朝では緊張が走ったであろう。

そしてアマテラスとソサノヲの霊力をお互いが確認し合う何らかの神祇の儀式が行われたことは間違いあるまい。

富士王朝で中心になったのは中臣氏の祖・天八意思兼命《あめのやごころおもいかね》である。

大市姫（アマテラス）は髪を男神と同じ角髪《みずら》に結い上げ、戦闘用の身支度と装備を纏って出陣する。いつ多加王（ソサノヲ）の軍団が戦闘態勢で富士吉田を攻撃するとも限らないからだ。おそらく富士王朝は富士吉田から関東平野における天《あめ》の安川《やすかわ》＝多摩川（小野神社・小河神社）あたりまで出陣して待ち受けた。富士王朝のメンバーは大市姫、月夜見命、天八意思兼命、天手力男命、武御雷命（タケミカツチ）などである。誓約の場面を想像してみよう。

対陣は多摩川のせせらぎを挟んだあきる野の地で行われた。そう考える理由は、古代において素戔嗚尊を祀る氷川神社（武蔵国三宮）を差し置いて武蔵国二宮であった小河《おがわ》神社の祭神が、最高神である国常立尊（クニトコタチ）だからだ。

「小河神社（二宮神社）」武蔵国二宮　東京都あきるの市二宮
祭神　国常立尊

陣容は富士王朝が圧倒的に多かったが、多加王軍団には騎馬十騎が控えていて、その威圧するような雰囲気は圧倒的であったろう。武神の棟梁は多加王軍団が経津主（フツヌシ・香取神宮）、富士王朝は武御雷命（タケミカツチ・鹿島神宮）。多加王と大市姫は正面に対峙する。同族だが姉と弟ではない。お互いの目と目がぶつかり合う。多加王はすぐに大市姫にイサナミの霊力を感じた。目と目が相手を射抜くように交差する。緊張が極限まで高まる中、大市姫がゆっくりと口上を切り出す。

「お前がこうして私の国へ上ってきたというのは、いったいどういうわけなのか？」

「私は決して姫君に背く心を持っているわけではありません。富士王朝と出雲王朝を言向け和して、新しい秀真国《ほつまのくに》をつくりたいと心から思っているのです。誓って、背く心などを隠しているわけではありません」

静寂に包まれる。お互いの象徴を交換する。これから大倭日高見国を背負う男神たちの御魂が、次から次へと現れる。

古事記の中では最も緊張感のある名場面である。

天八意思兼命は多加王に大君となる資質を見出していたであろう。

緊張の対陣は解かれ、富士王朝の采配で多加王軍団はしばらく根堅洲国に仮宿を置くことにし、日を改めて富士吉田に出向く。

多加王軍団がいよいよ不二高天原に向かう。季節は初冬であろうか。

相模原まで南下して相模川沿いに進む。大月〜都留から山間の道を進むと進行左手の山裾から不二山が真っ黒な姿を現す。眼前に見る不二山はあまりにも神々しい。言葉もない。

翌日は冬の寒さとなる。昨日まで真っ黒だった不二山は、その中腹から上を一夜にして真っ白に変える。

何という美しさであろうか。言葉にならない荘厳な見映えは驚くばかりである。一日にしてこの国で一番早く冬将軍を迎えたのである。

正月を迎える。富士王朝の元旦行事は不二山の山頂から登るご来光に祈ることだ。静寂の朝焼けの中から、一瞬の煌めきと共に閃光が現れた瞬間に、大元霊神がその姿を現す。国常立尊だ。

写真③　海井国 福地山 宇宙峯
中央 高天原 遥拝地
（新倉富士浅間神社　筆者撮影）

おそらく不二山の神祇は多加王軍団に強烈な印象を残した。

「全世界開闢以来の神々の鎮座する御国」を感じたはずである。

多加王は関東平野を隅々まで踏破する。

富士王朝の主要幹部でありながら多加王の親衛隊となった天手力男命、武御雷命（タケミカツチ）

とも兄弟の契りを結ぶ。

しばらく関東に駐留するには自給自足の準備も必要だった。

古事記は天照大御神が田で稲を育てていたと記している。皇祖は民の先頭に立って稲を育て、そして蚕を養って織物をしていた。同じく古事記はソサノヲが、「新嘗（米）をいただく神聖な御殿に、糞をしてまわるというような狼藉の限りをつくした」と記している。ここは苛烈で暴れん坊というソサノヲの気風を示唆したのであろう。おそらくソサノヲは戦国時代の織田信長のような男である。二面性を持っていたのだ。

後段で語るが、富士宮下文書で多加王（ソサノヲ）は三種の神器の原型をつくって富士王朝に納めている。単なるやんちゃ坊主ではない。

おそらくスメルの風神エンリルの霊魂を引き継いでいる。


多加王の本拠地は赤城山《あかぎやま》の麓、青海の北の地にあったと考える。

百嶋由一郎《ももしまゆいちろう》氏の百嶋神社考古学によれば、古事記の原初の神の一人・宇麻志阿斯訶備比古遅神《うましあしかびひこぢのかみ》は何と赤城山にいたのだという。驚きである。

三夜沢《みよさわ》赤城神社には「神代文字の碑」がある。旧石器時代（約三万五千年前）の石器（黒曜石）が発見された岩宿遺跡《いわじゅくいせき》もある。おそらく赤城山には相当の古代から積み上げられた文明の跡があったに違いない。

縄文王国（山梨・長野・岐阜）に群馬も加えておこう。

その地は船を利用した航路と、信濃・高志（越）への陸路での利便性を考慮した位置から選定されたものであろう。

赤城山の麓の地は風水術における最良の地相条件である「四神相応《しじんそうおう》」（青龍《せいりゅう》・朱雀《すざく》・白虎《びゃっこ》・玄武《げんぶ》）を満たしている。

青龍　東に河川（利根川・渡良瀬川）
朱雀　南に湖沼（青海・霞ケ浦）
白虎　西に大道（碓氷峠・東山道）
玄武　北に山岳（赤城山・榛名山・妙義山）

多加王はこの山裾の地の気《け》（霊・ケ）の流れが大変良いことから、「ケクニ（毛国）」や「ケノクニ・クヌクニ（毛野国）」と呼ぶことにした。ソサノヲの亦名である「櫛御気野（クシミケノ）命」の「ケノ」こそが、毛野（ケノ）の語源であろう。

富士宮下文書には、出雲での「八岐大蛇（ヤマタノオロチ）」事件は登場しない。古事記の八岐大蛇は、出雲の暴れ川である斐伊川《ひいがわ》の水流と格闘したとか、越（富山）の鉄を巡る氏族同士の争いなど諸説がある。

筆者は、何度も毛野の神社を尋ねて関越道を北上して走るにつれて、その行く先にある「赤城山の姿こそが八岐大蛇ではないか」という仮説に辿り着いた。毛野の神社でも蛇神がよく祀られている。オロチとは蛇がとぐろを巻く姿を暗喩し、それは一つの三角形と見做される。蛇が八匹連なる姿を想像すると、それこそは八岐大蛇になる。この表現は百足（ムカデ）と喩えられる赤城山全景そのものだと感じるようになった。

日本書紀での八岐大蛇は、「松や柏が背中に生え、八つの山・谷の間に一杯に広がる」とまさに大地そのものといえる表現で記されている。赤城山から日光へ向かう道には足尾銅山がある。鍛治の神である金山彦がいた多加王軍団がこの銅山も見逃すはずはないであろう。

秀真伝では、男神アマテルに対して反乱を起こす「ハタレ」の首領として「ハルナハハミチ」なる人物が登場する。このハルナとは赤城山の隣に位置する榛名山《はるなさん》であろう。榛名神社は後の物部氏が祀る神社だが、いずれにせよこの周辺にいた民をソサノヲ軍団がしっかりと統治して、次の世代に向けた基礎を築いたということだと考えておきたい。

常陸の海から太平洋上に昇るご来光（日の神）は毎日見ても感動する素晴らしいものだったろう。地の果てまできたかと感じさせてくれる。冬でも雪が積もらない関東平野は、大雪で閉ざされる出雲で育ってきた多加王軍団にとっては、まさに常世国であった。当時の大倭日高見国では日本海側が大陸・朝鮮半島への表玄関として繁栄していたが、また同時に常に外寇への警戒も怠ることができない緊張感との闘いの地でもあった。富士王朝傘下の関東平野は安住の地であったのだ。

朝日の力を大地に受け止めて地流を整えるべく香取（フツヌシ）と鹿島（タケミカツチ）に神を祀

る神籬《ひもろぎ》（香取神宮・鹿島神宮）をつくる。富士王朝と定期的な面談を行う社として見沼《みぬま》の畔に大宮《おおみや》（氷川《ひかわ》神社）をつくる。大宮の地から見る夕映えの不二山の眺望は実に美しい。
碓氷峠と大宮を結ぶ街道（貫前《ぬきさき》神社・金鑽《かなさな》神社）と、不二山に直行する山道（秩父神社）にも神籬をつくる。
関東の主要な神社はソサノヲの時代に神籬（神を祀る場所）としての基礎がつくられたに違いない。本格的に造営されはじめたのは、神武《じんむ》天皇、孝昭《こうしょう》天皇、崇神《すじん》天皇からの時代になる。

常陸国一宮「鹿島神宮《かしまじんぐう》」武甕槌大神（タケミカツチ）
上総国一宮「香取神宮《かとりじんぐう》」経津主大神（フツヌシ）
武蔵国三宮「氷川《ひかわ》神社」須佐之男命（ソサノヲ）
武蔵国四宮「秩父《ちちぶ》神社」八意思兼命（オモイカネ）
武蔵国五宮「金鑽《かなさな》神社」天照大御神（アマテラス）・素戔嗚尊
上野国一宮「貫前《ぬきさき》神社」経津主神（フツヌシ）・姫神

少し後の時代の記述になるが、伊勢内宮の倭姫命世紀には「食國《おすくに》」と「毛國《けくに》」についての貴重な記載がある。

（原文）「毛國五穀　是　國土乃毛　也。故謂食國矣」

「毛國《けくに》の五穀は國土の毛（血肉との意か）なり。故に食國《おすくに》と謂《い》う」

毛国とは後の毛野国、現代の群馬・栃木に相当する。食国とは、この北関東地方が早くから五穀蚕桑《ごこくさんそう》の地として開発され、高天原王朝の食料運営を支える重要な地と認識されていたことを示すものだろう。そして「食國の水は未だ塾《こま》やかならず、荒水にけり」とある。「水が未熟」とは水の硬度軟度を示すのであろうか。いずれにせよ「毛國《けくに》は食國《おすくに》」と解釈できる。古事記で伊弉諾（イサナキ）尊から月読命に与えられた使命こそは、「夜乃食国《よるのおすくに》を治めよ」であり、毛野には「月夜野《つきよの》」という地もある。ソサノヲ軍団がかなり早い時期にこの地に進出していたことは間違いないと思えるのである。

富士宮下文書は鍛治の神である軍団の兄貴分・金山彦を棟梁として、高志（越）・佐渡で金銀銅鉄を掘り起こして、後の三種の神器の原型をつくる詳細な記述がある。金銀銅鉄の分量比まで記されている。

ここでは天手力男命が主力であることから、おそらくこの地は信濃の戸隠《とかくし》の社であったろう。戸隠神社は中臣氏の祖・天八意思兼命（天児屋根命）の一族と、ソサノヲ（高皇産御霊命＝高木神）の一族を祀る社である。少し先取りになるが、ソサノヲを基準とした親族関係を記しておく。祭神の家族関係や人の物語を知っていると、神社参拝がもっと愉しめるはずだ。

「戸隠神社《とがくし》」長野県長野市戸隠

天手力雄命　（妃の兄・足名椎《あしなつち》命）
天八意思兼命　（妃の父）
天表春命　（妃＝櫛稲田姫）
九頭竜大神　（娘＝市杵嶋姫：母は櫛稲田姫）
天鈿女命　（娘＝宇迦乃御魂命：母は神大市姫）
高皇産御霊命　（本人＝高木神＝ソサノヲ）
栲幡千千姫命　（娘：母はイサナミ尊）
天忍穂耳命　（娘の夫）

奥社《おくしや》
中社《ちゆうしや》
宝光社《ほうこうしや》
九頭竜社《くずりゆうしや》
火之御子社《ひのみこしや》

多加王は神器づくりを金山彦と天手力男命に託し、一旦出雲に戻る。出雲に戻った多加王は七代大名持・冬衣を説得したのである。神器の出来栄えは上々であった。金銀銅鉄を美しく施した金山彦の熟練の技で、新しい皇室の威厳を示すに相応しい荘厳な出来栄えだった。宝剣八本、八咫鏡、そして銀の月輪に金の不二山の形を附した国璽《こくじ》の三種の神器である。

多加王は三種の神器の奏上を冬衣に任せることにした。出雲族の大名持が自ら足を運ぶことで初めて富士王朝の信頼を得られる、との天手力男命の思惑だった。冬衣は多加王の代理として、また出雲王朝の大名持として、太玉命を伴い、陸路にて富士王朝を訪問して、三種の神器を奏上した。そして大市姫より天孫族の冠称でもある「天之《あめの》冬衣命」の名を賜る。日本書紀では「天葺根《あめのふきね》命」と記されている。太玉命も天の冠を頂く。出雲王朝と富士王朝の統合に向けて大きく前進したのである。

天手力男命の一族も多加王に同行して出雲に入る。父である天八意思兼命の制止を振り切って多加王に随身してきたのである。

多加王は自らの宮の長として任命し、天手力男命と妻に、足名椎命（アシナッチ）・手名椎命（テナッチ）との諱を贈る。富士宮下文書によれば、足名椎命はなんと天手力男命と同体だったのである。

そして多加王はここで足名椎命（天手力男命）の妹である天表春命《あめのうわはる》を妃に迎える。後に諱・櫛稲田《くしいなだ》姫《ひめ》と呼ばれる。

宮は須賀の地にある。ソサノヲは日本で最古の和歌をつくった。

「八雲立つ　出雲八重垣　妻こみに　八重垣作る　その八重垣を」

天手力男命は自分が多加王と血族となることこそが、富士王朝が出雲王朝からの信頼を得ることに繋がると確信していたのであろう。神在月《かみありつき》（旧暦十月）の祭と合わせて、日本海側に住む多くの神々が多加王と櫛稲田姫の婚儀の祝福に訪れた。知らせを聞いた大市姫は少し落胆していたのではないだろうか。天表春命は天八意思兼命の娘、自分にとっては妹のような存在で、幼い頃から一緒に多摩川の畔でよく遊んだ。しかし今は富士王朝の日嗣としての役割を果たさねばならない。大市姫は天表春命に「瀬織津姫」の名を譲り、祝ったのである。

多加王は金山彦が製作した宝剣の中から、自ら太占《ふとまに》をして一本を自分の剣として選び、これを掲げて全国を渡り歩き、新しい統一国家の発足に向けて動き始める。富士王朝と出雲王朝以外にも、まだ多くの「土蜘蛛《つちぐも》」や「ハタレ」と呼ばれる乱れた心の民の群れがあった。

稲作が普及して生活が豊かになるにつれて各地では様々な紛争が起きていることを多加王は知っていた。真に統一された新しい国家運営を行うには民の心と生活の安定が何より必要だった。

多加王は筑紫・志賀宮を本拠とする海神安曇族の金拆命と嫡子の穂高見命と連携し、志賀海からや瀬戸内海よりの宗像の地にその本陣を造る。中の島（大島）〜沖ノ島を経て朝鮮半島との交易航路である。これにより豊前の宇佐、大隅の鹿児島を抑える天孫族（蛭子命の一族）を加えて、筑紫島一円を支配する海軍体制を整えた。

筑紫島・宗像では多加王は自らの諱を吾田片隅《あたかたす》と称した。

櫛稲田姫は二人の皇女を産む。（多紀理姫・市杵嶋姫）

筑紫島一帯を治めた多加王は、大海軍をして不二阿祖山高天原に凱旋することを最後の総仕上げとして考える。自分を出雲に導いてくれた徐福がやろうとしてできなかったことだ。航海術は徐々に進歩していたが、難航路であることに変わりはない。多加王は安曇族と共に紀伊熊野に海軍基地をつくる。熊野には徐福の足跡もある。イサナミも熊野によく来ていたはずだ。巨石を神籬としてイサナミを祀った。

「花窟《はなのいわや》神社」三重県熊野市
祭神　伊弉冉尊　（イサナミ）
迦遇突智尊（カグツチ＝ソサノヲ・素戔嗚尊）

準備を整えた多加王は海路にて紀伊から熊野を経由して、駿河・甲斐の港に大艦隊で凱旋した。富士宮下文書によれば、タケミカツチは多加王が巡回してきた大倭日高見国の全国地図を大市姫に奉納したという。

多加王は不二阿祖山高天原にて大市姫に全国平定の報告を行う。

その功績を称えられ、多加王は「祖佐之男尊」（ソサノヲノミコト）の称号を賜った。「吾が祖国を佐け治めましまます」との意である。

おそらくここで多加王は大市姫を后として迎えたのであろう。

富士宮下文書では大市姫は生涯独身を通したことになっているが、大市姫が「神大市姫」と諱を変えて、ソサノヲの二人の御子を産んだであろうことは既に説明してきた通りである。祖佐之男命二十五歳、大市姫二十歳の頃であろうか。ソサノヲはこれまで一人で富士王朝を支えてきた功績を称えて大市姫に「天疎日向津姫尊《あまさかるひにむかつひめのみこと》」の諱を贈る。大市姫はソサノヲの子を身籠り、天岩屋に籠る。高天原の神たちが祈る。無事に双子の御子が誕生する。大歳命《おおとし》（皇子）と宇迦乃御魂命《うかのみたま》（皇女・後の亦名　多岐津姫）である。古事記に記される天石屋隠れとは出産のことだ。

「あなた様よりも、もっと尊い神様がおいでになりますので、それで私どもは悦んで、笑ったり踊ったりしているのでございます」

という天鈿女命《あめのうずめ》の古事記での言葉は、これから皇祖として偉大な事績を残す皇子・皇女の誕生を示唆していた。天鈿女命も世襲名である。

「陸のスメル人」と「海のスメル人」の皇統が統合されたのである。

倭姫命世紀には「終夜宴楽舞歌」（訳：ヨモスガラ　トヨノアカリシ　マヒウタフ）という言葉がある。古代でも人々のお祝いは終夜宴楽舞歌であり、宴会好きだったのである。


富士王朝と出雲王朝の真の統合には全国の主要な宮に適切な人材配置が必要だった。富士王朝の大八島（本州）における西の端は、大市姫の胞衣を大山祇の先祖一族が埋めて祀ったという阿智（伊那〜恵那山）の地までだった。ソサノヲの従兄である金山彦が先陣を切って、東山道の神坂峠を越えて美濃、伊吹山の麓（南宮大社）まで進出した。富士宮下文書には、金山彦が遠方の地での大役を得たことで大変驚いたのだと記されている。金山彦の顔が目に浮かぶようである。

「南宮大社《なんぐうたいしゃ》」美濃国一宮　岐阜県不破郡垂井町
祭神　金山彦大神
相殿　彦火々出見尊・見野命

ソサノオは豊受大神から衝撃の報告を受ける。

イサナミが死の直前に産んだ姫はソサノヲの御子であった。誰にも知らせずに安曇族に育てられてきた。既に妃になれる年頃になり、ソサノヲにとっては娘であり、大市姫にとっては妹になる。母から受け継いだ霊力も滲み出ている。死を悟っていた豊受大神はソサノヲに後の世を託して、真名井の洞（丹波）に入って亡くなられた。

ソサノヲは新しい大倭日高見国の統合方式を打ち立てる。

富士王朝を存続王朝とするが、日嗣の相続に関しては、富士王朝に皇女の場合（大市姫）は出雲王朝より皇子（多加王）が立つこと、そして富士王朝より皇子が立つ場合は出雲王朝より皇女が立つとの約束事を、永久の統合方針として定めたのである。この両朝による交代統治方式は九鬼文書にその概要が示唆されている。

次の日嗣は富士王朝天孫族の嫡孫となる天押穂耳尊《あめのおしほみみ》（オシホミミ）、后は出雲王朝からソサノヲの皇女（母イサナミ）千千姫《ちちひめ》と決められた。

千千姫は後の諱を栲幡千千姫《たくはたちちひめ》、または万幡豊秋津師姫《よろずはたとよあきつしひめ》という。

ソサノヲは大市姫を連れて出雲に凱旋することとした。富士王朝しか知らない大市姫に日本海を見せたかったのではないだろうか。

因幡（鳥取）の国では大市姫の西下が「天照大御神の西征伝説」となって霊石山《れいせきさん》に残っている。

ソサノヲは布都御霊《ふつのみたま》の神剣（石上神宮祭神）をフツヌシとタケミカツチに預け、香取と鹿島の地で、常に常陸の大海原から登りくる日の力を大地に引き入れ、天押穂耳尊と栲幡千千姫の日嗣を守り抜くように言い渡した。政は左右の臣として、天太玉命と天児屋根命を指名した。大市姫は大日霊貴の役職を栲幡千千姫に譲位して、自らは先祖代々の富士王朝の惣領である大山祇の子と称し、「神大市姫《かむおおいちひめ》」と名乗ったのだ。

大市姫に天照大御神と諡を贈るのは初代・神武天皇であり、まだかなり後の時代になる。

## 「出雲王朝《いずもおうちょう》・出雲日御碕高天原《いずもひのみさきたかあまはら》」

ソサノヲは出雲に二人の社をつくる。出雲日御碕《ひのみさき》高天原である。

九鬼文書は、この出雲日御碕高天原を正式な王朝として記している。

島根半島の最西端、山麓の海岸線沿いにある。海に沈む夕日が日本一美しい。ソサノヲが渡来期を過ごしたお気に入りの場所だった。

眼前の経島《ふみしま》には竜宮城のような宮をつくった。上宮がソサノヲ、下宮が神大市姫の館。月読尊も一緒にいる。

出雲の日御碕神社では、今でも毎年大晦日の深夜に「神剣奉天神事《しんけんほうてんしんじ》」が行われている。ソサノヲの代理として天之冬衣命が神剣を不二阿祖山高天原の天照大御神に献上した故事を、天之冬衣命の子孫である小野宮司が現代まで引き継いでいる。宮司以外、誰も見ることはできないが、今日まで絶えたことがないという。

通説では、「何故、出雲に天照大御神が祀られるのか？」という声もあるが、富士王朝と出雲王朝の交代即位方針や、天之冬衣命（天葺根命）による出雲王朝から富士王朝への神剣奉納などの故事、出雲族の十七人の大名持の中で、唯一、冬衣だけが天孫族の冠称である「天」を戴く「天之冬衣命」と呼ばれていることからもよく理解できるはずだ。

それにしても驚愕の伝統神事である。出雲にも高天原があった。

「日御碕神社」島根県出雲市
　祭神　天照大御神・素戔嗚尊

常陸にて香取（フツヌシ）・鹿島（タケミカヅチ）が大地に引き込む朝日の力を、出雲日御碕にて、夕日と共に、ソサノヲと神大市姫が解放していくことで、大倭日高見國の大地の地脈が整えられる。日が登るところから、日が沈むところへ、常に霊魂のルートが設置されたのである。

富士王朝では天忍穂耳尊と栲幡千千姫の日嗣の世が始まる。

天忍穂耳尊は国常立尊の子、豊斟淳《とよくんぬ》尊の嫡孫で大市姫の養子となり、富士王朝の日嗣を継いだ。

古事記を読むと少し頼りない大君とも感じられるが、諱に耳という字を持つ皇子はよく人の話を聞く大君だという。聖徳太子（厩戸豊聡耳皇子）と同じだ。秀真伝によれば、天忍穂耳尊は富士王朝の勢力を更に拡大して万全にすべく、日高見国の多賀（奥州・仙台）に宮をつくって政を行った。古代に東北に都があったとは、実に驚きだ。秀真伝では、この都を「タカノコフ」と呼ぶ。遺跡は無く詳細は不明だが、近隣で古代の歴史を伝える神社は、

「塩竈《しおがま》神社」陸奥国一宮　宮城県塩竈市
　祭神　別宮　塩土老翁神《しおつちのおぢのかみ》
　　　　左宮　武甕槌神（タケミカツチ）
　　　　右宮　経津主神（フツヌシ）

政の補佐として天児屋根命《あめのこやね》（中臣氏祖）がつく。左右の軍神はフツヌシとタケミカツチである。ここでの縁により、天児屋根命はフツヌシ・タケミカツチと血族となり、後に両軍神からソサノヲが一族子孫にのみ授けたという秘儀を受け継ぐ。死者をも蘇らせるほどの霊験があるという十種神宝《とくさのかむたから》の鎮魂法である。

栲幡千千姫は大市姫から祭祀王の役職である大日霊貴《おおひるめのむち》を引き継いだ。重臣の心配を余所に、大市姫を越えるほどの霊力をすぐに発揮して活躍したという。富士宮下文書で特筆されるのは、養蚕から織物をつくる技法を新たに生み出し、古代としては画期的な貢献をした

と伝わる。

諡の万幡《よろずはた》という表現がそれをよく示している。イサナミの血を引くことは秘とされたが、いつのまにか稚日女尊（ワカヒルメ）や天棚機姫《あめのたなはたひめ》と呼ばれるようになる。記紀では天照大御神は一柱の神として描かれているが、実際には神大市姫と栲幡千千姫の二人が天照大御神であった。

アマテラスは二人いたのである。


九鬼文書では出雲日御碕高天原を正当な王朝と記している。日嗣順序は以下の通りであり、古事記の原典はここにありそうだ。

（一）天照坐天皇《あまてらしますすめらみこと》　亦名《またのな》　天疎日向津姫尊《あまさかるひにむかつひめのみこと》（大市姫）
（二）月夜見天皇
（三）素戔嗚天皇　　　（以上出雲三代天皇）
（四）天照大日霊天皇《あまてらすおおひるめすめらみこと》「素戔嗚天皇の皇女なり」（栲幡千千姫）
（五）天忍穂耳天皇「素戔嗚天皇の皇子（養子）　高千穂天皇の始祖」
（六）大國主天皇「出雲天皇」

ソサノヲは出雲と毛野を起点にその後も全国を歩き回った。出雲の留守居は足名椎命（天手力男命）である。

多賀（仙台）の日高見の宮から更に北方で、縄文時代には都があったともいわれる早池峰山《はやちねやま》（岩手）に行き、麓の集落に蘇民将来《そみんしょうらい》（茅《ち》の輪《わ》くぐり）の伝説を残した。

ある晩、ソサノヲは風雨の中を行き暮れて、大きな民家を尋ねて一夜の宿を請うた。ソサノヲの姿があまりにみすぼらしかったため、裕福な弟・巨旦将来《こたんしょうらい》はにべもなく断った。疲れ果て困り果てたソサノヲがようやく次の灯りを見つけて小さな民家を尋ねると、兄・蘇民将来は、貧しいなかにも暖かなもてなしと一夜の宿を提供してくれたのである。

翌朝、ソサノヲはお礼として蘇民将来の家族に小さな茅の輪を与え、「これを身に着けておけば疫病から免れるだろう」と言い残して去っていった。やがて疫病が流行して多くの民が苦しんだ際、巨旦将来の一族は滅亡し、蘇民将来の一族は皆が生き延びることができた。

今でも多くの神社の祓行事で行われる「茅の輪くぐり」は、このソサノヲの故事に由緒がある。

神大市姫との皇子である大歳命（オオトシ）の幼名は、五十猛命（イタケル）という。この名はソサノヲ一族の幼少時の世襲名の一つだ。

ソサノヲは朝鮮半島から多くの植物の種子を持ってきたと伝えられ、そして五十猛命や皇女たちを連れて、佐渡をはじめ日本海側を行き来し、また筑紫・四国を経て紀伊熊野まで植林して廻ったという。

五十猛命は現代でも林業の神として祀られている。

「伊太祁曾《いたきそ》神社」紀伊国一宮　和歌山県和歌山市
祭神　五十猛命

神大市姫と櫛稲田姫とは互いに実の姉妹であるかのように接した。出雲・八重垣《やえがき》神社の本殿の壁画には、ソサノヲ・櫛稲田姫・天照大御神（神大市姫）・市杵嶋姫（櫛稲田姫の皇女）と、足名椎命（天手力男命）・手名椎命が並んで描かれている。

「八重垣神社」島根県松江市
祭神　素戔嗚尊・稲田姫命・大己貴命・青幡佐久佐日古命

ソサノヲは丹後与謝宮・真名井に崩じた豊受大神を手厚く祀った。霊魂の御告げにより、ソサノヲは一族世襲の七代目高皇産霊神（タカミムスヒ）を襲名する。そして自ら高木神《たかきのかみ》と名乗ったのである。

九鬼文書では天皇とも記される大国主神（八千矛命）と、その弟分ともされる作田彦《さたひこ》神（猿田彦神）の出自も考えておこう。

まず肝心の出雲富家伝承においても、大国主神（ヤチホコ）の出自（父）は明示されていない。竹内睦泰氏も『古事記の宇宙』において、「大国主命と猿田彦神は『古事記』で語られる神々の中でまったく出自がわからない双璧です。おそらく外国から来た人だと思われます。ユダヤ人である可能性が高い人です」とし、また「古事記の伝承とは異なり、大国主神はソサノヲとの血のつながりはありません」と明確に述べられている。

この後に同著の中で、「猿田彦神はイエス・キリスト」だと明言されているので、それだけ大国主神（八千矛命）の出自はよくわからないということだ。秀真伝では「大国主神はソサノヲの御子（実子）」としていてここは全く信用できない。古史古伝を組み合わせた仮説で進める。

まず出雲富家伝承の出雲王朝の東西両王家の伝承を信ずれば、大国主神（八千矛命）の父は六代大名持・オミツヌである可能性が最も高い。

しかも本書の比定ではオミツヌは天孫族オモタル尊と同体という可能性を検討してきた。籠神社海部宮司の書に記される系図を確認すると、ここにはイサナミの父としてオモタル尊が記される貴重な系図がある。富士宮下文書、秀真伝で見てきた通り、イサナミの系図についても確証はない。イサナミは世襲名ともされるので尚更である。

しかし最後のイサナミの父がオモタル尊であり、オモタル尊が六代大名持オミツヌと同体とすると、オミツヌの子である八千矛命はイサナミの異母弟と見做すこともできる。

年齢は一世代ほど異なるが、古代の皇統では十分にありえることだ。本書ではこれを本線として比定しておく。

こう考えると「出雲の国譲り」の理由にも繋がるのである。

古事記では、八千矛命は多くの兄弟から激しい虐めにあっている。しばらく出雲から遠ざかっていたのだろう。おそらくオミツヌの指令により大陸（天竺＝インド）への長い外遊修行にでていた。九鬼文書は大国主神を「黒人根国の祖」と記している。黒人根国とは天竺（インド）のことである。しかし八千矛命は、天竺から最新の五穀や医療に関する知識・技術を携えてきて多くの仲間を驚かせ、大君への道を歩み始める。八千矛命（大国主神）は古事記では、「この国の守護神という意味の宇都志国玉神《うつしくにたまのかみ》」とも記されて「宇」の一族でもある。富士宮下文書にも古事記でよく知られた諱「大己貴命《おおなむち》」の亦名がある。また九鬼文書では「大国主天皇」と記される。記紀では皇統とはされなかったが、後に実質的な大君の役割を果たすことになる。

そして八千矛命（大国主神）は、天竺から作田彦命《さたひこ》（記紀での諱＝猿田彦神）を同行して出雲に連れてきたのであろう。

作田彦命は西方から天竺に修行していた時に八千矛命に出会った。そして同行を申し入れた。自らの一族が既に常世国に渡来していることを把握していたのだ。鹿島曻氏は、「徐福の一族を追ってきたのであろう」と比定している。秀真伝の系図に作田彦命（猿田彦神）が「遅れてきた天孫族」の一人と位置付けされるのは、そのような背景だろう。

農耕に関する優れた技術とその才気あふれる霊力からヤチホコの弟分として神門臣家で客将となった。富士宮下文書の系図では、作田彦命は大国主神の弟であり、そしてその諱は「農佐比古」なのである。

ここで天孫族の最高神たちの諱を思い出してみよう。「農作（高皇産霊神）」「農立（国常立尊）」「農狭（国狭槌尊）」と同じく、炎帝神農の「農」を引き継ぐ作田彦命（農佐比古・猿田彦神）は、間違いなくスメル人の直系であることを示唆している。

鹿島曻氏は、紀元前十世紀頃の富士宮下文書に記される大戸道尊《おおとのじ》を、イスラエル王国の初代ダビデ王から王位を受け継いだ二代ソロモン王と比定されている。イスラエル王国には十二支族があったが、ソロモン王の後、北朝イスラエル十支族と南朝ユダ二支族の二つの国に分裂する。

富士宮下文書の系図では大国主神・作田彦命は大戸道尊の二人の兄弟の皇子であり、すなわち大国主神をイスラエル、作田彦命（猿田彦神）をユダ（ユダヤ）の王朝の血筋を受け継ぐ一族と位置付けしている。

秀真伝の系図とは異なるが、いずれにせよオリエントの地を出自とすることを示唆するものと考えてよいだろう。

# 三

# 三貴神《さんきしん》

## 「大歳命《おおとし》の正体」

ソサノヲとアマテラス（神大市姫）の御子である大歳命と宇迦乃御魂命は、古事記で出生が記された以降、記紀はもちろん他の古史古伝でもほぼ登場しない謎の神である。まずは大歳命の正体に迫っておきたい。

大歳命について、竹内睦泰氏は『古事記の邪馬台国』の中でいろいろと述べられている。貴重な記述なのでその内容を確認しておこう。

「ソサノヲの息子の大歳命こと饒速日命《にぎはやひ》」

「大歳命はお父さんのスサノヲとケンカをしてしまい、出雲を捨て、船団を率いて大和の国に来たのでした」

「和平した後、大歳命は那賀須泥毘古《ながすねひこ》の妹の登美比売《とみひめ》と結婚し、その縁で大和の王となります」

「だから天照国照彦天火明櫛玉饒速日命《あまてるくにてるひこあめのほあかりくしたまにぎはやひ》という名なのです」

「のちの物部氏《もののべし》の祖となる、この饒速日命は謎の神様です」

「大歳命といえば出雲のスサノヲの子供です。ところが天照国照彦天火明櫛玉饒速日命という長い名前の中に、『天火明《あめのほあかり》』という名前が入っています。（だから）『古事記』で瓊瓊杵《ににぎ》尊の兄とされている天火明命として系図に入っているのです」

「ところで饒速日命こと大歳命は、よく大国主神と混同されていて、同一神だと思われているほどですが、別の神です。大歳命（大物主神《おおものぬしのかみ》）と大国主神がよく一緒にいたから混同されてしまったのでしょう」

「大歳命のことを大物主神とも言います。大物主神だから物部氏の長なのです。物部氏の主だから大物主なのです」

「大物主神、つまり饒速日命と、大国主神とは、同一神ではなく、違う神様ですから、間違えないようにしましょう」

大歳命についてこれだけ語られたのは、これまでの日本古代史研究の中でも竹内睦泰氏をおいて他にはあるまい。しかし筆者の前提は、竹内氏は読者のレベルに合わせて記述をされており、これは史実の解明に向けたステップ論としてのヒントととる。筆者の解釈で分析していく。

竹内氏の大歳命についてのコメントを総括すると以下の通りとなる。

①大歳命の亦名は天照国照彦天火明櫛玉饒速日命である。
②大歳命は天火明命の亦名にて、瓊瓊杵尊の兄として古事記の系図に記されている。
③大歳命の亦名は大物主神である。

④大物主神と大国主神（本書では八千矛命・大己貴命）は別神である。

さて日本古代史の核心に迫る分析になる。順次解析していこう。

まず①の「天照国照彦天火明櫛玉饒速日命」についてである。

この名は先代旧事本紀の天孫本紀《てんそんほんき》に、物部氏と尾張氏の共通の祖として記される名である。物部氏と尾張氏とは、簡潔に言えば、神武天皇以降の大倭日高見国（日本）の皇統を背負っていく両雄の氏族である。

古事記に饒速日命が登場するので、この長い神名を持つ神を「ニギハヤヒ」と捉えがちだが、ここには異説がある。

籠神社の海部宮司によれば、この長い神名は三柱（三人）である。

「天照国照彦天火明命　＋　櫛玉命　＋　饒速日命」の合成なのだ。

すなわち大歳命の本性は、饒速日命ではなく、天照国照彦天火明命の方であるとする主張である。本書ではこの説をとる。

次に②の「大歳命は天火明命の亦名にて、瓊瓊杵尊の兄として古事記の系図に記されている」である。確かにその通りなのだが、「火明命」の神の本性は非常に掴みにくい。③の「大歳命は大物主神である」も含めて考えると、日本書紀系図では少なくとも三世代に跨って「火明命」が登場している。これは藤原不比等による謎かけなのである。

・書記一書第八には、瓊瓊杵尊の兄として「天照国照彦火明命」が記されている。瓊瓊杵尊と同世代だ。「天」がなく「彦火明命」である。
・書記本文では、「火明命」は瓊瓊杵尊の子として、「彦火々出見尊」「火闌降命《ほのすせり》」の兄弟として記されている。瓊瓊杵尊の下の世代だ。
・書記一書第二では、大物主神（火明命）は高皇産霊尊（高木神＝素戔嗚尊）の娘である三穂津姫を娶っている。瓊瓊杵尊の上の世代だ。

日本書紀の一書を含む多くの系図は、古事記の一連の物語（系図）は数ある神話の中のひとつに過ぎないということを示している。

この中のいずれかに史実があるはずである。

先代旧事本紀の「天照国照彦天火明櫛玉饒速日尊」と、秀真伝の「クシタマホノアカリテルヒコ（櫛玉火明照彦）」は共に瓊瓊杵尊の兄として、瓊瓊杵尊に先立って三十二神を引き連れて天孫降臨している。

これは記紀には記されない秘伝である。

秀真伝の地理感によれば、火明命は、日高見～鹿島～香取～九十九里～伊豆～富士～伊勢と太平洋側を航海して、最後に熊野から飛鳥（奈良）に入ったという。大歳命が天火明命であり、また同時に大物主神であるとすれば、飛鳥の地にある三輪山（大神神社）に入ったことは頷けるのである。ここでは一つのヒントとしておこう。

次に竹内睦泰氏が『古事記の邪馬台国』で語った系図をみてみよう。

竹内氏は、アマテラス（神大市姫）とソサノヲの誓約で生まれた神々は、実は天忍穂耳尊と栲幡千《たくはたち》千姫《ちひめ》（万幡豊秋津師姫《よろずはたとよあきつしひめ》・ソサノヲの皇女＝二人目のアマテラス）の御子たち、すなわち同世代の兄弟だとする。

天穂日命　　（アメノホヒ）　↓後の出雲国造
天津日子根命（アマツヒコネ）↓瓊瓊杵尊
活津日子根命（イクツヒコネ）↓彦火々出見尊
熊野楠日命　（クマノクスヒ）↓鵜草葺不合尊？

誓約で生まれた神々を兄弟とする伝承は他の古史古伝にもある。竹内氏は熊野楠日命について再考の余地を示唆されるが、ここで注目すべきは、瓊瓊杵尊の兄弟であるイクツヒコネを彦火々出見尊とすることだ。

古事記に記される瓊瓊杵尊の兄弟は天火明命であり、ここで竹内氏が瓊瓊杵尊と彦火々出見尊が兄弟であることを示唆されたことは重要だ。

彦火々出見尊は瓊瓊杵尊の御子ではないということだ。

ここまでの仮説は「大歳命は瓊瓊杵尊の兄・天火明命であり、また同時に彦火々出見尊とも同体なのではないか」ということになる。

更に一つのヒントを得たとしておこう。

では次に既に紹介した丹後の元伊勢籠神社の伝承をみていこう。

籠神社の主祭神は「彦火明命」である。

先々代となる籠神社第八十一代宮司・海部穀定《あまべよしさだ》氏は、その著書『元初《げんしょ》の最高神と大和朝廷の元始《げんし》』の中で、「彦火明命は天忍穂耳尊の第三の御子であったとの伝承こそが古い」と強調されている。籠神社の国宝「勘注系図」には、「始祖　彦火明命　天忍穂耳尊　第三御子」とはっきり記されている。記紀では天忍穂耳尊には二人の御子しかいないので、これは「彦火明命は天忍穂耳尊の御子ではない」という秘伝であろう。

そして「天照国照尊と申し上げる大神は、天忍穂耳尊の御子ではあらせられなかった」のだと静かに述べられている。記紀系図や籠神社伝承自らの否定にはなるが、おそらくこれで間違いないであろう。

日本書紀の完成直前まで籠神社は彦火々出見尊を主祭神として祀っていたという。また、彦火明命と彦火々出見尊同体説は、籠神社独自の秘伝だとされる。おそらく籠神社は、日本書紀成立にあたって藤原不比等から祭神変更を強要されたのであろう。筆者はそう確信している。

ソサノヲとアマテラスの御子「大歳命」は、「天照国照彦火明命」であり、「彦火々出見尊」でもあり、「大物主神」でもある。
これが本書の結論である。記紀系図の中で最も重要な変更になろう。

通説では、大歳命は「天照国照彦天火明櫛玉饒速日命《あまてるくにてるひこあまのほあかりくしたまにぎはやひ》」と見做され、「ニギハヤヒ」と呼ばれることが多いが、これは正しくない。

海部宮司は「櫛玉命《くしたま》」「饒速日命《にぎはやひ》」は別神であると明言されている。「天照国照彦天火明櫛玉饒速日命」という神名は、おそらく先代旧事本紀が編纂される際に、時の政権（物部氏）の意向によって三柱の神々を習合させてつくられたものだろう。

先代旧事本紀は天照国照彦天火明櫛玉饒速日命の亦名のひとつとして「胆杵磯丹杵穂命（イキシニギホ）」を挙げているが、こちらが物部氏の祖（宇魔志麻遅命の父）であり、この二世代の二人を習合して一人の祖神をつくりあげてしまったのである。

栗田寛《くりたひろし》博士は「古風土記逸文考証《こふどきいつぶんこうしょう》」の中で、「尾張氏はこれを『後人の投入』として否定している」として尾張氏の反論が正しいと記されている。饒速日命についてはまた後段で説明していくことにしよう。

大歳命＝彦火明命は、富士宮下文書に記される「大物主」とも同体である。竹内睦泰氏は、④大物主神と大国主神（本書でいう八千矛命・大己貴命）は別神である、と明言されている。記紀だけでは大国主神と大物主神の判別はなかなかつけ難いのだ。藤原不比等は大国主神を誇張することで、大物主神の正体を隠したかったようだ。

富士宮下文書は、大国主神と大物主神は全く別神として記している。大物主神の諱は「武知男命」であり、右大臣家の出身である。そして「大物主」とは瓊瓊杵尊から頂いた官名（諡）であり、大倭日高見国軍の総司令長官という役職名なのである。


富士宮下文書には大変興味深い大物主神の系図が記載されている。

大物主神には養子を含めると六人もの皇子がいるのだ。

様々な系図を掲載する富士宮下文書においても一際目を引く位置づけにある。記載された神々の名は「武知男命」のように通説では知られていないものばかりである。しかしここには「何か隠された秘密がある」と、直感で感じるものがあった。この系図解析も後段で行う。

同じく富士宮下文書には、大物主神専属の海軍基地として、丹後半島沖合にあり、籠神社伝承で彦火明命が降臨したと伝えられる「冠島《かんむりしま》」を明記してある。これも驚きであった。

これで大歳命＝彦火明命＝彦火々出見尊が、三輪《みわ》山（大神神社《おおみわじんじゃ》）の「大物主神」であることは間違いない、と考えられたのだ。


最後に、書記一書第二にある「大物主神（火明命）は、高皇産霊尊（高木神＝ソサノヲ）の娘である三穂津姫を娶る」という謎についてである。

紹介した通り、富士宮下文書ではソサノヲには二人の皇女がいる。

一人は栲幡千千姫《たくはたちちひめ》(母はイサナミ)、もう一人がこの三穂津姫(亦名　別雷命、母は神大市姫)である。

古事記での亦名は宇迦乃御魂命、大歳命の妹である。

筆者は大歳命と宇迦乃御魂命には不義の御子がいたと推察する。

古代では実の兄妹婚も稀にはあったであろう。

伝説ではイサナキとイサナミも実の兄妹であったとする。

御子の名も比定できているのだが、これも後段で説明していこう。


さて、九鬼文書でも皇統は「大国主天皇～瓊瓊杵天皇～彦火々出見天皇」という順序で繋がれていく。

記紀では瓊瓊杵尊（木花咲夜姫）が、彦火々出見尊を産んだことになっている。しかしこれまでの本書の系図分析では、彦火々出見尊（大歳命）は瓊瓊杵尊と少なくとも同世代か、あるいは年上だったであろうと思われる。皇統の順序通りに縦に親子関係を繋げて系図を創作したということなのである。これを記紀の流れに沿いながら考えていこう。

## 「出雲の国譲《くにゆず》り」

九鬼文書に記される通り、出雲王朝で大国主神（八千矛命）は実質的に大君（天皇）の地位にあった。これを天忍穂耳尊の御子である瓊瓊杵尊に譲るのが古事記に記される「出雲の国譲り」である。

竹内睦泰氏は、「大歳命（大物主神）と大国主命がよく一緒にいたから混同されてしまったのでしょう」と述べられている。本当に二人はいつも行動を共にしていたのであろうか？

ここの解析には、古史古伝である「但馬故事記《たじまこじき》」をみてみよう。

但馬故事記は平安時代に編纂されたが、但馬国を日本国全体に見做しながら、神代から奈良時代までの古史を記している。良く分析すると大変貴重な伝承が浮かび上がってくる。但馬故事記を読むと、同世代の四人の若き皇族たちが連れ立って稲作の普及や五穀の育成に当たる様子が記されている。その姿が目に浮かぶようである。

この四人は様々な亦名で記されているのだが、どうやら、

・大国主神（大己貴命・八千矛命）
・彦火明命（大歳命・天火明命・彦火々出見尊）
・宇迦御之魂命（蒼稲命・豊受姫）
・作田彦命（天熊人命・猿田彦神）　の四人である。

「朝来郡《あさごぐん》故事記（抜粋）」

天火明命（大歳命）は丹波国加佐志楽国に於いて、この国を国作大己貴《くにつくりおおなむち》命（八千矛命）に授かり、坂戸《さかと》天物部《あまもののべ》命・二田天物部《ふたたあまもののべ》命・両槻天物部《なみつきあまもののべ》命・真名井天物部《まないあまもののべ》命・嶋戸天物部《しまとあまもののべ》命・天磐船《あめのいわふね》命・天熊人命（作田彦命）・蒼稲命（宇迦乃御魂命）を率いてこの地にやって来た。

真名井を掘り、田を開いて、その水を引くと、稲穂が垂れるうるわしき秋の稲田の風景になった。それでこの地を真名井原《まないはら》という。

（この天物部《あまもののべ》軍団は先代旧事本紀にも記される技術者集団である）

「城崎郡《きのさきぐん》故事記（抜粋）」

豊受姫（宇迦乃御魂命）に従い五穀蚕桑《ごこくさんそう》の種子を得て、射狭那子嶽《いさなこたけ》に行き、真名井を掘り、水稲や麦・いも・粟の陸種をつくるために大小の田に植え、昼夜生井《いくい》・栄井《さかい》の水を引く。その秋には垂穂の長い穂が所狭しく一帯に広がった。豊受姫はこれを見て大いに喜び、

「あなに愛やし。これを田庭に植えなさい」と皆に言った。

そして豊受姫は天熊人（作田彦命）に、天火明命（大歳命）に従って田作りの事業を補佐させ、そして後、高天原に上っていった。

したがってこの地を田庭《たには》という。丹波《たんば》の名はこれに始まる。

四人は大国主神（八千矛命）を中心に出雲王朝を支えていたのだろう。大歳命（彦火明命）と宇迦乃御魂は双子の兄と妹との伝承があるが、生まれた時から一心同体のような二人であった。特別な霊力を持っていたに違いない。アマテラス（神大市姫）とソサノヲの御子なのだ。

しかしここで大歳命と宇迦乃御魂命に不義の御子ができる。おそらく父のソサノヲは激怒した。竹内睦泰氏は、「大歳命は父のソサノヲとケンカ別れした」と記す。大歳命はソサノヲに勘当されたに

違いない。
但馬故事記は「豊受姫（宇迦乃御魂命）は（中略）、そして後、高天原に上っていった」と記す。おそらくソサノヲのいる根堅洲国(毛野)に匿われたのであろう。二人は離れ離れにされたのである。

出雲富家伝承では、大国主神（八千矛命）の先代は七代大名持・天之冬衣である。ソサノヲは櫛稲田姫との長女・多紀理姫（田心姫）を天之冬衣に嫁がせていた。冬衣が王朝統合に果たした役割は大きく、まず血族関係を強くする必要があったのであろう。多紀理姫は幼少時には高志（越）の国で安曇族に育てられ、その地名をとって奴奈川姫《ぬなかわひめ》とも呼ばれていた。宗像の沖ノ島は多紀理姫が若い頃の本拠地であった。沖ノ島は今でも「海の正倉院《しょうそういん》」と呼ばれる。多紀理姫は八重波津見《やえなみつみ》（事代主《ことしろぬし》）と建《たけ》御名方《みなかた》命（亦名　美保須須美《みほすすみ》）を産む。二人は実の兄弟であった。

古事記で大国主神（ヤチホコ）は出雲の同族から激しい嫉妬の試練を受ける。五十猛命（大歳命）の示唆により、まだ会っていなかったソサノヲを訪ねるべく毛野（根堅洲国）に行く。訪れたヤチホコを一目見たソサノヲは思わず「おお、葦原色許男《あしはらしこお》だ」と呼ぶ。竹内睦泰氏はこの葦原色許男とは「シュメール人（スメル人）」のことだという。

そしてそこにソサノヲの次女・多岐津姫《たぎつひめ》（宇迦乃御魂神・須勢理姫）が一緒に滞在していた。二人は既知だったはずだが、古事記では出会った瞬間に熱い恋に落ちたという。おそらくかなり誇張したものだ。

ソサノヲは赤城山や日光男体山の麓にて、十種神宝《とくさのかむたから》を使いながらヤチホコの霊力・技量などを試す。古事記に記される蛇や蜂を払いのけるという「魔法のひれ」とは、この十種神宝の中のひとつだ。厳しい試練を受けるヤチホコに対して、やがて多岐津姫も徐々に応援する気持ちになっていく。ソサノヲは多くの武器や宝物を土産として渡し、ヤチホコは多岐津姫を連れて出雲に戻り、出雲王朝八代大名持に就任した。

大倭日高見国の日嗣の候補の一人となったのである。

多岐津姫は後に、皇子・味鋤高彦根《あじすきたかひこね》命と皇女・高照姫《たかてるひめ》を産む。


先代旧事本紀は、宗像三女神の一人である多岐津姫は、まず出雲族の大国主神（八千矛命）に嫁いだと明確に記している。

籠神社の海部宮司は、多岐津姫は丹波で豊受大神を祀っていたのだとする。籠神社が最も大切にする女神は宇迦乃御魂命＝豊受姫である。

富士宮下文書は、スサノヲの次女を三穂津姫、別雷命とする。

古事記では、大国主神の最初の妻は須勢理姫である。

大歳命の妹、宇迦乃御魂命は多くの亦名を持つ。多岐津姫であり、須勢理姫であり、豊受姫であり、三穂津姫でもあったのだ。

ヤチホコは大名持に就任して国造りに励んだ。

少名彦の八重波津見（事代主）、弟分の作田彦命（猿田彦神）と大歳命が、補佐役としてその高い技術を惜しみなく注ぎ込んだ。
出雲はもちろん、丹波・若狭・高志（越）と日本海側をよく統率し、播磨から瀬戸内海・四国へ、そして筑紫島までその開拓を広げた。

天忍穂耳尊は秀真伝によれば、日高見（奥州）と不二阿祖山高天原を主な宮としたが、九鬼文書で「高千穂天皇の始祖」とも記されている。古事記で「地上の模様を眺めたが、ひどく騒がしく乱れているようだ」というが、おそらく大国主神（ヤチホコ）と天忍穂耳尊の軍事勢力が筑紫島を巡って拮抗する局面があった。天忍穂耳尊は筑紫の英彦山に祀られている。不慮の事故で亡くなられたのであろうか。英彦山神宮は後に神武天皇が東征の際に、天村雲命を差遣して創祀《そうし》されたという。

「英彦山神宮《ひこさんじんぐう》」福岡県田川郡添田町
　祭神　正勝吾勝勝速日《まさかつあかつかちはやひ》天之忍穂耳命

富士王朝では天八意思兼命と栲幡千千姫が中心となり、出雲王朝と言向け和す方針で交渉の使者を次々に送るが、天穂日命《あめのほひ》も、金山彦の孫にあたる天若彦命《あめのわかひこ》も、いずれも出雲から姫を迎えてヤチホコに取り込まれてしまった。「天孫族の皇子には出雲族の皇女」ということを日嗣の条件としてソサノヲが決めていたことも影響していたのであろう。
天若彦命はソサノヲ一族の兄貴分（従兄）である金山彦の孫であり、美濃の大宮（南宮神社）で育った。出雲の姫を娶れば自分にも日嗣の資格があると考えても全く不思議ではない一族なのだ。天若彦命に嫁いだ姫はソサノヲの娘・多岐津姫とヤチホコの皇女である高照姫《たかてるひめ》だった。

ヤチホコの嫡子は多岐津姫の産んだ味鋤高彦根命《あじすきたかひこね》だ。高照姫の兄になる。若い頃から母と一緒に筑紫島で航海術を学び、海神としての資質を発揮した。また父と一緒に毛野に行ってフツヌシ・タケミカツチに乗馬を習うなど、軍事戦略家としても優秀だった。父の立場を継げば出雲王朝の副王・少名彦になる序列にある。しかし作田彦命から大陸や半島の話を聞くにつれ、統一国家として一刻も早く挙国一致の体制をつくらねばならないと真剣に考えていた。

出雲王朝の副王である少名彦《すくなひこ》は七代大名持・天之冬衣の嫡子、八重波津美《やえなみつみ》である。言葉で統べるその姿勢から、民からは事代主《ことしろぬし》と呼ばれた。父の天之冬衣は大名持の役職をヤチホコに譲った後、東国の毛野に移住していた。出雲族ではあったが、天孫族の冠名称「天」を頂いており、人生の最後を若い妃と共に、出雲と違う常世国という自然環境の中で過ごしてみたかったのだ。

出雲王朝と富士王朝の勢力の境界線となる美濃で大きな戦乱が発生し、出雲王朝側から指揮に立っていた天若彦命が亡くなった。

ヤチホコの嫡子、味鋤高彦根命は妹の夫君であった天若彦命が王朝同士の内戦で亡くなったことを強く憂えた。父ヤチホコはその知識と商才たるや大倭国で右にでる者はいないが、大君としての人格・統率力（霊力）では祖父ソサノヲには遠く及ばないと感じていた。

味鉏高彦根命は自ら先頭に立って出雲王朝を出て富士王朝に入る決意を固め、亡くなった天若彦命の妹である下照姫《したてるひめ》を妃に迎えた。

ソサノヲの従兄・金山彦の一族の跡取りとして婿入りしたのである。

自らの諱を大和では建角見命《たけつのみ》とし、富士では三島溝咋命《みしまみぞくい》と改めた。

味鉏高彦根命が金山彦一族に婿入りしたことは秀真伝にも記される。


富士王朝はヤチホコに国譲りを要請する最後の使者として、フツヌシとタケミカツチの両軍神を立てる。タケミカツチはソサノヲから譲り受けた布都御魂《ふつのみたま》の神剣を「言向け和す」剣として行使する。

先代大名持の天之冬衣は毛野に移住している。そして何よりヤチホコの嫡子である味鉏高彦根命が、出雲王朝を離れて富士王朝に婿入りしてしまった。少名彦の役割である八重波津見（事代主）も富士王朝への国譲りに合意する。ヤチホコはもはや国譲りの要請を受け入れざるを得なかった。後に、八重波津身の嫡子・鳥鳴海《とりなるみ》が出雲王朝九代大名持に就任するが、統治国は出雲一国のみとされた。

出雲以外の統治国はすべて富士王朝に委ねられたのである。

ヤチホコは国譲りの交換条件として、出雲の地に大きな社の建築を富士王朝に要請する。これを受けて造られたのが出雲大社である。

明治時代までは杵築《きづき》大社と呼ばれた。その社の高さは最古には三十二尺（約九十六メートル）、記紀が編纂された八世紀頃には十六尺（約四十八メートル）あったとも伝わる。現代は約二十四メートルである。

出雲大社の本殿（ヤチホコ）は真西に向いている。国土の東端で、鹿島神宮の本殿（タケミカツチ）が真東に向くのとは対になっている。

天孫族はそのように意識して出雲大社をつくった。この両神は国土の鎮護を担当する守護神としての役割を与えられているのだ。

「出雲大社《いづもおおやしろ》」出雲国一宮　島根県出雲市

祭神　大国主大神

さてここまでの解析は概ね古事記に記される出雲国譲りの物語を土台としている。が、実は出雲富家伝承では、ヤチホコ（大国主）と八重波津見（事代主）について尋常ではない秘史を伝えている。両名は暗殺されて非業の早逝を遂げていたというのである。暗殺者は徐福が連れてきた童男童女たちだという。ヤチホコは猪目洞窟《いなめどうくつ》（出雲市）に、八重波津見は粟島《あわしま》の洞窟（米子市）に幽閉されて枯死したという。暗殺者の真偽は別としても、自家に伝わるこのような悲劇を含む口伝伝承はおそらく史実であろう。他の古史古伝では大国主神と事代主は長く生きたとする説もある中で、本家本元が伝承する内容は慎重に扱う必要があろう。

本書では出雲口伝を紹介するに留めるが、いずれにせよヤチホコは出雲王朝で全盛期を迎えた後、比較的早い時期に亡くなられた。

そして古代では一族の惣領が若くして亡くなった場合、その妃（寡婦）は、その兄弟が妃として迎えるのが慣例だったという。

多岐津姫（宇迦乃御魂命）は、ヤチホコの弟分である作田彦命（猿田彦神）と結ばれることになる。

出雲の国譲りが成った。

書紀一書第二は、大国主神（八千矛命）がフツヌシとタケミカツチに対し、「岐神《ちまたのかみ》（猿田彦神）が私に代わってお仕え申し上げるでしょう。私は今ここから退去します」といって永久に隠れたと記す。

そして両神は「岐神を先導役として方々を巡り歩き平定した。従わない者があると斬り殺した。帰順する者には褒美を与えた。この時に帰順してきた勢いのある首長は、大物主（彦火明命）と事代主である」

ここで高皇産霊神（ソサノヲ）は大物主（彦火明命）に対して、

「もしもお前が国神を妻とするようなら、お前にはまだ心が許せない。そこで私の娘の三穂津姫（宇迦乃御魂命）を娶せてお前の妻にしよう。八百万の神々を率いて、とこしえに天孫をお守りするがよい」という。

筆者は、大歳命（彦火明命）と宇迦乃御魂命（三穂津姫）には不義の子がいたと比定している。

この書紀一書第二では、ソサノヲが嫡子の大歳命に対して、

「不義の件はもう許そう。御子を大切にせよ。そしてこれからの王権の成立に全力を尽くせ」と言っているような気がしてならない。

岐神は「フナトノカミ」「クナトノカミ」「チマタノカミ」とも読むことができる。出雲王朝で最高神ともされる猿田彦神である。出雲の国譲り以降、猿田彦神は高皇産霊神（高木神＝ソサノヲ）の下で、軍神フツヌシ・タケミカツチを先導しながら全国平定に活躍したという。東国でも実に多くの神社に祀られているのだが、後程説明していく。

富士王朝・天忍穂耳尊と栲幡千千姫の嫡子は瓊瓊《にに》杵《ぎ》尊（ニニギ）だ。

富士宮下文書によれば、幼い頃より性格が粗暴であったという。

神大市姫に頼まれて、不二阿祖山高天原から祖父ソサノヲのいる出雲や毛野において、将来の大君としての教育を受けたと記されている。

瓊瓊杵尊はソサノヲの孫であり、ソサノヲの子である大歳命（彦火明命・大物主）よりも年下だったであろう。

ソサノオとアマテラス（神大市姫）は猿田彦神の不思議な霊力に巡り合って驚いていたのではないか。これまでに知り合った神々とは異なる「鬼道」とも感じられる何かを秘めていた。同じ天孫族だが、ずいぶん早く分かれた一族だと双方で理解した。おそらく猿田彦神は二人を伊勢に連れていった。

「ここは神風の伊勢の国と申します」

猿田彦神は西国をほぼ踏破していたが、この地には特別な霊力を感じていたに違いない。遠望ながら不二山が見える。伊勢は出雲王朝と富士王朝のちょうど境界に位置する場所にある。

神大市姫は「ここにはいずれ大倭日高見国の神宮をつくりましょう。吾らにはもう時間がありません。猿田彦よ、そちに頼んでおきたい」

おそらくこのような会話が古語拾遺に記された倭姫命による伊勢神宮の由縁、「預《あらかじ》め幽《かく》れたる契《ちぎり》を結びて、衢《ちまた》の神の先降《まずくだ》ること、深き以《ゆえ》有り」の背景だったのであろう。

二人は猿田彦神の霊力を高く評価して、富士王朝の惣領たる「大山祇命」として迎え入れたのである。

「九鬼文書《くかみもんじょ》　大山祇命《おおやまつみ》　亦名《またのな》　猿田彦神《さるたひこ》」

九鬼文書の人名索引にあるこの記述の意味に気付いた時は衝撃的であった。初めて書に接してからは相当の月日が経っていたのだが、この時何かが繋がったのである。記紀では出雲の国譲りの後に瓊瓊杵尊が天孫降臨する。いよいよ猿田彦神の登場である。

まずは日本書紀であらすじを確認しよう。

「一人の神が天の八街《やちまた》（道の分かれるところ）におり、その鼻の長さ七握《ななつか》、背の高さ七尺《ななしやく》あまり、正に七尋《ななひろ》」「目は八咫鏡《やたのかがみ》のようです」

「七」はスメル人の聖数である。目が八咫鏡とは、大きな丸い目のスメル人の容貌を想起させる表現だ。

天鈿女命《あめのうずめ》（宇迦乃御魂命）は自分の胸を露わにむき出して、腰ひもを臍の下まで押し下げて、笑いながら向き合った。

「天照大御神の御子が、今降っておいでになると聞いています。それでお迎えしてお待ちしているのです。私の名は猿田彦神です」

猿田彦神は瓊瓊杵尊を「筑紫の日向の高千穂の串触峯《くしふるたけ》」に案内して、自らは天鈿女命と共に「伊勢の狭長《さなだ》田の五十鈴の川上」に落ち着く。

天鈿女命は猿目君《さるめのきみ》の姓を賜る。高千穂で瓊瓊杵尊は、その地の国津神である「事勝国勝長狭《ことかつくにかつながさ》」から、「ここに国があります。勅《みことのり》のままにどうぞご自由に」と勧められ宮殿を建てる。この事勝国勝長狭とは一書第四によれば伊弉諾尊の子で亦名を「塩土老翁《しおつちのおじ》」ともいう。そして瓊瓊杵尊はこの地で「大山祇命」の娘である木花咲夜姫と結ばれる。

木花咲夜姫は一夜にして身籠り三皇子を産む。

古事記では「火照命（ホデリ）」「火須勢理命（ホスセリ）」「火遠理命（ホヲリ）＝天津日高日子《あまつひたかひこ》穂穂手見命＝彦火々出見尊」とするが、日本書紀には既に火明命の解析でみてきた通り数多くの異説が記されている。本書の系図解析によれば、彦火々出見尊は大歳命であって、瓊瓊杵尊の御子ではない。

「大山祇命　亦名　猿田彦神」とは同世代である。

ここは重要なところだが、木花咲夜姫が彦火々出見尊を産んだとする伝承を正としたのは、木花咲夜姫の血が皇統に繋がれていると残したかったからであろう。藤原不比等の創作である。

猿田彦神、事勝国勝長狭、塩土老翁、大山祇命は同体なのである。そして彦火々出見尊（山幸彦）と争う海幸彦は、古事記では火照命、日本書紀では火須勢理命、そして九鬼文書では「火照命　亦名　火須勢理命（火酢芹命）」とも記され、これと同体の猿田彦神なのである。

富士宮下文書では一連の事件は不二阿祖山高天原にてなされる。古事記等で記される「天津日高日子《あまつひたかひこ》」という名は、日高見国＝富士王朝の皇子という意味であろう。そして瓊瓊杵尊が筑紫の地へと赴くのは、海外からの侵略（外寇）に対する防衛戦であった。徐福の記す大中原の皇帝（中国）による侵攻である。富士宮下文書をみてみよう。

瓊瓊杵尊が日嗣を継ぐには正式に后を決めねばならない。后には誰もが認める皇族の血筋が必要だった。重臣たちが皇后に勧めてきたのは、大山祇命（猿田彦神）の娘である岩長姫と木花咲夜姫だ。

富士宮下文書での大山祇命は、月神・月夜見尊の皇子で、諱を白玉彦《しらたまひこ》、亦名を寒川比古《さむかわひこ》、更に亦名を正哉山住命《まさかやますみ》ともいう。そして妃が別雷命《わけいかつち》（寒川姫《さむかわひめ》）、ソサノヲの娘、彦火明命の妹である。

つまり岩長姫と木花咲夜姫の母こそは別雷命であった。伊弉冉尊（イサナミ）、神大市姫と続けて王朝の后の血を直接に引く血族である。

重臣たちは二人を揃って宮中に妃として迎え、いずれ日嗣の儀式前までに皇后を決めるよう奏上し

系図⑤　古事記の系図（改２）

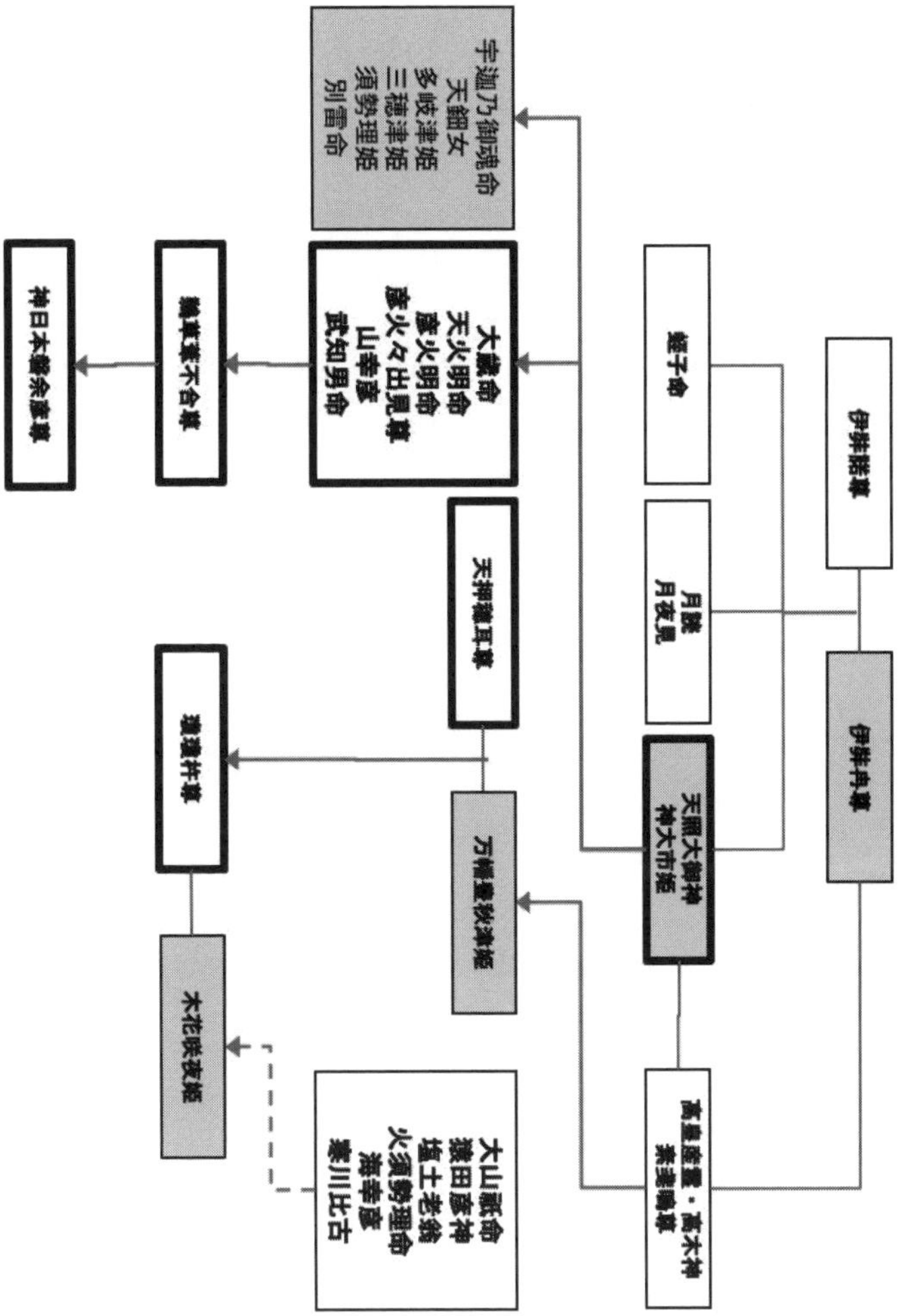

た。しかし瓊瓊杵尊は決めていた。

「木花咲夜姫を皇后となす」

そして岩長姫は宮中に上がる必要もないという。

秀真伝によれば、王朝の重臣たちは今後の安定した日嗣継承に向けて、宮中には皇后一人と妃十二人をおくと定めていた。

しかし瓊瓊杵尊は頑固だった。別雷命の血を強く引く木花咲夜姫が一人いればあとはもうどうでもよい。岩長姫の悲嘆は言うまでもない。

婚儀の段取りは決まったが、皇后の床入りは日嗣の儀式を終えてからと決められた。しかし瓊瓊杵尊は待てなかった。

夜半に忍んで、木花咲夜姫と一夜を共にしたのである。


この話を聞いた大山祇命（猿田彦神）は古事記にていう。

「私が娘二人を一緒に差し上げたというのも、岩長姫はその名の通り、御子のお命は雨が降り風が吹こうともびくともしない岩のように永遠に揺るがぬようにと、また木花咲夜姫は、桜の花の咲き匂うように栄えますようにと、このような誓約の誓いを立て差し上げたのでございます。それにもかかわらず、今、岩長姫をお返しになり、木花咲夜姫だけをお留めになったのですから、天神の御子のお命といえども、桜の花の散るように、脆《もろ》く儚《はかな》いものとなりましょう」

優しいようで厳しい言葉だ。通説ではこの言葉を以て「天皇にも寿命が与えられた（天皇が神から人になった)」というが、そうではない。瓊瓊杵尊のことを言及したのだ。イエスの予言通りになるのである。

筑紫の安曇族より緊急事態を告げる知らせが富士王朝に届けられた。大陸諸国から大倭日高見国を簒奪すべく、驚くような数の大軍が筑紫島に向かって押し寄せてくるとの報告が入る。

全軍挙げての出陣が要請された。

瓊瓊杵尊は日嗣として国防の指揮をとる。

総司令長官は、その智謀から「大物主」との官名を称する彦火明命(富士宮下文書では諱・武知男命)である。大物主神の基地は、尾張の真清田(真清田《ますみだ》神社・大神《おおみわ》神社)と記されている。真清田神社の現代の祭神は「天火明命」である。

そして軍団長に経津主命(フツヌシ)、武御雷命(タケミカツチ)、建御名方命(タケミナカタ)、八重波津見命、味鋤高彦根命、穂高見命、など総動員体制だ。

戦局は筑紫島(九州)一帯から日本海側の壱岐対馬に拡がり、また筑紫島の西側を南下した大陸軍は南島(四国)への航路に進出してきた。大船団で熊野灘を越えられて駿河・相模まで攻め込まれれば、富士王朝は存続の危機に陥る。何としても筑紫島を防衛線として守らねばならなかった。大倭日高見国では過去に経験したことのない大海戦となった。

日本海側の防衛にあたった出雲族・八重波津身命(事代主)の一族はその三代の子孫にわたって戦死となり、ここに一族は途絶えた。大山祇命の長女・岩長姫が嫁ぐことになった玉祖命《たまのおや》も、瀬戸内海周防沖の海戦で戦死してしまう。玉祖命は周防国一宮「玉祖神社」に祀られる。

瓊瓊杵尊は改めて全国の神々に母国守護の為に出陣するよう大号令を発した。富士王朝にいた木花咲夜姫は一夜にして瓊瓊杵尊の子を身籠っていたことを悟ったが、この国家存亡の危機に臨み、父である大山祇命（猿田彦神）を副将に従えて、日嗣御子の許嫁として、自ら大戦に出陣する決心をした。まるで原初の神、皇祖の霊魂が乗り移ったようだ。

木花咲夜姫と大山祇命の軍団は、四国の南側で大八島（本州）を目指して侵入してくる敵船と攻防を続け、相次いで撃沈させた。

しかしここで不幸な事件が起きる。

木花咲夜姫の出陣を杞憂した母・別雷命はその後を追おうとしたが、体調がすぐれずに伊豆三島の地にて突然に亡くなられてしまう。そして別雷命の急逝を伊予（瀬戸内海）で知った大山祇命は嘆き悲しみ悲嘆にくれ、「吾は三島へ伊久世《いくよ》」と遺言を残して伊予国の三島で謎の死を遂げてしまう。おそらく大山祇神社に繋がる秘史がありそうである。

「大山祇《おおやまつみ》神社」伊予国一宮　愛媛県今治市大三島町
祭神　本社　大山積神
上津社　大雷《おおいかずち》神　また姫神
下津社　高龗《たかおかみ》神　また姫神

木花咲夜姫が出陣したとの報告を得た瓊瓊杵尊は、筑紫島の戦線から四国の木花咲夜姫を訪ねた。許嫁同士の愛おしい再会になるはずであったが、木花咲夜姫の懐妊を聞いた瓊瓊杵尊は、その子が自分の子であるとは信じられず激高した。旧来からの粗暴で短気な性格が現れた。

瓊瓊杵尊はその後、一言も言葉を発せず、自らの船に乗って筑紫島の戦線に戻っていった。

木花咲夜姫は瓊瓊杵尊から懐妊に疑義をかけられ、張り詰めていた糸が切れてしまった。高照姫《たかてるひめ》と下照姫《したてるひめ》を引き連れて、戦線を途中で離脱して不二山に戻る。原初の神イサナミの血を受け継ぐ気質が現れたのであろうか。イサナミはイサナキと離縁する際に「あなたには負けません」と言い放った。もう二度と富士王朝には戻らないと決意を固めていた。

木花咲夜姫はそのまま不二山に登頂して投身自殺を図ったのである。

現代、木花咲夜姫は富士山を祀る浅間《せんげん》神社の祭神として有名である。おそらく古代では富士山の守護神は、国常立尊か国狭槌尊であった。

木花咲夜姫が富士山の祭神となったのは、平安時代に「竹取物語（かぐや姫）」が世に広まってからだといわれている。

富士宮下文書では、富士山に飛び込んで自死されたとするのだが、おそらく竹取物語に繋がる秘史があったのであろう。

「富士山本宮浅間神社《ふじさんほんぐうせんげん》」駿河国一宮　静岡県富士宮市
　祭神　木花之佐久夜比売命
　相殿　瓊瓊杵尊・大山祇神

浅間神社には、木花咲夜姫の和歌が伝えられる。

「人知れぬ　思いは常に　富士の根の　絶えぬ煙は　わが身なりけり」

記紀では、木花咲夜姫は出入り口のない御殿に火をつけて、その中で三人の皇子を産んだとされる。安産の神として子安《こやす》神社等に祀られる。

一方、富士宮下文書では富士山の火口に飛び込まれる。スメル神話に登場する「火山女神ニンフルサグ」の霊魂を受け継がれるのであろう。

筆者は、木花咲夜姫は命を繋いでおり、その血を後裔に繋げたものと比定する。懸命に追いかけてきた猿田彦神と天児屋根命に止められた。

二人は木花咲夜姫の決意が固いことを知り、姫は亡くなったこととして、密かに毛野の山中に匿ったのであろう。


瓊瓊杵尊は何とか外寇を防ぐことができた。戦死した神々の代償は大きなものだった。急いで富士王朝に戻るが、木花咲夜姫の悲報に接する。この噂を聞きつけた全国の神々からは、瓊瓊杵尊の対応に関する非難の声が蔓延するようになり、瓊瓊杵尊は精神的に追い詰められた。そして自らその名を「金山男」に改めたという。

皇太子の地位から降りるとの意思表示なのであろうか。

富士宮下文書も木花咲夜姫は三皇子を産んだとするのだが、ここは「記紀合わせ」の感が強い。いつまた次の外寇があるかもしれず、政局に中断は許されない緊張が続いていく。

富士宮下文書では、ソサノヲは五百歳まで、アマテラスは四百八十歳まで生きたと伝承されている。長寿が誇張される古代史であり、その真偽は別として、ここで瓊瓊杵尊は五十歳で亡くなったと記されている。

いずれにせよ瓊瓊杵尊の時代は極めて短かったと考えざるを得ない。

富士宮下文書では、彦火々出見尊の御代になっても軍神たち、すなわち軍団長の経津主命（フツヌシ）、武御雷命（タケミカツチ）、建御名方命（タケミナカタ）たちは世代交代もなく不変である。しかし総司令長官で、その智謀から「大物主」との官名を称する武知男命（大歳命・彦火明命）だけが忽然と姿を消して何も説明がない。すなわち瓊瓊杵尊から同世代または世代返りして、大物主神が彦火々出見尊になったということと全く矛盾がない、よく読み込むとそう考えられるのである。

そして富士宮下文書にも三皇子は登場する。古事記の補強になる。

「火照《ほでり》須命」　海狩を好み「海佐知比古《うみさちひこ》」

「火須勢理命《ほのすせり》」　農作を好み「農佐知比古《のうさちひこ》」

「火遠理命《ほおり》」　山狩を好み「山佐知比古《やまさちひこ》（彦火々出見尊）」という。

猿田彦神の諱は「農佐比古《のうさひこ》」、「農」は炎帝神農スメル人の称号だ。

火須勢理命の諱は「農佐知比古」であり、これは猿田彦と同体であることを暗喩している。いろいろなヒントが隠されているのである。


**「彦火々出見尊《ひこほほでみ》・猿田彦神《さるたひこ》・宇迦乃御魂命《うかのみたま》の亦名《またのな》」**


さて物語風に読んできたが、ここで後半戦の前に再度、鍵を握る三人の貴神の諱・亦名を確認しておこう。

そして「猿田彦神はイエス・キリスト」の謎に迫っていこう。

「彦火々出見尊《ひこほほでみ》」
活津日子根命《いくつひこね》（古事記・日本書紀）
天火明命《あめのほあかり》（古事記）、大年命《おおとし》・大歳命《おおとし》（古事記）
天照国照彦天火明櫛玉饒速日命《あまてるくにてるひこあめのほあかりくしたまにぎはやひ》（先代旧事本紀）
彦火明命《ひこほあかり》（籠神社）、天照国照彦火明命《あまてらすくにてらす》（日本書紀）

火遠理《ほおり》命・山幸彦《やまさちひこ》・虚空津日高君《そらつひたかのきみ》（古事記）
大物主《おおものぬし》神（日本書紀・富士宮下文書）

「猿田彦《さるたひこ》神」＝イエス・キリスト
作田彦《さたひこ》・農佐比古《のうさひこ》・大山祇《おおやまつみ》命（富士宮下文書）
寒川比古《さむかわひこ》・白玉彦《しらたまひこ》・正哉山住《まさかやますみ》命・農佐知比古《のうさちひこ》（富士宮下文書）
衢神《ちまたのかみ》・岐神《ちまたのかみ》・久那斗神《くなとのかみ》（出雲口伝）
火照《ほでり》命・海幸彦《うみさちひこ》（古事記）、火闌降《ほすせり》命・火酢芹《ほそせり》命（日本書紀）
スセリ命・ウカワ宮・シラヒゲ神・白髭《しらひげ》神（秀真伝）
彦《ひこ》ソソリノ尊（高良玉垂宮神秘書）、国底立《くにそこたち》神（籠神社）
天熊人《あめのくまひと》（日本書紀・但馬故事記）、興玉《おきたま》神（伊勢神宮）
塩土老翁《しおつちのおじ》・事勝国勝長狭《ことかつくにかちながさ》（古事記・日本書紀）
火須勢理《ほのすせり》命　亦名　火照《ほでり》命（九鬼文書）
大山祇《おおやまつみ》命　亦名　猿田彦《さるたひこ》命（九鬼文書）
伊恵須《いえす》（九鬼文書）

「宇迦乃御魂《うかのみたま》命」＝マグダラのマリア
天鈿女《あめのうずめ》命（古事記）、大宜都比売《おおげつひめ》（古事記）

豊宇気比売《とようけひめ》（古事記）、保食神《うけもちのかみ》・倉稲魂《うかのみたま》命（日本書紀）
豊受姫《とようけひめ》（但馬故事記）多岐津姫《たぎつひめ》（古事記）、須勢理姫《すせりひめ》（古事記）、
寒川姫《さむかわひめ》（富士宮下文書）、別雷《わけいかずち》命（富士宮下文書）
三穂津姫《みほつひめ》（日本書紀・富士宮下文書）、加茂沢姫《かもさわひめ》（富士宮下文書）

## 「彦火々出見尊の五人の皇子《おうじ》たち」

彦火々出見尊は古事記に記されるソサノヲと神大市姫（アマテラス）の産んだ大年命（大歳命）であり、丹後元伊勢籠神社の祭神である彦火明命であり、富士宮下文書に記される大物主神である。日本古代史においても彦火々出見尊はあまり深く研究されることがなかった。海幸彦と山幸彦でさらっと読んでしまうからだ。

日本書紀の完成直前まで籠神社は彦火々出見尊を主祭神として祀っていた。彦火明命と彦火々出見尊同体説は、籠神社独自の秘伝とされる。

初代天皇となる神武天皇の名が「神日本磐余彦火々出見尊」と彦火々出見の名を世襲しているのは、相応に重要な意味があった。海幸彦（猿田彦神）と山幸彦（彦火々出見尊）の対峙で大きな岐路を制し、そして多くの氏族の祖となって大倭日高見国の基礎を築いたということだ。

猿田彦神との対峙の前に、その皇子たちの系図概要を確認しておこう。

富士宮下文書には大物主神の系図と、彦火々出見尊の系図がそれぞれ別にある。大物主神には五男の系図があり、また出雲族・諏訪の建御名方命の長男が大國玉命として養子にきたと明確に記されている。

また彦火々出見尊には三男の系図があり、これは大物主神の五男の系図と重複するものだと判断できる。しかし富士宮下文書での皇子たちの亦名が玉柱屋命、豊城入彦命、顕國玉命、五十猛命、前玉命であり、記紀はもちろん他の古史古伝でも全く記されていない亦名もあり、当初は系図が比定できるとは全く思ってもいなかった。

しかし、この大物主神の五人の皇子の系図には、何か引き付けるものがあった。直感が反応したのである。大国主神と大物主神は明確に分かれている。大物主神の後裔の系図詳細を示すこのような古史古伝は他には無い。ここには何かが隠されているに違いないと。

そして古事記、日本書紀、但馬故事記、先代旧事本紀、秀真伝、などと組み合わせながら、また多くの先達の書見を参考にしながら比定したのが別表（系図⑧・⑨２６８～２７１頁）になる。古事記における大歳命の神裔に関する記述を参考として重要な神を見いだしたプロセスの一部を披露する。

古事記上巻十六章「海からくる神」において、大国主神（八千矛命）が少名彦名命を失って、これからどうやって国造りをしようかと悩んでいると、海原を照らして光りながらくる神があった。そしてその神は自らを奈良の御諸山《みもろやま》（三輪山）に祀ってくれと頼む。そしてこの後、突然に大歳命の神裔の説明が始まる。これは大歳命が三輪山の大物主神であることを暗喩しているのだった。ここで多くの後裔の神々の名があげられるが、ここでも重要な神は五柱だと気付いた。古事記の記述と富士宮下文書の五人の皇子の系図は何と見事に合致したのである。

「大國御魂《おおくにみたま》神」＝顯國玉《うつしくにたま》命＝彦波限《ひこなぎさ》命＝安曇氏

神活須毘《かむいくすび》神（豊玉彦）の娘、伊怒比売《いぬひめ》（豊玉姫）を妻として生ませた御子、国土の守護神である大國御魂神。

この神は彦波限武鵜草葺不合《ひこなぎさたけうがやふきあえず》尊だ。顯國玉は宇津志《うつし》國玉であり、「宇」の一族、海神である。大國玉神はいろいろなところでてくる難解な神だが、筆者は奈良の大和大國玉神社《やまとおおくにたまじんじゃ》の祭神は、鵜草葺不合尊の皇子である稲氷《いなひ》命（新羅王）の後裔の天日槍《あめのひぼこ》命と比定する。これは、但馬故事記を土台としている。また天日槍命は欠史八代の中の天皇の一人と同体である比定する。理由は大和大國玉神社の祭祀を担当する市磯長尾市《いちしのながおち》氏が、天日槍命を祀る但馬の出石神社《いずしじんじゃ》の神官と同族だからである。皇子の稲氷命は、新撰姓氏録によれば「新羅王」になったと伝えられている。

「御年《みとし》神」＝五十猛《いたける》命＝天香語山《あめのかぐやま》命＝尾張氏

蒼稲魂命の娘（但馬故事記に記載あり＝宇迦乃御魂命）、香用比売《かよひめ》（高照姫）を妻として生ませた御子、穀物の成長を司る御年神。

この神は尾張氏の祖・天香語山命だ。古事記に記されない母の名が但馬故事記には記されている。

富士宮下文書では彦火々出見尊の二男として天別天乃火明《あまわけあめのほあかり》命を記し、この後裔は小止興《おとよ》命（後の尾張国造）などに通じていて尾張氏であるとわかる。日枝神社はその祭神の系図で大年神（彦火々出見尊）の三人の皇子（大國御魂神・御年神・大山咋神）を掲げているが、これは富士宮下文書の彦火々出見尊の系図にある三皇子と同じだ。御年神は、天別天乃火明命である天香語山命だ。そして皇子は天村雲《あめのむらくも》命、五瀬《いつせ》命の一族であり、丹後元伊勢籠神社の系図になる一族である。五十猛命とは世襲名である。

須佐之男神《すさのをのかみ》——大年神《おおとしのかみ》

- 大國御魂神《おおくにみたまのかみ》
- 御年神《みとしのかみ》
- 大山咋神《おおやまくいのかみ》
  - 別雷神《わけいかづちのかみ》

資料③　日枝神社の系図

「大山咋命《おおやまくい》」＝丹波氏・海部氏・賀茂氏
別名は山末之大主神《やますえのおおぬしのかみ》。この神は日枝・松尾神社の祭神として有名。

古事記では母の名を天知迦流美豆比売《あましるかるみずひめ》とするが、但馬故事記では「火産霊命（ソサノヲ）の娘、天照瑞姫命《あまてるみずひめ》」として、父の名までも記載されるのでわかりやすい。市杵嶋姫命の皇子が大山咋命だ。

籠神社では、彦火明命の二人目の妃として佐依姫《さよりひめ》（市杵嶋姫）を記されているが、皇子が大山咋命であることはほとんど強調されない。

市杵嶋姫は勘注系図によれば「亦名　天照大神」とも記されており、但馬古事記の天照瑞姫という名は相応しいだろう。海部宮司も「宗像三女神の中で最も天照大御神に似ていた」と評価されている。

更に、亦名　道主貴《みちぬしのむち》、亦名　他紀理姫ともあり、海神であるともされる。

大山咋命の富士宮下文書での亦名は、豊城入彦《とよきいりひこ》・三穂武男《みほたけお》とされるが、系図の後裔として「丹波国真名井原之豊受神宮守護司子孫継承」と付記されている。海部氏・丹波氏で間違いない。

大山咋命は玉依姫を娶って賀茂別雷命《かもわけいかずち》を産む。賀茂氏でもある。

日枝神社の系図は大山咋命の子に賀茂別雷命を記しており、これは海部宮司による籠神社秘伝「彦火明命と賀茂別雷命は同体」説とも合致する。多次元同時存在の法則（祖父と直系の孫、霊魂は同体）だ。賀茂別雷命の兄が櫛御方命（古事記では御毛沼命）であり、秀真伝前半の著者と伝えられる。

「羽山戸神《はやまと》」＝胆杵磯丹杵穂命《いきしにきぎほ》＝物部氏
母の名は古事記では隠された。（大山咋命と同母扱いとされた）

この神が食物の神である大気都比売《おおげつひめ》神を妻として生ませた御子は、若山咋《わかやまくい》命。オオゲツヒメは宇迦乃御魂命の血を引くとの暗喩である。

但馬故事記では、天火明命は天熊人（猿田彦神）の娘、熊若姫《くまわかひめ》命（岩長姫）を娶り、稲年饒穂《いきしにぎほ》命（胆杵磯丹杵穂命）を産むとある。

宇迦乃御魂命の娘、岩長姫を娶って生まれた物部氏・宇魔志麻遅《うましまじ》命の父だ。先代旧事本紀では天照国照彦天火明櫛玉饒速日命の亦名として挙げているのが胆杵磯丹杵穂命だ。この神こそが饒速日命なのだ。

「大土神《おおつち》」＝玉柱屋《たまはしらや》命＝櫛玉《くしたま》命＝宇治土公《うじつちのきみ》（伊勢）

同じく母の名は古事記では隠された。

別名は土之御祖《つちのみおや》神ともあり、神宮外宮の別宮である土宮《つちみや》で祀られる神だ。伊雑宮に祀られる玉柱屋姫《たまはしらやひめ》は、玉柱屋命の皇女であろう。

伊勢風土記逸文等で伝承に登場し、朝熊《あさまやま》山にも祀られる櫛玉命と比定する。両親の系図は筆者比定だが、系図をはっきりと記す傾向の強い但馬故事記において、牛知御玉《うしろみたま》命だけが極めて曖昧にぼかしていて、角凝魂《つぬごりたま》神（ソサノヲ）の娘、神水姫《かむみずひめ》（宇迦乃御魂命）とある。

やはり出生の秘密を隠したかったようだ。大歳命と宇迦乃御魂命の御子こそ「櫛玉命」、亦名を大土神、そしてその皇子の名は太田命、現代の伊勢宇治土公《うじとこ》氏の祖先、猿田彦神を祖神と祀る一族である。

但馬故事記は貴重な古史古伝だが、吾郷清彦氏はこれを「異録四書《いろくよんしょ》」として位置付けされている。この系図分析は、古事記と富士宮下文書、そして但馬故事記を総合的に分析できた結果である。彦火々出見尊の更なる後裔系図分析は後段で進めることとするが、いずれにせよ、この五人の皇子たちの後裔に神武天皇がいることは間違いない。神武天皇は「彦火々出見」の世襲名を継いでいる。記紀では鵜草葺不合尊の四男を神武天皇とするが、まだまだ解決すべき謎は多い。

## 「海幸彦《うみさちひこ》と山幸彦《やまさちひこ》の伝承地」

これまでの分析から、瓊瓊杵尊の早逝により猿田彦神と彦火々出見尊は、海幸彦と山幸彦として、いずれかが大倭日高見国の大君を継ぐべく対峙した、あるいは皇族から推されたものと想定できる。ソサノヲの御子と入婿である。ソサノヲが介入した形跡は見られない。

両者の陣地はそれぞれどこにあったのだろうか。そして海幸彦と山幸彦の対決はどこで行われたのだろうか。多くの伝承がある。

まずは最南端の鹿児島からみていこう。

三浦敦雄氏の『天孫人種六千年史の研究』で、天孫族（スメル族）の序列第一位として初めに記されるのが「大隅国天孫・彦火々出見尊」であり、鹿児島神宮を「正八幡《せいはちまん》」として位置付けている。

現代で八幡神社の本社といえば宇佐神宮の応神天皇を想定するが、三浦氏は「八幡は彦火々出見尊である」と明言されている。「天孫族が祀った最高神は『海神ヤー』であり、八幡（ヤハタ）のヤーはスメル語の海神エア（水神エンキのアッカド語）」だという。海幸山幸伝承地のひとつである。

「鹿児島神宮《かごしまじんぐう》」大隅国一宮　鹿児島県霧島市
祭神　彦火々出見尊（山幸彦）・豊玉比売命

そして次の天孫族（スメル族）序列第二位として記されるのが、「吾田大隅火闌降族《あったおおすみほのすせり》と牧開神《ひらさきのかみ》」である。

この地は薩摩富士と称される開聞岳《かいもんだけ》を神奈備とする地だ。

筆者は夕刻の航空機から初めて開聞岳を見た時、本当の富士山かと見紛うほどであったことを思い出す。

「牧開神社《ひらさき》」薩摩国一宮　鹿児島県指宿市
祭神　大日霊貴命
（伝　猿田彦命・塩土老翁《しおつちのおじ》・彦火々出見尊）

火闌降（ホノスセリ）族はスメル人の中の本流の中の本流という扱いである。記紀では隼人族の祖ととられがちだが、火闌降命が隼人族を配下として統率していたのであろう。

牧開神社の祭神伝承にある塩土老翁《しおつちのおじ》は、古事記での塩椎神《しほつちのかみ》と同体だ。

彦火々出見尊を竹の目籠に乗せて竜宮城までの段取りをする神、この神は「底・中・上」の住吉三神が一人の人格神の姿となった時の海神、すなわちスメルの水神エンキの霊魂を受け継ぐ天孫族の守護神である。

亦名を事勝国勝長狭神《ことかつくにかちながさのかみ》ともいい、瓊瓊杵尊の天孫降臨も支えた。

またこの大隅半島・吾田の地は、古事記で瓊瓊杵尊が天孫降臨で降りた地であり、ここで大山祇命に会い、木花咲夜《このはなさくや》姫《ひめ》を娶る。木花咲夜姫の亦名は、神吾田津比売（カムアタツヒメ）、アタは吾田の地を示す。

富士宮下文書では、これらの神々の面会は不二山の阿田津山（アタツヤマ）にてなされるが、吾田（アタ）の地が示唆されることは重要だ。吾田の地を治める火闌降命が猿田彦神、大山祇命であり、その娘、吾田津姫が木花咲夜姫であると比定することができる。

谷川健一氏は、猿田彦神の原点を沖縄のサダル神（国津神）にあると想定されている。筆者は猿田彦神をスメル人の直系と比定するが、いずれにせよ「海のスメル人」として、南方から海路を航海にて渡来してきたことは間違いないだろう。

沖縄から船で北上すると、まず開聞岳がその雄姿を見せるという。

猿田彦神の大倭国での最初の陣地はおそらくこの吾田大隅国だったに違いない。おそらく鹿児島神宮を拠点の一つとしていた彦火明命とも、鹿児島湾を巡って最初の海幸山幸交流があったのであろう。その後は、八千矛命をリーダーとした軍団を結成して活躍した。

次に筑紫（九州北部）での伝承をみておこう。
高良大社には物部氏の書といわれる「高良玉垂宮神秘書《こうらたまだれのみやしんぴしょ》」が伝わる。

「高良大社《こうらたいしゃ》」明神大社　福岡県久留米市
　祭神　高良玉垂命・八幡大神・住吉大神

一部を原文で引用する。

「天照大神ノ御子、四人ヲハシマス。三人ハ天照大神より四代マテ継賜フ。正哉吾勝勝速日天忍穂耳尊ノ御弟ヲハ天津彦々火瓊瓊杵尊、コノ御弟ヲハ彦火々出見尊、コノ御弟ヲ『彦ソソリノ尊』と申タテマツル。
コノ『彦ソソリノ尊』ハ神代ヲツカセタマハサルユエニ、海ノタウクヲマイラセラルル也。有事、御弟彦ソソリノ尊エ、ツリハリヲカリ賜イテ、兄の彦火々出見尊ハ、海原ニ出賜イテ、ハリヲ海ニ入レ賜フ。（以下　山幸彦・海幸彦説話に続くが詳細省略）」

高良玉垂宮神秘書は中世に成立したとされるが、カタカナで記されている。天照大御神の四人の皇子を兄弟承継とする伝承も大変興味深い。

瓊瓊杵尊と彦火出見尊は兄弟となっている。誓約神話の影響と思われるが、本書の系図比定でも瓊瓊杵尊と彦火々出見尊は同世代か一つ上の世代であった。そしてここに弟として登場する『彦ソソリノ尊』とは、彦スセリノ命（猿田彦神）のことであろう。母音転訛すると、ソソリ（SoSoRi）とスセリ（SuSeRi）は同名である。兄と弟が逆転していることも大変興味深いが、海幸山幸の勝負で彦火々出見尊に敗れた後、

『神代を継がせ賜わざる故に、海の遠くへ行った』

と、彦セセリノ尊（猿田彦神）が記されることが貴重な伝承である。

渡来神であった猿田彦神は、再び海外へ旅立ったのであろうか。

更に古史古伝を追っていこう。

彦火明命は安曇族・穂高見命の妹である豊玉姫《とよたまひめ》を妃に迎えた。

彦火明命と豊玉姫は対馬の竜宮城へと新婚旅行に出かけたという。

「和多都美《わたつみ》神社」長崎県対馬市

祭神　彦火々出見尊・豊玉姫

豊玉姫は顕国玉命《うつしくにたま》（亦名　豊玉彦《とよたまひこ》・彦波限武鵜草葺不合尊《ひこなぎさたけうがやふきあえず》）を産む。記紀ではこの皇統を天皇家の祖とした。対馬は朝鮮半島の眼前にある。

彦火明命はソサノヲの皇子として五十猛命の亦名も持っている。おそらく父と一緒に朝鮮半島へも何度も出掛けていたはずである。

彦火々出見尊の本陣、丹後の籠神社でも猿田彦神を祀っている。

先々代・海部穀定氏『原初の最高神と大和朝廷の原始』を引用する。

「猿田彦大神を大田神《おおたた》（大田田根古《おおたたねこ》）と申すと共に、国底立神《くにそこたち》、気神《けしん》、鬼神《きしん》、興玉神《おきたま》と申す。（中略）鬼神の鬼が如何なる信仰であったかということについては今後更に問題になりえるであろう」

海部宮司のこの記述は極めて重要なことを示唆されている。

まず猿田彦神（の後裔）を大田命と大田田根古命と明示されることだ。この大田田根古命は、第十代・崇神天皇の御代に現れて、神祇の再興により太平の世をつくることに貢献した神として有名だが、その出自は全く明らかになっていなかった。欠史八代の天皇の系図分析に極めて重要になる。大田田根古命は猿田彦神の後裔だった。

国底立神なる呼称も参考になる。この神は国常立尊の反対側（底）から地球を守る神だと伝承されている。猿田彦神の偉大さを表すようだ。

興玉神は伊勢神宮内宮の地を提供した神、内宮の守護神として御垣内《みかきうち》に鎮座する。「鬼神なる信仰」については言及を控えられたが、これはおそらく原始キリスト教（景教）を示唆されるものであろう。

古語拾遺《こごしゅうい》では、伊勢内宮の五十鈴《いすず》の川上の地は、後の倭姫命の為に、猿田彦神が「予め幽れたる契り」により、天逆太刀《あめのさかたち》、逆鉾《さかほこ》、金鈴《きんのすず》を安置した。秀真伝では、アマテル神から猿田彦神へ次のように遺言した。

「マタサルタ　ムカシサツクル　サカホコギ　ウツクシキスズ
ハイキタチ　カカンノンデン　トキマチテ　ミチアラワセヨ」

「カカンノンデン」は難解だが、「考えに考え、それをしっかり述べ、そして実行する、これらを完璧に行うこと」の意であるという。

秀真伝の男神アマテルの謎については最後に解くが、いずれにせよ、ここでは猿田彦神は大元霊神であるアマテル神の神格神を引き継げるような人格神であったということと考えておこう。

伊勢周辺には猿田彦神を祀る神社が多い。

「猿田彦《さるたひこ》神社」三重県伊勢市
　祭神　猿田彦大神・大田命
猿田彦神の後裔・宇治土公氏が明治になって創建された神社である。
「椿大神社《つばきおおかみやしろ》」三重県鈴鹿市
　祭神　猿田彦大神

相殿　瓊瓊杵尊・栲幡千千姫
配祀　天之鈿女命・木花咲耶姫命

椿大神社は、第十一代・垂仁天皇の皇女・倭姫命の神託により創設されたと伝わる。そしてここには猿田彦神の墓「土公神陵《どこうしんりょう》」がある。
当社伝承では、倭姫命は猿田彦神の血を受け継いでおり、第六代の卑弥呼《ひみこ》でもあるという。筆者は天照大御神〜宇迦乃御魂命〜木花咲夜姫と続く女系の血族が、推古天皇に至るまで、大倭日高見国の皇統を支えたものと比定している。

次に琵琶湖西岸にある高島の地をみておこう。
秀真伝で瓊瓊杵尊が猿田彦神に初めて会ったのはこの地である。そしてこの地こそ、秀真伝が古代から昭和まで保存されていた地でもある。

「水尾《みお》神社」明神大社　滋賀県高島市
祭神　磐衝別《いわつくわけ》命・姫神
（伝　猿田彦神・天鈿女命）

現代の祭神は磐衝別命とされているが、かつては猿田彦神と天鈿女命の二柱としていた伝承がある。磐衝別命は三尾君《みおのきみ》・羽咋君《はくいのきみ》の祖と伝わるが、筆者はこの神を第十三代・成務《せいむ》天皇、第二代の武内宿禰《たけのうちすくね》、毛野氏の祖・彦狭嶋命《ひこさしま》だと比定している。磐衝別命は猿田彦神の「天成る道」を学ぶために猿田彦神を祀る当社に来住したのだと伝承されている。

「天成る道（アメナルミチ）」とは、筆者もまだとてもその極意には至らないのだが、秀真伝が伝える古神道の体系と教義そのもの、「トの教え」である。

渡来神でありスメル人の直系とも想定できる猿田彦神が、この古神道「天成る道」「トの教え」を学ぶために、ここにやって来たとしたらどうだろうか。

猿田彦神はソサノヲと同じように、原初の神であるスメル神話の神々が、日本を祖国としていたことを知っていたのであろう。

秀真伝に登場する瓊瓊杵尊の三人の皇子たちの諱は次の通りである。

ホノアカリ　ムメヒト
ホノスセリ　サクラギ（山幸彦・猿田彦神＝ウカワミヤ＝鵜川宮）
ホオテミ　ウツキネ（海幸彦・彦火々出見尊）

秀真伝で初めに登場する大山祇命は「サクラウチ」と呼ばれており、ホノスセリ命の「サクラギ」との亦名は、大山祇命を襲名したことを示唆するものであろう。そして木花咲夜姫の亦名である「桜大刀自・サクラオオトジ」の「サクラ」にも通じるものだ。

竹内睦泰氏は講演動画にて、「海幸彦と山幸彦は、民族対民族の闘争の示唆である」と述べられている。また「古事記では三人兄弟の中で火須勢理命（スセリ命）についてのみ何も記載が無いが、実はこのスセリ命とは『スセリ姫』のことなのです」とも述べられている。

講演の聴衆には何のことだがさっぱり伝わらなかったのだが、筆者は後になってこの発言の意味がよく理解できた。通説ではスセリ姫といえば、古事記で大国主神の妃になるソサノヲの末娘のことをいう。

「スセリ命とはスセリ姫のことだ」との示唆は貴重だった。これは、「スセリ命とスセリ姫は同体、すなわち夫婦である」との示唆である。

秀真伝でも、「ウカワミヤ（スセリ命）メドルスセリメ（スセリ姫）ミコヲウム」、スセリ命はスセリ姫を娶って子を産んだと記している。

ようやくここで、ソサノヲの次女である須勢理姫（スセリ姫・多岐津姫・宇迦乃御魂命・三穂津姫・別雷命）は、大国主神が早逝された後、猿田彦神と結ばれたのだと比定できたのである。

秀真伝では、スセリ命はスセリ草という薬草で鵜草葺不合尊の病気を治したことから「シラヒゲカミ」という称号を彦火々出見尊から賜る。白髭《しらひげ》神社の祭神は猿田彦神で、スセリ命は猿田彦神だと暗喩している。

「白髭神社」滋賀県高島市鵜川

祭神　猿田彦命

清川理一郎《きよかわりいちろう》氏は、水尾神社社司の明治時代の筆を伝える。

「大昔、火酢芹命《ほのすせり》の嫡子・珍彦《うずひこ》が八歳の時、蟹毒《かにどく》が総身に出て疱瘡《ほうそう》になった。そこでその祖父の白髭神《しらひげかみ》が酢芹餅《すせりもち》でこれを治療してやった」

難解だが、とにかく秀真伝は昭和まで全く世にでていなかったのだ。

筆者には水尾神社社司が、「何とか水尾神社の、猿田彦神の秘密を解いて、世に知らしめてくれ」と訴えかけている言葉としか思えない。

白髭神社の社名と塩土老翁《しおつちのおじ》の神名は、「白髪の老翁の姿」を強く想像させる。スメル神話の「水神エンキ」の姿ではないだろうか。

富士王朝の周辺をみておこう。

「産屋ケ崎《うぶやがさき》神社」河口浅間神社末社

祭神　彦火々出見尊・豊玉姫・鵜草葺不合尊・玉依姫

河口湖沿いの小さな社。浅間神社の祭神・木花咲夜姫が御子・鵜草葺不合尊の為に、産衣を持って会いに来たという伝承を伝えている。

豊玉姫は、富士吉田周辺で非常に多く祀られている。

富士宮下文書は、彦火々出見尊が皇祖を祀る高天原七宗廟を創設し、その中の一つに大山祇命夫婦（寒川比古・寒川比女）を皇族と同様に祀ったと記している。大山祇は世襲名であり、大山とは富士山である。

大山祇命を順次襲名したとされる神の候補を纏めておこう。

「大山祇《おおやまつみ》神社」伊予国一宮　愛媛県今治市
　祭神　大山積《おおやまつみ》神（一説　面足《おもたる》尊）
「大山阿夫利《おおやまあふり》神社」神奈川県伊勢原市
　祭神　大山祇大神（一説　徐福）
「寒川《さむかわ》神社」相模国一宮　神奈川県高座郡
　祭神　寒川比古命（本書　大山祇　亦名　猿田彦神）
「三島《みしま》大社」伊豆国一宮　静岡県三島市
　祭神　大山祇命（本書　三島溝咋命＝賀茂建角見命）

猿田彦神は不二阿祖山高天原では大山祇命を襲名していた。

相模国一宮・寒川《さむかわ》神社の祭神は「寒川比古・寒川比女」とされ、謎の神なのだが、おそらく猿田彦神と宇迦乃御魂命であろう。寒川神社は全国唯一の「八方除《はっぽうよけ》」（あらゆる方角、すなわち身に降りかかるすべての厄災から身を守る御神徳）で有名だが、岐《ちまた》の神《かみ》・みちびきの神である猿田彦神が祭神なら納得だ。寒川神社は富士宮下文書の保存元でもある。

房総半島と九十九里浜に行こう。

玉前神社は彦火々出見尊の一家が集まる「上総十二社祭」が有名だ。

「玉前《たまさき》神社」上総国一宮　千葉県一宮町

祭神　玉依姫命（彦火々出見尊・豊玉姫・鵜草葺不合尊）

ここは「玉前さまものがたり」という海幸山幸伝説を伝承している。

九十九里浜中程の芝山町には、田中英道《たなかひでみち》氏の著作で「ユダヤ人埴輪《はにわ》」が有名になった芝山古墳（芝山はにわ博物館）がある。

そして更に北上すると猿田彦神の陣地だったと思われる神社がある。

「猿田《さるた》神社」千葉県銚子市猿田町

祭神　猿田彦大神・天鈿女命・菊理媛命

第十一代・垂仁天皇時代の創建とされる古社で、寒川神社と同じく古くから八方除けで信仰された。近代になってからだが、東京巣鴨の「巣鴨猿田彦大神庚申堂《すがもさるたひこおおかみこうしんどう》」もこの猿田神社から勧進した由緒がある。

別宮の猿田神社元宮には「猿田彦大神御降臨の地」の碑がある。

この九十九里浜にユダヤ人が続々と上陸してきたのだろうか。

猿田彦神は、出雲の国譲りの後、フツヌシ（香取神宮）・タケミカツチ（鹿島神宮）を先導して全国平定にあたった。どこまで行ったのか。

「静《しず》神社」常陸国二宮　茨城県那珂市

祭神　建葉槌神《たけはつち》（本書　猿田彦神・木花咲夜姫）

副神　天手力男命・高皇産霊神・思兼命

建葉槌神はフツヌシ・タケミカツチと共に天津甕星《あまつみかほし》（天香香背男《あめのかかせお》）を討ったという謎の神だ。静神社は横削ぎの女千木《おんなちぎ》、桜に丸の紋であり、真の祭神は木花咲夜姫、おそらく建葉槌命は父・猿田彦神だ。

天香香背男は、国譲りの後に天孫族に少しでも抵抗できるとすれば、毛野に隠居していた元出雲大名持・天之冬衣しかいないだろう。

写真④　御岩神社（斎神社）の龍神
（筆者撮影）

「御岩《おいわ》神社」常陸国最古　茨城県日立市
　全山百八十八柱
祭神　国常立尊・大国主命・伊邪那美命
　他二十三柱
斎《さい》神社　八衢比古《やちまたひこ》命（猿田彦神）・八衢姫命
　（宇迦乃御魂命）

御岩神社の境内社・斎神社の八衢比古命は猿田彦神であろう。
社屋の天井には迫力ある「龍」の絵が描かれている。エンキ神だ。

「塩竈《しおがま》神社」陸奥国一宮　宮城県塩竈市
祭神　別宮　塩土老翁《しおつちのおぢ》神（一説　猿田彦神）
　左宮　武甕槌神（タケミカツチ）
　右宮　経津主神（フツヌシ）

猿田彦神は、やはり塩竈神社までは確実に来ていたようだ。

もっと北の東北の神社にも実に多く祀られている。

筆者は当初、塩土老翁は猿田彦神とは全く別の神だと考えていた。塩土老翁は、山幸彦（彦火々出見尊）が海幸彦から借りた釣り竿の針を失くして途方に暮れている時、山幸彦のために籠をつくって海神の竜宮城まで海流に乗せて送り出してくれたという神だ。ケンカした兄・海幸彦と助けてくれた塩土老翁がどちらとも猿田彦神であると考えると、物語の中での神々の位置付けにどうしても違和感があったからだ。

しかし塩竈社縁起によると、塩竈神社の由緒に特別の関心を抱いた江戸時代の第四代仙台藩主伊達《だて》綱村《つなむら》は、「猿田彦神、事勝国勝長狭、塩土老翁、岐神、興玉神、大田命の六座（六柱）は同体である」との確証に至ったという。まだ何か他にも隠された秘密がありそうである。

ではいよいよ海幸山幸決戦の場所と思われる若狭湾に行こう。

彦火明命の本陣は丹後元伊勢籠神社であることに間違いはない。おそらく但馬・丹波から由良川〜加古川を物流路として開拓して、瀬戸内海側の播磨・吉備へも進出したのだろう。ここは日本で最も低い分水嶺で川の流れが緩やかなため、船を利用して大量の軍団や物資を迅速に移動させるには最適の経路だ。この地を基盤としたことが、後の彦火明命の成功を支えることになる。近くには高御位山もある。周辺には大歳命を祭神とする神社が非常に多く残っている。

「八代大歳《やしろおおとし》神社」兵庫県姫路市

祭神　大歳命　（素戔嗚尊の御子）

大山咋命（大年神の御子・別名　山末之主神）

丹後での彦火明命の妃は市杵嶋姫《いちきしまひめ》、宗像三女神の一人、父ソサノヲ、母は櫛稲田姫という異母兄妹である。そして二人の皇子が大山咋命だ。

市杵嶋姫の本陣は瀬戸内海の安芸の多祁理の宮だったであろう。

「厳島《いつくしま》神社」安芸国一宮　広島県廿日市市

祭神　市杵嶋姫命・田心姫命・多岐津姫命

若狭湾には、富士宮下文書で和加彦命《わかひこ》（大山咋命の御子）が父母のために建立したともされる若狭彦神社がある。

「若狭彦《わかさひこ》神社」若狭国一宮　福井県小浜市

祭神（上社）　彦火々出見尊

（下社）　豊玉姫命（若狭姫神社）

境内社の日枝《ひえ》神社（大山咋命）には、全国で唯一とされる「夢彦《ゆめひこ》神」「夢姫《ゆめひめ》神」が祀られる由緒がある。

若狭彦神社の祭神も微妙だ。

現代の宮内庁治定陵墓では、天津日高彦火々出見尊は「高屋山上陵《たかややさんじょうりょう》（鹿児島県霧島市）」に祀られている。

富士宮下文書は、「不二阿祖山高天原」で祀られたとする。

そして秀真伝は、彦火々出見尊は「伊奢沙別宮《いささわけみや》（気比神宮）」に祀られたとする。気比神宮は彦火々出見尊と間違いなく因縁がある。

「気比神宮《けひじんぐう》」越前国一宮　福井県敦賀市

祭神　伊奢沙別命《いざさわけ》

仲哀天皇・神功皇后・応神天皇

日本武尊・玉姫命・武内宿禰

現代の気比神宮の祭神は伊奢沙別命（イザサワケ）。

おそらく皇族が困った時、または皇族同士の諍《いさか》いを治める神なのであろう。伝承では亦名を御食津《みけつ》大神《おおかみ》と伝えるが、この神は大元霊神である天御中主神《あめのみなかぬし》・天常立尊《あめのとこたち》・国常立尊《くにとこたち》の三柱であり、「天地人三神一体」とも伝わる。天の時、地の利、人の和を生み出す。彦火々出見尊と猿田彦神の対峙をこの神が治めた。伊奢沙別命には多くの神々が重ねられている。気比神宮は、第十五代・応神天皇の時代に再び皇族同士の諍いを治めたことで知られている。おそらく仲哀天皇以下の六人の祭神は、後の世にて原初の神々に喩えられたものであろう。古代史は繋がっている。

気比神宮社域の東北にある旧敦賀北小学校の校庭跡に「土公《どこう》」といわれる古代祭祀の神宮がある。この「土公」は気比大神降臨の地とされる聖地であり、古来より「触るべからず畏《かしこ》み尊ぶべし」「この土砂をその地に捲けば悪しき神の祟りなし」と伝えられる。当神宮創紀は二千年以上の神代に遡り、当初は土公の地で祭神を祀ったという。平安時代には名僧伝教大使《でんきょうたいし》・最澄《さいちょう》と弘法大師《こうぼうだいし》・空海《くうかい》も、この土公前で七日七夜の大行を修めたと伝えられる。

秀真伝で気比神宮に彦火々出見尊が祀られたと伝える影響であろうか、この土公を彦火々出見尊の陵だとする見解も多いようだ。

しかし本書では、この土公は猿田彦神の降臨した場所だと比定する。これまで分析してきた系図解析から、この「土の神」は、伊勢の大土御祖神、大土神、大田命、宇治土公氏への繋がる猿田彦神の血族だからである。但し「土公」が猿田彦神であっても、この気比神宮に彦火々出見尊と二人で居住していたことも十分に考えられる。

秀真伝ではニニキネ（瓊瓊杵尊）から、ウツキネ（彦火々出見尊）とスセリ（猿田彦神）の二人に対して、二人で北の津へ行き、二人で治めるようにとの指示が出る。この「北の津」が気比神宮だろう。

ウツキネスセリ　キタノツニ　ユキテオサメヨ
イササワケ　アレバムツメヨ

「イサワケ　アレバムツメヨ」とは、二人に多少の蟠《わだかま》りがあっても、そこで仲よくせよ、ということであろう。

越前国風土記は、「気比神宮は宇佐神宮と同じ神を祀る」とする。

宇佐神宮の宇佐《うさ》託宣集《たくせんしゅう》によれば、この神は「古《いにしえ》、我は震旦国《しんたんこく》の霊神なり。今は日域（日本）守護の誓神なり」といったと伝えている。

震旦国とは徐福が残した支那震旦国皇代歴記と同じ、スメル人の故郷のことである。

## 「猿田彦神」

「天孫人種六千年史の研究」は、猿田彦神を「神の王」だとする。

同書は言語考古学（スメル語）とスメル神話の観点から猿田彦神を分析しているので、その要点を説明しよう。

天孫降臨で猿田彦神が現れた「八衢《やちまた》」とは、セミチック・バビロニアン語チアマット（Tiamat）と同語の「海」「海神」という意味である。

猿田彦神の「猿」は、同語のシャルリ（Sarri）またはサル（Sar）で「王」という意味。同語系統になるヘブライ語のサルは「大名」、タは助詞で、サルタは「神の王」という意味である。

日本に伝わった最古の海神は本来「海神ヤー」の名を有したという。

海神ヤーを最高神とし、氏族毎に日神、更に火神などを祀った。

海神ヤーはエア神(アッカド語)、エンキ神(スメル語)と同じ神である。すなわち猿田彦神こそは「海神ヤー＝水神エンキ」であり、日神ウツは海神の子としてこれに継ぐ。海神はまさに神の王であった。スメル神話で最上の天は天神アン、その次の天は風神エンリル、最期の最も地上に近い天こそ海神ヤー（エンキ神）の天である。したがって高天原と地の間にある衢とは、すなわち海神ヤーの天なのである。

古事記では伊勢の阿邪訶《あざか》の海で天鈿女命が魚類に忠誠を誓わせるが、これは魚類が元より海神（猿田彦神）の家来だったということで、同地で猿田彦神が隠れたということは、出雲の国譲りと同じく猿田彦神が持つ海神としての権力を天日嗣御子に譲ったということを意味する、という。

非常に興味深い。猿田彦神は神の王であり、水神エンキ（海神ヤー）の霊魂を引き継ぐというわけだ。筆者は彦火々出見尊は日神ウツの霊魂を引き継ぐと考えており、少なくともこの時点、すなわち海幸山幸対決の前半戦では、海幸彦＝猿田彦神の方が神としての霊力は相当強かったのであろう。

そして猿田彦神は、塩土老翁として再び登場して、悩む山幸彦（彦火々出見尊）に海流に乗ることを勧める、というわけだ。

一方、日本では猿田彦神の神格はどのように伝えられたのだろうか。

平安時代以降では、青面金剛《しょうめんこんごう》と共に「庚申信仰《こうしんしんこう》」でも猿田彦神が祀られて広く民衆まで身近な存在として浸透している。

小花波平六《こばなわへいろく》氏は、庚申待ちで飾られる猿田彦神の肖像画を見て、その姿から古代中国の炎帝神農を強く想起されたという。神農は医療の神として東京湯島聖堂の神農堂に祀られ、年に一度の神農祭で開帳される。

筆者は庚申信仰を始めたのは善光寺と聖徳太子だと比定しているが、ここでは語り切れないので紹介するに留めておく。


江戸時代の垂加神道《すいかしんとう》（山崎闇斎《やまざきあんさい》）の伝承を引用しておく。

「猿田彦神は行く先が見え、眼光鋭く輝き、物の先駆けとなり、力強く精力絶倫、何事にも負けず、いかなることも成し遂げる、不撓不屈《ふとうふくつ》、健康無比《けんこうむひ》。しかも有能な神通力、霊力を発揮できる神である」

「『天成る道』の根源である猿田彦神は、万有一切を神化せしめ、あらゆる罪、咎、穢れ、方災《ほうさい》（犯してしまった方位などから来る災い）を除ける『大祓根本神《おおはらえこんぽんのかみ》』でもある」

「神道の神髄である『神ながらの道』とは、天地大自然の摂理法則に従って生きる神そのままの道のことで、『命を保っていること＝神道』とは、天の恵みを受け、日・月・星の光が地球上に与えられ、万象万有が生きているという実存のことである」

最高神の一人として祀られたことは間違いない。

そして彦火明命は「天照国照尊《あまてるくにてるのみこと》」となり、猿田彦神は「国底立尊《くにそこたちのみこと》」となる。古事記では猿田彦神が海の底に沈んだ時、底に届く意味という亦名を「底度久御魂《そこどくみたま》・都夫多都御魂《つぶたつみたま》・阿和佐久御魂《あわさくみたま》」とするのだが、これは猿田彦神がスメル人の海神の「三位一体」、すなわち水神エンキの霊魂を引き継ぐことを示すと共に、彦火々出見尊の王権をその反対側（裏側）から支える民を見守る神となったことを示唆するものだろう。

秀真伝で猿田彦神の最も印象的な事件をひとつ紹介しておこう。

中臣氏の祖・天児屋根命《あめのこやね》は、死んだ人をも生き返させるという霊返《たまかえ》しの呪術をソサノヲから受け継いでいた。この呪術は中臣氏（物部氏）と忌部氏（天二上命《あめふたえ》＝天村雲命《あめのむらくも》・尾張氏）にしか伝授されていなかった。

猿田彦神はどうしてもこの呪術を教示してほしいと懇願していたが、遂にその願いが適わないうちに天児屋根命は亡くなられてしまった。

猿田彦神は急ぎ葬儀に出向き、その最中にもう一度、天児屋根命に心から祈って頼んだのである。するとと瞬時、天児屋根命は生き返り、

「ナンチヨク　ワスレズキタリ　ミモスソヨ　コフハコレゾト　サヅケマス」「汝、忘れずによく来た。望みのものはこれであろう」

と言って、喪服の裾から秘伝の書面を取り出して猿田彦神に授け、そして遂に永遠に目を閉じられ

たのである。驚きの瞬時の霊返しである。

猿田彦神は霊返しの呪術を受け継ぐことができたのだ。猿田彦神は、古神道の奥義を天成《あめな》る道《みち》（神ながらの道）として極めていた。死から復活したともされるキリスト伝承に通ずるものがありそうだ。猿田彦神がイエスだとすると、天児屋根命はやはりレビ族なのかもしれない。

秀真伝では、イサナキとイサナミの御子・アマテルは記紀とは異なり男神である。産まれた瞬間から自らの名を「ウヒルキ」と声に出されたという。「宇日霊杵尊」という言霊であろう。「宇」の一族・海神だ。

この男神アマテルは大元霊神として物語に登場させたものであろう。

秀真伝では大君たちが次々と逝去されていく中で、一人男神アマテルのみが、イサナキの御代から縦に繋がる親子系図をウガヤフキアエズの御代まで、一際長い期間を生存されたとしているからだ。

男神アマテルは誰の霊魂を引き継いでいるのだろうか。

おそらく古代イスラエルのダビデ王であろう。ヒントは一人の皇后と十二人の妃を持つことだ。

ダビデ王も同じく皇后と十二人の妃がいた。

男神アマテルは誰を自分の霊魂を引き継ぐものと見ていただろうか。

おそらく猿田彦神であろう。

まず男神アマテルは母の胎内で生まれるまで十六年も過ごしたのだという。普通の神はその神霊の大きさに応じた期間を母の胎内で過ごすというが、どの神も男神アマテルよりも遥かに短い。しかしこの中で特例として紹介されるのが猿田彦神で、何と二十年も、男神アマテルよりも長く、母の胎内にいたのだという。何かを暗喩しているのだ。

そして男神アマテルは遂に自らの生命が尽きようとする時、猿田彦神に自らの墓穴を掘るように命ずる。清川理一郎氏は、「アマテル神の墓穴を掘るという神格像を仮託された猿田彦神こそ、アマテル神と同じ神格像の神と考える」との意見を述べられている。

筆者は当初、男神アマテルは素戔嗚尊の投影ではないかと考えていた時期がある。しかしこの清川氏の書見に触れた時に、「その通りだ」と気付いたのである。よく考えれば、秀真伝は猿田彦神の後裔といわれる大田命・大田田根古命が著者であるとする古史古伝であった。この一族からすれば猿田彦神は至高の大元霊神なのである。

猿田彦神はスメル人直系であり、海神、塩土老翁、住吉大明神、すなわち水神エンキの霊魂を受け継ぎ、そしてまたイスラエルのダビデ王の霊魂を受け継いでいるということだろう。

## 「宇迦乃御魂命」

籠神社の海部宮司は、宇迦乃御魂命は人格神としては「豊受大神」であり、また「保食神《うけもちのかみ》」「大宜都比女《おおげつひめ》」とも同体であると記されている。

「スメル神話・豊穣の女神イナンナ」と同じ霊魂を持つに違いない。

天鈿女命は、宇迦乃御魂命と同体、役職名であり世襲名である。

日本書紀では天照大御神の命令で月夜見尊が保食神を訪ねるが、保食神は、陸を向いて口から米飯を吐きだし、海を向いて口から魚を吐き出し、山を向いて口から獣を吐き出し、それで月夜見尊をもてなした。「けがらわしい」と月夜見尊は保食神を斬ってしまう。この報告を聞いた天照大御神は激怒し、これから天照大御神と月夜見尊は昼と夜に分かれて祭祀を担当するようになる。天照大御神の命で天熊人（猿田彦神）が訪ねると保食神は亡くなっていたが、その屍体の頭から牛馬、額から粟、眉から蚕、目から稗、腹から稲、陰部から麦・大豆・小豆が生まれた。天熊人が持ち帰ると天照大御神は大変喜び、田畑の種とした。

ここは記紀で唯一、月夜見尊が人格神として登場する場面である。

保食神（宇迦乃御魂命）を、月天子である天御中主神の血統を引き継ぐ天熊人（猿田彦神）が娶ることになるとの暗喩と考えてよいだろう。

天熊人も謎の神だが、猿田彦神で間違いない。月神でもあったのだ。

「斬ってしまう」とは「結ばれること」の暗喩でもある。古事記では、同じような設定でソサノヲが大宜都比売を斬ってしまうが、これはソサノヲと神大市姫のことだろう。この一族の女神たちは皆、豊穣の神・イナンナの霊魂を引き継ぐ保食神でもあったということだ。

宇迦之御魂命は女神だが、そのこと自体があまり知られていない。

日本で一番多いともいわれる稲荷神社の祭神として有名だが、古事記でその名が登場する以外には一切の記載がないのでやむを得ないか。

稲荷神社の総本社は京都にある伏見稲荷大社《ふしみいなりたいしゃ》だ。正式の祭神は、

「伏見稲荷大社」二十二社　京都市

　下社（中央座）　宇迦乃御魂大神

　中社（北座）　佐田彦大神（一説　猿田彦神）

　上社（南座）　大宮能売大神

南北朝時代の神道集によると、この祭神三神は「秘中の秘」とあり、「倉稲魂神（宇迦乃御魂）・素戔嗚神・大市姫」ともされている。

佐田彦大神は猿田彦神だと思うのだが、どうだろうか。

系図の謎を解く契機は、富士宮下文書に記されるソサノヲの皇女「別雷命《わけいかずち》」であった。「別雷」とはソサノヲの血を引くという意味に違いないと当初から想定していた。京都上賀茂神社の「賀茂別雷命」が有名だが、この神もソサノヲの後裔であることを示す亦名である。

富士宮下文書で、別雷命は大山祇命＝寒川比古の妃だ。寒川比古とは誰か？　並みの神ではソサノヲの皇女を娶ることはできないはずだ。

但馬故事記では、大国主神・彦火明命・宇迦乃御魂命・天熊人の四人が嬉々として丹波地方の開発に取り組む様子を生々しく記述している。この四人組の神々は何か特別な結び付きがあるに違いない。ここで宇迦乃御魂命は、宗像三女神の一人・多岐津姫だと気付いた。籠神社の海部宮司が「多岐津姫は豊受大神を祀られていた」と述べていたからだ。

多岐津姫は、まず出雲族の大国主神（八千矛命）と結婚されたと先代旧事本紀に明確に記されるが、残念ながら八千矛命は早逝された。

次に一族の弟分である天熊人＝猿田彦神（スセリ命）に嫁いだ。皇族が早逝した場合、妃を同族の兄弟が娶ることは古代では慣例だった。

宇迦乃御魂命は古事記では、大国主神に嫁いだ素戔嗚尊の皇女・須勢理姫（スセリ姫）でもあったわけだ。秀真伝でも、「ウカワミヤ（スセリ命）メドルスセリメ（スセリ姫）ミコヲウム」と、スセリ命はスセリ姫を娶って子を産んだと記されている。

富士王朝では惣領・大山祇命（猿田彦神）の妃となった宇迦乃御魂命（別雷命）は栲幡千千姫に代わって王朝の祭祀王としての役割を引き継ぐ。その霊力は祖母のイサナミ、母の神大市姫から直々に受け継いだ筋金入りで、男神も父ソサノヲからの霊力を受け継ぎ、まさに「別雷命」に相応しい活躍だったに違いない。

富士王朝での諱は富士吉田から相模湾に流れる寒川の名をとって「寒川姫《さむかわひめ》」とも呼ばれた。寒川とは新婚の男神と女神が三日三晩にわたって初夜を過ごした後に、身を清めるために浴びる清らかな水のことを示唆する。大歳命・八千矛命との別れは辛いものだったが、大山祇命である猿田彦神の優しさを心から愛していたのだろう。
別雷命は二人の皇女を産む。長女は岩長姫《いわながひめ》、次女が木花咲夜姫《このはなさくやひめ》だ。
猿田彦神と宇迦乃御魂命が共に過ごした重要な地として阿波がある。

「大麻比古神社《おおあさひこ》」阿波国一宮　徳島県鳴門市
　祭神　猿田彦大神・大麻比古大神（伝　天太玉命）
「上一宮大粟神社《かみいちのみやおおあわ》」阿波国一宮　天石門別八倉比売神社《あめのいわとわけやくらひめ》　論社
　祭神　大宣都比売命（宇迦乃御魂命）

また阿波にはユダヤ人議論で話題になる神社がある。

「白人神社《しらひと》」徳島県美馬市
　奥宮「磐境神明神社《いわさかしんめい》」

ここには磐境《いわさか》とされる長方形状の石垣に囲まれた祭祀場があり、この構造が古代ユダヤと同じであるとされる。九鬼文書で「伊恵須」は、「白人根国の祖《しらひとねこくそ》」と記される。白人とは西欧人であり、熊本幣立神社《へいたてじんじゃ》の更なる超古代の伝承「五色人《ごしきじん》」と重なるものであろう。

また保江邦夫氏は著書において、イエス・キリストが亡くなって埋葬された場所を阿波（徳島）の「コリトリ」と記されている。ここは剣山《つるぎさん》への登山口になる。剣山はかつて「鶴亀山《つるきやま》」とも呼ばれていた。籠神社の秘といわれる「カゴメ唄」に登場する「鶴と亀がすべった」と何か関わりがあるかもしれない。またここにはユダヤの秘宝「失われたアーク（聖櫃）」が隠されているとの有名な伝承もある。猿田彦神と宇迦乃御魂命が、ここで一定期間を過ごしたことは間違いあるまい。

まだ隠された謎がありそうである。


宇迦乃御魂命はどのような女性であったのだろうか？

まず丹後国風土記にある「天女羽衣伝説《てんにょはごろもでんせつ》」の豊宇賀能売命《とようかのめ》の伝承だ。

丹後国丹波郡の比治《ひじ》の里に八人の天女が舞い降りて水浴をしていた。ある老夫婦が一人の天女の衣装を取り隠すと、他の天女たちは天に飛び上がっていったが、衣を隠された天女だけが人間界に取り残され、老夫婦のいうままに娘となって十年を暮らす。天女は酒造りが上手く、一杯飲めば万病に効く酒を造り、機織りも教え、家はたちまち裕福となる。

しかしなぜか老夫婦は「お前はやはり我が子ではない」と天女を追放してしまう。天女は嘆き、里を彷徨した末に、ようやく奈具《なぐ》の地で安住することができた。民は酒造りの神として祀ったという。

おそらくこの伝承は「かぐや姫」の起源でもあろう。筆者は、かぐや姫は宇迦乃御魂命の血を受け継ぐ皇統の女系の物語だと考えている。

宇迦乃御魂命は、伊勢神宮所管社である「御酒殿神《みさかどののかみ》」としても祀られている。天女羽衣伝説は少し悲しい物語でもあるが、実は宇迦乃御魂命本人は大変な酒豪であり、終夜宴楽舞歌だったに違いないからだ。

なぜなら宇迦乃御魂命は、古事記にて天石屋前で全裸に近いセクシーな姿で踊った天鈿女命とも同体なのである。籠神社の海部宮司は、その踊りを古代エジプト発祥ともいわれるベリーダンスに例えておられる。

古代エジプトもスメル人の影響を受けているはずだ。

宇迦乃御魂命はスメル神話に登場する「豊饒の女神イナンナ」の魂を受け継いでいたに違いないのだ。

## 「豊饒《ほうじょう》の女神《じょしん》イナンナ」

イナンナの酒豪ぶりと、男神との駆け引きにおける政治力を語るスメル神話がある。「イナンナ女神とエンキ神」である。

イナンナはうっとりと我が身を眺め、我ながら素晴らしい陰門に狂喜して「私ってなんて魅惑的なのでしょう。こんなに素敵なのですから、これから真っ直ぐに深淵に住まうエンキ神を訪ねて、甘い口調で語りかけてみましょう」といい、一人でエンキ神を訪ねる。エンキ神は本書では住吉大神、天孫族の守護神たる海神である。エンキ神は霊感で事前にイナンナの訪問を察知して饗応の準備をする。

そしてエンキ神とイナンナは乾杯を重ね、しまいには大きな器に並々とビールや葡萄酒を注ぎ合って競争のように飲む。杯を重ねてすっかりご機嫌になったエンキ神は、イナンナに次々と「神の掟・メ」を渡していった。神の掟メとは太古からの神の規範書のようなものである。

「清きイナンナ、我が娘に、私は是非ともやりたいものがあるのだ」と。（神話ではイナンナは実の娘ではなく、姪の関係になろうか）

エンキ神は水神・海神であるばかりでなく、スメル人のすべての神の掟を司る全知全能の神であった。イナンナはエンキ神から入手した様々な神の掟をいちいち復唱してから船に積み込んで悠然と戻っていく。

やがて酩酊から醒めた父なる神エンキは、大事な神の掟が宮廷から跡形もなくなっているのに仰天して配下に尋ねる。

「すべてエンキ神がイナンナ女神に差し上げました」という。

エンキ神は、戻るイナンナから神の掟を取り返すよう配下を次々と送るが、イナンナはこれらを見事に言葉巧みに遣り込めて、遂に自らの宮殿に戻って、その帰還を祝ったのである。

エンキ神は「そうか。なかなかやるものだな。それではイナンナを褒め称えてやらねば」とその力量を認めた。エンキ神に犯されるリスクを賭けてでも、最後には神の掟を勝ち取る魔力がイナンナにはあった。

またスメル神話に登場する双子の兄「日神ウツ」は彦火々出見尊であり、イナンナの夫君「牧夫（牧畜神）ドゥムジ」は大国主神の八千矛命である。藤原不比等が記紀にて八千矛命に「大己貴命（オオナムチ）」という諱を付したのはここが原点だ。出雲族の大名持「オオナモチ」とスメル神「ドゥムジ」の合成語である。

イナンナの結婚に関するスメル神話がある。

愛と豊饒の女神イナンナ（宇迦乃御魂命・スセリ姫）に二人の男神が求婚する。兄の日神ウツ（彦火々出見尊）は紹介者・仲介者だ。

求婚者の一人は牧畜神ドゥムジ（大国主神・ヤチホコ）、もう一人は農耕神エンキムドゥ（サルタヒコ・農佐知比古）である。

当初、イナンナは「牧夫（ヤチホコ）なんて絶対いやよ」と反応するが、兄の日神ウツ（彦火々出見尊）はさり気なく牧畜神（ヤチホコ）を勧めている。二人はそれぞれ自らのアピールをして求婚するが、熱くなった牧畜神（ヤチホコ）に対して、農耕神（サルタヒコ）が冷静に一歩引いて譲って仲直りする。

イナンナは当初は農耕神（サルタヒコ）に好意的であったのだが、結局押し切られて牧畜神ドゥムジ（ヤチホコ）と結婚する。

しかしスメル神話でもこの結婚はうまくいかなかったのである。

牧畜神（ヤチホコ）の主張は一方的であり、農耕神（サルタヒコ）は自分の弁護を一切しなかった。

長い目で見た場合、農耕神の方が安定した生活ができるとのスメル人の思想が基底にある説話である。

エンキムドゥ（サルタヒコ）は、その後のスメル神話にはほとんど登場しないが、やがてエンリル神とニンフサルサグ神の第四子であるエンビルル神と習合されていく。そしてやがて「エンキ神の子」と位置付けられるようになる。猿田彦神とエンキ神はやはり繋がっているようだ。


イナンナが冥界に興味を示したことから、「イナンナの冥界下り」の物語が始まる。

イナンナは冥界に赴くために、地位を捨て、神殿を捨て、一方で女神に相応しい七つの神の掟（衣装）を身に着ける。支度ができると、イナンナは冥界を支配する女王エレシュキガル女神によって殺されることを懸念して、いざという場合はエンリル神（風神）、ナンナ神（月神）、最後にはエンキ神（水神）に頼むよう配下に指示しておく。

エレシュキガル女神は怒り、イナンナが冥界の七つの門を通るたびに衣装を剥ぎ取ることを命じ、遂にイナンナは全裸とされてしまう。

イナンナとエレシュキガルは対峙するが、エレシュキガルから「死の眼差し」を向けられたイナンナは死骸と化し、鉤に吊るされてしまう。

三日三晩が過ぎてイナンナは戻らない。エンリル神とナンナ神は助力を拒んだが、エンキ神がイナンナを甦えさせる策を考えてくれた。

「生命の草」と「生命の水」でイナンナは甦る。しかしイナンナの地上への帰還は条件付きで、自身の身代わりを冥界に送る必要があった。

地上に戻ったイナンナは身代わりを探す。友人や配下はイナンナの死を悼んで嘆き悲しんでいた。イナンナは彼らを身代わりにはできない。

ところが、夫のドゥムジ（ヤチホコ）はイナンナの喪に服さず、きらびやかに装って玉座に腰かけていた。激怒したイナンナはドゥムジ（ヤチホコ）を身代わりに指名したのである。ドゥムジ（ヤチホコ）は義弟ウツ（彦火々出見尊）に三回も助けを求めることになる。最後はドゥムジと、ドゥムジの姉（ゲシュティアンナ女神）が半年毎に冥界に下ることとなる。このスメル神話は、そのまま日本にも持ち込まれたようだ。

古事記では、須勢理姫（多岐津姫・宇迦乃御魂命）は大国主神（ヤチホコ）の度重なる浮気に完全に切れていた。残念ながら、この夫婦は長くは続かなかった。猿田彦神の方が相性は良かったのだ。ドゥムジの姉（ゲシュティアンナ女神）は、もしかしたらイサナミかもしれない。

スメル神話を、猿田彦神をエンキ神（農耕神エンキムドゥ＝エンキ神の子）、そして宇迦乃御魂命を女神イナンナと見做して読んでみると、高天原の神話とよく繋がっていることがわかってくる。

## 「九鬼文書《くかみもんじょ》　伊恵須（イエス）」

竹内睦泰氏が語られた通りに「猿田彦神がイエス・キリスト」だとすると、ここらあたりでエルサレムに戻ったはずだ。

マグダラのマリア＝天鈿女命（宇迦乃御魂命）も同行したであろう。

欧米でも、イエス・キリストの生涯として明らかに伝えられるのは、三十歳から約三年間をエルサレムで宣教活動した、ということだけだ。

若い時代のことはほとんど伝えられていない。茂木《もぎ》誠《まこと》氏によれば、その生年もはっきりとわかっておらず、紀元前二八年生まれとの説もありえるらしい。本書では後に紹介する参考文献に基づき、紀元前四年生まれとしておく。この前提とすると猿田彦神がエルサレムに戻ったのは紀元二六年頃となり、神武天皇即位の約三十年前になる。いくつかの研究において共通しているのは、「イエスは十三歳の頃に天竺（インド）に仏教の勉強にいったらしい」ということだ。本書が天竺（インド）で大国主神（ヤチホコ）と猿田彦神が出会ったとする仮説はこれに基づく。


さて、これまでの分析で腑に落ちないことがあった。

それは富士宮下文書で大山祇命（猿田彦神）と別雷命（宇迦乃御魂命）が、瓊瓊杵尊主導による大海戦の際に、二人とも突然に亡くなってしまったとする記述である。

木花咲夜姫の出陣を杞憂した母・別雷命はその後を追おうとしたが、体調がすぐれずに伊豆三島の地にて突然に亡くなられてしまう。そして別雷命の急逝を伊予（瀬戸内海）で知った大山祇命は嘆き悲しみ悲嘆にくれ、「吾は三島へ伊久世《いくよ》」と遺言を残して謎の死を遂げてしまうという話だ。この三島が瀬戸内海に浮かぶ島・大三島の大山祇神社を指すことは間違いない。大山祇神社の祭神は大山積神とされるが、三島敦雄氏はこの神は「山神」ではなく、「海神ヤー」であると説明されている。三島氏はこの大山祇神社の神職であった。祭神は猿田彦神だろう。

大山祇神社の本殿の真裏にある摂社と別宮にヒントがあった。

「姫小邑《ひめこむら》神社」大三島大山祇神社　境内摂社
　祭神　木花咲夜姫
　　　　須勢理命（猿田彦神）
　　　　火遠理命（彦火々出見尊）
「阿奈波《あなば》神社」大三島大山祇神社　域外摂社
　　　　磐長姫

神社で本殿の真裏に祀られる神々は「隠された本来の主祭神」である場合が多いのである。

通説に従えば、木花咲夜姫（母）と皇子二人として祀られている。

しかし本書の比定は、主祭神として大山祇命（須勢理命・猿田彦神）を祀り、その皇女二人と彦火々出見尊を共に祀るものである。そして、本殿の祭神である下津社「高龗神《たかおかみ》」とは、宇迦乃御魂命なのである。

高龗神は長いこと謎の神であったが、この謎解きは後段としよう。

この大三島の地は当時から瀬戸内海随一の海軍基地であり、後の時代にも三島水軍・村上水軍などの本拠地となった。ここには「隼人の舞」の伝承も伝わり、山幸彦が海幸彦に勝利した物語を表現するという。

「三島へ伊久世《いくよ》」の言霊の謎が解けないのだが、三島大明神の神使は古来より「白鷺《しらさぎ》」であり、風に乗って飛ぶ鳥、すなわち航海に出るということを暗喩するのではないか。

そして何より古事記の海幸山幸物語で注視すべきは、その二人の対峙期間において「彦火々出見尊が約三年間を竜宮城で過ごした」というこの「三年間」という期間が、「イエスのエルサレムでの活動期間である三年間」と一致することなのである。

これはどうみても何らかの暗喩に違いない。

田中英道氏は著書の中でこの三年間を次のように記されている。

「あの話は非常に長い時間が経過しています。三年とも書かれていますが……と考えると、一度イスラエルに戻ったのかな、そして仲間を連れてきたのかな？……というような感じもするのですね」

田中氏はこの時期を紀元前六世紀頃と比定されているので、イエス・キリストの活動期間とは合致していない。しかしユダヤ人が続々と渡来していたと考えておられるので、ここで古事記に記される「三年間」とは、どうしてもこのように一時帰郷したのではないかと感じられるということであろう。

この感覚は筆者も全く同じなのである。しかも本書での想定時期は紀元一世紀であり、航海術はもっ系図⑥　九鬼文書「伊恵須」

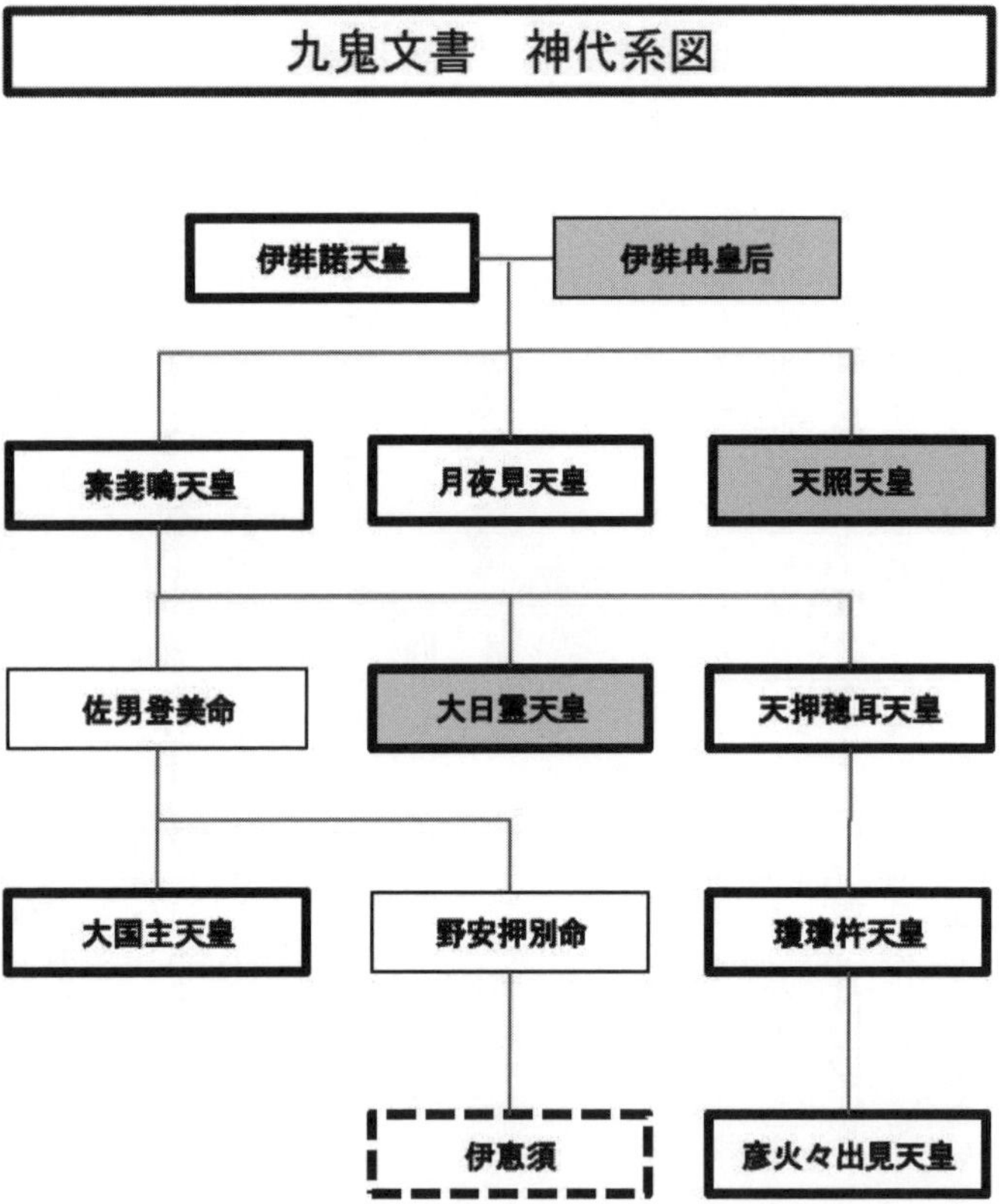
九鬼文書　神代系図
伊弉諾天皇
伊弉冉皇后
素戔嗚天皇
月夜見天皇
天照天皇
佐男登美命
大日霊天皇
天押穂耳天皇
大国主天皇
野安押別命
瓊瓊杵天皇
伊恵須
彦火々出見天皇

と発達していたはずだ。
そして最後に藤原不比等が九鬼文書に残した最大の謎、「伊恵須」（イエス）を示す系図を確認しておこう。藤原不比等が伝えたかったのは、「伊恵須と彦火々出見尊は同世代」だということだろう。九鬼文書には、ただこの系図があるのみで、伊恵須に関する記述は何もない。

## 「イエス・キリストの謎」

キリスト教は、イエスを救い主（キリスト・メシア）とする世界で最も多い信者を持つ宗教である。筆者はキリスト教の歴史と教義の詳細について論考するまでの専門的な見識は持ち合わせていない。しかし謎解きに取り組んできたテーマの糸口に通ずる「聖杯の謎」まで辿り着くことができた。本書と関係する内容について概要を確認しよう。

この謎を世に公表して大ヒットしたのが、二〇〇三年に米国において出版されたダン・ブラウン氏の長編推理小説『ダ・ヴィンチ・コード』である。二〇〇六年に映画化されて同じく大ヒットした。筆者も見たが、当時はおもしろいサスペンス映画との印象しか残っていない。しかし最近になってようやくその作品が投げ掛けた問題提起の大きさを理解することができたのである。

この作品から遡ること約二十年、一九八二年には著作権でダ・ヴィンチ・コードとも争ったという『レンヌ＝ル＝シャトーの謎』が英国にて出版（日本語版一九九七年）されている。この書籍の要旨から現代のキリスト教が抱えている問題点をいくつか紹介する。

キリスト教は特定の一貫した同質の統一体と捉えられがちだが、実際には多くの形態があり、新興宗教的なものまで様々な宗派がある。キリスト教と呼ぶ現象に統一性を求めるとすれば、それは「新約聖書《しんやくせいしょ》」、特に「四福音書《しふくいんしょ》」であり、そこに記された十字架の死と復活で独自の地位を与えられたイエスである。欧米では子供の頃から四福音書を信じるように教育され、絶対に信じられるものと考えて育つのだという。

このあたりは現代の日本の教育体系とは大きく異なるところだ。

しかし著者によれば、四福音書の内容はお互いに完全に矛盾しているのだという。マタイの福音書によれば、イエスはダビデ王やソロモン王に繋がる王家の血を持つ貴族とするが、マルコの福音書では貧しい大工の息子である。福音書に記される十字架刑の日付も一致していない。

福音書は極めて限られた場所、時期、人々、歴史的要因の産物であり、もっと深く読み込んで篩《ふるい》にかけることによって、史実だけを分離しなければならないという。これが本書のキリスト教社会への投げ掛けだったのである。

例えて言えば、キリスト教における新約聖書と四福音書は、日本における古事記と日本書紀という歴史書の母体であり、「ときおり真実が埋め込まれた見せ掛けの母体から、可能性の高い真実の断片をとりだす必要がある」と著者はいう。本書の取り組みと同じである。

欧米社会におけるイエスの伝承は完璧なものだ、との先入観が一気に崩れ去っていった瞬間であった。欧米におけるイエスの謎は、日本における猿田彦神の謎と同じようなレベルだったのである。

そして同書が掲げる具体的な仮説により、本書の仮説との関連性の高さを痛感した。

## 『レンヌ＝ル＝シャトーの謎』が掲げる仮説

「イエスの結婚」

イエスとマグダラのマリアという女性が結婚していたのか？

聖書ではイエスは独身だが、おそらくこの二人は結婚していた。

「イエスの最愛の弟子」

イエスの最愛の弟子はラザロだった。マグダラのマリアがイエスの妻であれば、ラザロはイエスの義理の兄弟となる。（ラザロとは、イエスによって死から甦る「ラザロの復活」の神話で有名な人物）

「イエスの王朝」

イエスとマグダラの結婚によって続く家系は「王家の血筋」を完全に保証したのか？　イエスの十字架の銘INRI、つまり「ユダヤ人の王、ナザレのイエス」は、まさに「ユダヤ人の王」を意味するものであろう。イエスは正統な王位継承権を持つ貴族の祭祀王だった。

「イエスの子」

イエスには子がいたのか？　すべての事項はイエスが三十歳で宣教に乗り出すよりも以前から、マグダラとイエスの家族につながりがあったことを示している。イエスには十字架刑の前に既に何人か子供がいたと考えられる。

「十字架刑」

十字架刑は史実か？　イエスは高位の友人の共謀を得て、ほんの少人数にしか近付けない私有地での偽の十字架刑をでっちあげた。

イエスはどこに逃げたのか？　イスラムやインディアンの伝説によれば、イエスは相当長生きしてカシミールかどこか東方で亡くなったといわれることが多い。

「聖家族」

しかしイエス本人よりも妻や子供、つまり聖家族がどうなったかの方が重要である。聖家族は密かに船で出国した。マルセイユに着いたとすると、マグダラはまさに「王家の血筋」をフランスに持ってきたことになる。

「イエスの教え」

イエスの教えは、まったく新しいわけでも、独特なものでも何でもない。しかしその伝達手段はおそらく独特なものであった。イエスは間違いなく相当にカリスマ的な人物で、病を癒したり、それに似た「奇跡」の才能もあったのかもしれない。しかしイエスが確実に持っていた才能とは、感情を呼び起こして鮮やかな例え話で自分の考えを伝えることで聴衆に訴え、ある意味で一般大衆が受け入れやすいものにしたことである。自分自身をメシアと主張することで、自分自身の言葉に遥かに大きな権威と信頼を集めたことだろう。

『レンヌ＝ル＝シャトーの謎』が掲げる仮説は、筆者に「猿田彦神はイエス・キリストかもしれない」と感じさせてくれるに充分なものだ。

キリストの死後に伝えられたという教義は、現代のキリスト教に通じる西方ローマ帝国のものと、東方アジア方面に伝えられた原始キリスト教（景教《けいきょう》）では大きく異なっていた。

西方ローマ帝国ではその後の三世紀に、「神とイエスと聖霊は実体として一体である」という三位一体説の神学を確立して新約聖書を編纂し、唯一神・絶対神を祀る「一神教」への道を進んでいった。イエスの「人性」は消されて、教会権威の都合を優先したのである。

ここでの三位一体とは、スメル人の「君主も神、国土も神、国民も後裔」という三位一体とは全く相反するものだ。国土も神とは自然界のあらゆるものに神が宿るという八百万の神を信仰する「多神教」である。

東方に伝えられた原始キリスト教は中国では景教として発展し、五世紀に日本に渡来した秦氏によって信仰されていた。こちらはイエスの「人性」が重視されたものだが、西方では異端とされてしまった。

竹内睦泰氏は『古事記の宇宙』より以前の著書にても、「古神道の世界では、キリスト教も仏教も全部古神道なのです」「ここでのポイントは、キリスト教は一神教ではない、多神教であるということなのです」と述べられている。猿田彦神は日本で古神道の奥義を学んでいる。猿田彦神がイエス・キリストであり、イエスの三年間の宣教はまさに古神道「天成る道」そのものであったと確信されていたのであろう。

唐の時代になった九世紀に、日本から遣唐使として派遣された空海《くうかい》（弘法《こうぼう》大師）が、真言密教《しんごんみっきょう》の奥義として景教（新約聖書）を学び、再び日本に伝えられた。アッシリア人というケン・ジョセフ氏は著書『日本はキリスト教国家だった！』において、景教（原始キリスト教）が日本で普及していたという事情をよく説明されている。ジョセフ氏が高野山《こうやさん》（真言宗総本山）を訪ねてお坊さんに聞くと、「ええ、うち（真言宗）は景教から来ていますから」といい、「実際、今も高野山では儀式の最初に十字を切ります。これは景教の儀式から来ています」と応答したという。おそらく空海は原始キリスト教（景教）の極意が日本の古神道にあるということを見抜いていたに違いない。

猿田彦神を通じて繋がっていたのだ。

猿田彦神は宗教の教祖になろうとは思っていなかったに違いない。

キリスト教はユダヤ教への改革宣教であった。イエス時代のイスラエルはローマ帝国の圧政で民は戦争と貧困の中に喘ぎ、救世主（メシア）の出現が待ち望まれていた。それまでのユダヤ民族を縛っていた旧約聖書における暗くて厳しくて恐ろしい神という概念は必要なく、明るく合理的で愛に満ちた神と本当に人々な必要なことを説いた。

神ながらの道・天成る道と全く同じだったに違いない。

また日本に帰国した猿田彦神は自ら「伊恵須」と名乗ったわけではないだろう。おそらく記紀を編纂した藤原不比等が、その後に原始キリスト教（景教）をもって渡来した秦氏からその伝承を確認し、その始祖が実は何と猿田彦神であったことを後世になってから知り、九鬼文書の系図に「伊恵須」と記したに違いない。


現代の日本では純粋なキリスト教徒は極めて少ないのだが、しかし、実はイエスの教えこそは日本の古神道・天成る道がその元であったとすれば、これはなんと素晴らしいことであろうか。

キリスト教国でもないのに、クリスマスイブを最高に愉しめる不思議な民族性の秘密はここにあったと、ようやく辿り着いた気分である。

日本人はよく無宗教といわれるが、あらゆる思想を取り込んできたことこそ日本人の信仰の本質であると考えられる。刷り込まれた自虐史感を捨てて、日本の歴史について誇りを持って自覚することが今何より大切になると痛感する。

確証することはできない。しかし欧米でも様々な研究がなされていることがわかった。本書では、猿田彦神は天孫族であり、記紀神話では海幸彦（彦ソソリノ尊・火須勢理命・大山祇命）であり、そしてイエス・キリストでもあったということにしておこう。

六世紀の神道仏教戦争（丁未の乱）よりもはるか以前に、神道と原始キリスト教の対峙と融合があった。あらゆる思想を受け入れて自らのものとして吸収していく日本らしさを示す歴史がここにあったのである。

この流れを受け継いで不朽の民族性としたのは聖徳太子であろう。

「和をもって貴しとなす」の和とは、古神道・天成る道と同じである。

聖徳太子は猿田彦神のことを相当に追いかけて学んだはずである。

さて『レンヌ＝ル＝シャトーの謎』の仮説により、猿田彦神と宇迦乃御魂命に加えて、彦火々出見尊と木花咲夜姫もエルサレムに同行していた可能性が高いと考えるようになった。

イエスの最愛の弟子ラザロはマグダラのマリアの兄弟なのである。

記紀で彦火々出見尊は三年間を海神・豊玉彦の竜宮城で豊玉姫と過ごしたことになっているが、塩土老翁（猿田彦神）の仕立てた船で大三島の海軍基地から、一緒に渡航していたことも十分考えられる。死から甦る「ラザロ復活の秘儀」でその霊力を飛躍的に高めたのかもしれない。

そして二人は必死の思いで帰ってきたに違いない。

イエスは少なからず十字架刑は逃れたが、引き続き追われる身である。大倭日高見国の大君の役割は海神の霊力と共に彦火々出見尊に譲ったのであろう。

彦火々出見尊の活躍は、これまで古代史研究でもあまり焦点があたらなかった。記紀では海幸山幸の伝承しか記されないため、通説では筑紫のローカルな存在と見做される場合が多い。藤原不比等の意図により、猿田彦神と共に隠されたともいえる。

彦火々出見尊は、富士宮下文書では、不二阿祖山高天原に祀られたとする。現代の宮内庁治定陵墓は、天津日高彦火々出見尊・高屋山上陵《たかややさんじょうりょう》（鹿児島県霧島市）である。一方、秀真伝では伊奢沙別宮（気比神宮）に祀られたとしている。

やはり彦火々出見尊の本陣は若狭湾にあったのであろう。元伊勢籠神社、若狭彦神社、気比神宮のすべてに祀られているとすれば、若狭湾全体が彦火々出見王朝の勢力圏・丹波王朝だったことを示している。

しかしどうしても違和感が残るのは、秀真伝には厳密な意味での海幸山幸対決が記されていないことだ。スセリ命（猿田彦神）と対峙するのは、彦火々出見尊本人ではなく、その代理として大山咋命と穂高見命の二人なのである。大山咋命は后となった市杵嶋姫の皇子であり、皇統になってもおかしくない血筋である。

気比神宮の祭神は伊奢沙別命だが、亦名を御食津大神《みけつおおかみ》、大元霊神である天御中主神・天常立尊・国常立尊の三柱であるとする。

比定の通りとすれば、この時代に大元霊神の霊魂を受け継いだ三柱の神々は、彦火々出見尊、猿田彦神、大山咋命であったかもしれない。

そもそも大山祇（オオヤマツミ）と大山咋（オオヤマクイ）は非常に紛らわしい神名だが、おそらく大山咋の意味とは、大山祇命である猿田彦神との調和を図った（イサワケ）、打ち勝った（ヤマクイ）、あるいはその山霊を守った（山末之大神・疱瘡社）という神なのであろう。山末とは山麓という意味であり、山上の神域に疫病や穢れが入ることを防ぐ神として多くの神社で祀られている。

いずれにせよ、彦火々出見尊はまさにスメル人の直系の日神ウツであり、大倭日高見国、後の日本の皇祖であることに間違いはない。

スメル神話における日神ウツは「正義を執行する裁きの王」であり、また性格は基本的に優しく善良な神、最も「人」に近い神として描かれている。猿田彦神・宇迦乃御魂命との関係や、これから説明する皇子たちの活躍を理解すれば、その功績をより称えることができるだろう。

今でも多くの神社に祀られている理由がよくわかるはずだ。

日本書紀では様々な表現で、その後の猿田彦神の言葉を伝えている。

「今後、私はお前の俳優《わざおぎ》（仕えて演技などをするもの）の民となり仕えるから、どうか許してくれ」

これは猿田彦神と猿目君（宇迦乃御魂命）が、神楽や猿楽などの祖として、その後の王権鎮護に従事したことを示唆するものだ。

「今後はあなたの子孫の末々まであなたの狗人《いぬびと》として使えます」

「それで火酢芹命の後裔のもろもろの隼人たちは、今に至るまで天皇の宮のそばを離れないで、吠える犬の役をしてお仕えしているのである」

隼人族は猿田彦神の忠実な部下として、長く大和王権の守護に活躍している。鹿児島神宮には現代まで「隼人の舞」が伝承されている。おそらく隼人族は、猿田彦神とも浅からぬ縁のある一族であろう。

猿田彦神の皇女・岩長姫は物部氏の母系の祖であり、狗人や吠犬とは犬族である物部氏との関係を示唆するものかもしれない。

東京の奥多摩に「おいぬ様（大口真神《おほくちまがみ》）」を祀る神社がある。

「武蔵御嶽神社《むさしみたけ》」（古名 大麻止乃豆乃天神社《おおまとのつのあまつかみやしろ》）東京都青梅市御岳山

祭神（本殿） 櫛麻智命《くしまち》・大己貴命・少彦名命・日本武尊

廣國押武金日命《ひろくにおしたけかなひ》（＝安閑天皇＝蔵王権現＝青面金剛）

（摂社・産安社）木花咲夜姫・岩長姫・気長足姫

関東の古社には御嶽神社が摂末社としてよく祀られている。主祭神「櫛麻智命」は長いこと謎の神だったが、猿田彦神であると確信した。

まず「おいぬ様」は後代のことだが、日本武尊が山で迷った時に助けに現れた「白狼」のことだという。映画「もののけ姫」の白狼と同じ、物部氏である。猿田彦神の誓いにより、犬族が皇統を助けたのである。

次に祭神に廣國押武金日命＝第二十七代・安閑《あんかん》天皇が記されることである。安閑天皇は蘇我稲目《そがのいなめ》によって日本で初めての神仏習合の神である蔵王権現《ざおうごんげん》として祀られた。ここは筆者独自の比定だが、金《きん》峯山寺《ぷせんじ》の蔵王権現こそ庚申《こうしん》信仰の青面金剛《しょうめんこんごう》と同体であろう。そして庚申信仰で祀られるのは、仏教の青面金剛と神道の猿田彦神なのである。武蔵御嶽神社には実に多くの神々が祀られるが、猿田彦神の亦名が見いだせない。

そして重要な摂社には木花咲夜姫と岩長姫が祀られている。

すなわち主祭神である櫛麻智命こそが、猿田彦神と同体であろう。

おそらく「櫛」の名を受け継ぐ霊力がある。ソサノヲは櫛御気野命、猿田彦神は櫛麻智命、そして櫛稲田姫、櫛玉命、櫛甕玉命らがいる。

博多の櫛田《くしだ》神社の祭神・大幡主《おおはたぬし》命は、後に倭姫命の伊勢祭祀を支援した大若子《おおわくご》命と同体だという。

櫛の霊力も長く伝承されたに違いない。

富士宮下文書によれば、火須勢理命（猿田彦神）は、その後、「本嶋緒千諸務総司令《ほんとうよろずしょむそうしれい》神」という役職について、次世代となる鵜草葺不合尊の政局運営を支えた。

後裔は不二阿祖山高天原の「小室宮守官」を継いだという。ここは富士山麓の多くの浅間神社の元宮である。

「富士山北東本宮小室浅間神社」山梨県富士吉田市

祭神　木花咲耶姫（神吾田鹿葦津姫命・桜大刀自命）

また富士宮下文書は、系図上でも猿田彦神の後裔がしっかりと日本国に根付いていることを示唆している。第十一代・垂仁天皇の時代に船田彦命が伊勢大神宮供物司長になり、その三子である山田彦が伊勢国造・松木氏の祖、記曾彦が日高見国造となって木曾山で伊勢大神宮の造営職に、合津彦が奥国造となって会津で伊勢大神宮の屋根葺職につく。

猿田彦神は、本拠地の一つである淡海高島郡の水尾神社を去る際に、「我が死ねば銅鐸が鳴り響くであろう」と遺言を残したと伝わる。

銅鐸の製造期間は紀元前二世紀から紀元二世紀までの約四百年間であり、銅鐸が多く出土する県は島根、徳島、兵庫、滋賀など、まさに猿田彦神の活躍した時期と場所が一致する。原初のスメル人は青銅器国家群であったと伝承される。スメル人直系の祭祀王として、銅鐸を使って神に祈りを捧げたのであろうか。ここは謎である。

これに対して鉄器国家群の代表は、八岐大蛇から草薙剣を見出したといわれる素戔嗚尊であろう。アッシリア帝国の影響であろうか。

## 「マグダラのマリアの謎」

さて再度確認すれば、古事記でいう大山祇命が猿田彦神（イエス）であったとすると、その娘、岩長姫《いわながひめ》と木花咲夜姫《このはなさくやひめ》は、猿田彦神と宇迦乃御魂命（マグダラのマリア）の皇女ということになる。

『ダ・ヴィンチ・コード』のテーマは「聖杯の謎」であった。

通説では聖杯とは、ダ・ヴィンチが絵画で書いた「最後の晩餐」に使われた杯とするが、実は聖杯とは「イエスの血脈」のことであり、それはマグダラのマリアを母とする聖家族の行方であった。『ダ・ヴィンチ・コード』では、最後の最後で実は主役のソフィーこそが聖杯だったと判明する。

『レンヌ＝ル＝シャトーの謎』も含めて、聖杯が日本に行ったと記す資料は無い。強いて言えば、「イエスは相当長生きしてカシミールかどこか東方で……」というあたりだ。マグダラはフランスへ行ったとする。

保江邦夫氏は著書で気になることを記されている。

マルセイユに待機したマグダラのマリアの娘の名は「サラ」である。

そしてイエスと待ち合わせした日本に向けて旅立ったという。サラの年齢設定が筆者の比定とは少し異なるのだが、ここで注目したいのは「サラ姫」という亦名だ。木花咲夜姫には「桜大刀自命」という亦名があり、サクラ姫は「サラ姫」でもある。

既にイサナミの亦名も「サラ姫」と説明してきたが、これからも大倭日高見国の女系の皇統には多くの「サラ姫」が登場してくるのだ。

母の宇迦乃御魂命も亦名の須勢理姫（スセリ姫）はセリ姫（SeRi）、母音の転訛でサラ姫（SaRa）とも呼べるのである。

「猿田彦神はイエス・キリスト」だとすると、おそらく日本の天皇家には、イエスとマリアの血「聖杯」が繋がれているはずだ。筆者の解析では宇迦乃御魂命の血脈は六世紀の推古天皇までは、ずっと皇統の女系に繋がれていると考えるからである。

「古代日本版　聖杯の謎」である。


宇迦乃御魂命は稲荷神社の祭神である。日本で最も数多く祀られる神の中の一人だ。宇迦乃御魂命がイエス・キリストの妻、マグダラのマリアだとすれば、後に五世紀になって日本に渡来した秦氏《はた》が、稲荷神社の祭神として熱狂的に祭祀したことがよく頷ける。

秦氏は原始キリスト教（景教《けいきょう》）の熱心な信者であったからだ。

「稲荷（イナリ）」という言葉の起源は、通説では「稲成る・イネナル」だとされるが、景教信者であった秦氏が「ユダヤ人の王、ナザレのイエス」という意味をラテン語で、

「Iesvs Nazarenvs Rex Ivdaeorvm」（イエズス・ナザレヌス・レックス・ユダエオルム）、略して「INRI」を「イナリ」と表音したことが起源とするという説がある。

中世ヨーロッパの絵画にもイエスの十字架の上に、この「INRI」（またはJNRI）という文字が記載されている。

甲子夜話《かっしやわ》という伝承によれば、江戸時代に高崎市の多胡碑の近くから「JNRI」と記された銅板が見つかったという記録がある。この地域は古くからソサノヲ軍団の地であり、猿田彦も来ていた。群馬では千葉と同じようなユダヤ人埴輪も出土している。もちろん秦氏もいたのだ。

稲荷神社の「狐《きつね》」は、後に空海が持ち込んだものだとされるが、神宮の倭姫命世紀では「保食神」を「三狐神《みこのかみ》」とも記しており、狛犬の代わりに「狐」を使うようになったのであろう。犬族である物部氏と対抗したのかもしれない。


マグダラのマリアについては欧米でも諸説ある。本書で深く探求はしないが、西方キリスト教では「娼婦をも意味する『罪深い女』」との異名を与えられていた。イエスの母、聖母マリアの処女懐妊が旧約聖書に記される中で、当時のイエスとマグダラのマリアの親密ぶりが周囲の仲間たちから、やや異質な雰囲気で見られていたことは確からしい。

二十世紀になってから発見された「マリアの福音書」によれば、それまでのキリスト教正典（四福音書）とは異なるイエスの教えが垣間見えるようである。また二人は結婚していたのか、子供がいたのか、なども謎のまま様々な憶測がとびかったままである。

しかし日本の古史口伝を繋いで見るところの猿田彦神と宇迦乃御魂命の姿とを重ねてみると、何となく納得がいってしまう。猿田彦神と宇迦乃御魂命は、ありのままに、日本での二人と同じように、エルサレムでも三年間を過ごしていたのではないだろうか。

キリスト渡来説がある青森県新郷村《しんごうむら》には「キリストの墓」があるが、保江邦夫氏によれば、その墓はキリストではなく、後の十二世紀以降にキリストの後を追って追跡調査に来たテンプル騎士団のメンバーのものだという。通説によるテンプル騎士団とは、十二世紀に十字軍と共に発足し、聖地エルサレムへの巡礼者を守った英雄として語られるだろう。

一方、『レンヌ＝ル＝シャトーの謎』によれば、ソロモン神殿に隠された聖杯（イエスの血脈）の謎を探り出し、バチカン教会から巨額の富を得たという秘密組織である。その後継組織をシオン団という。レオナルド・ダ・ヴィンチは、このシオン団の総長を勤めた経歴を持っている。テンプル騎士団は聖杯の謎（イエスの血脈）を、十二世紀頃までは追っていたのかもしれない。猿田彦神の後裔も緊迫感があったろう。

竹内睦泰氏によれば、猿田彦神（イエス）は日本を北上した後、北米大陸から南米大陸まで巡行を続けたという。

やはり逃げる必要があったのかもしれない。

二人の別れは二人にとって最も大切な場所であったに違いない。

伊勢から日の出の富士山に祈ったのであろう。ここには夫婦岩《めおといわ》（立石《たていし》）がある。今は海に没してしまったというが、七百メートルほど沖合には猿田彦神が降臨したという「興玉神石《おきたましんせき》」があったと伝承されている。

二人の物語をよくよく理解した後に、改めてこの祭神をみると、今にもそこに二人の姿が甦ってくるようだ。

「二見興玉神社《ふたみおきたま》」三重県伊勢市

祭神　興玉大神　御名　猿田彦大神

相殿　宇迦乃御魂大神

宇迦乃御魂命は猿田彦神と別れた後、再び諱を三穂津姫《みほつひめ》と変えて、丹波で豊受大神を祀ったといわれている。丹後国風土記によれば、

「奈良朝のはじめ元明天皇和同年中、大国主命御一柱のみを島根の杵築の地に遷す。出雲大社これなり」と記される。出雲大社元宮である。

「出雲大神宮」丹波国一宮　京都府亀岡市

祭神　三穂津姫命・大国主命（八千矛命）

## 「スメル神話を受け継ぐ神々」

秀真伝は「自然界の五元素」として、ウツホ（空）、カゼ（風）、ホ（火）、ミズ（水）、ハニ（土）を挙げている。

秀真伝の「天成る道」とは、この自然の循環の輪（連鎖）からはずれた存在を悪ないし罪と見做す思想であり、自然（宇宙）の法則に従って、素直に「人」や「もの」の基本の大切にしていくことといえる。

秀真伝ではこの「自然界の五元素を備えた初めての人」として生まれたのが「天御中主神」であったとする。

よく読み込んでいくと、スメル神話の神々はこの秀真伝の五元素に対応する神々と同体でもあった。ウツホ（空）は天空神アン、カゼ（風）は風神エンリル、ホ（火）は火山神ニンフルサグ、ミズ（水）は水神エンキ、そしてハニ（土）は大地神キとなる。そして次の世代に月神・日神・星神がいる。スメル神話と日本神話が合致した構図である。

そしてそれぞれにその霊魂を引き継ぐ神々がいる。この構図に辿り着いた時、天孫族六千年の歴史が現実のものとして繋がったのである。

天空神アンは権力を王子エンリル神に譲り渡すが、その役割を古事記の神々からあてれば、それは伊弉諾尊（イサナキ）になるであろう。

大地神キは「運命を決める七人の神々」には入らないが、古事記における伊弉冉尊（イサナミ）であり、まさに原初の大地母神なのである。

風神エンリルは「荒れ狂う嵐」とも「野生の牡牛」とも表現される。

そして父・天空神アンから、母・大地神キを奪って自らの妃として、最高権力者の地位を手に入れたと伝承されている。

エンリル神がまだ若かりし頃、処女であったニンリル（後のニンフルサグ女神）を犯して一回の交合で月神ナンナを受胎してしまう。これは犯罪であった。後に最高神となるエンリル神でも、時の「運命を決める七人の神々」の裁定を受けることになり、エンリル神は自らの故郷都市ニップルから追放されてしまう。更にエンリル神はニンリルと三回も交合して合わせて四人の子を産む。しかしやがて成長したエンリル神は、ニンリルの両親に正式に結婚を申し込み、晴れて二人は夫婦となる。

どこかで聞いたことがある逸話である。古事記のソサノヲだ。

ソサノヲは高天原で神々に裁かれて出雲に追放されるが、八岐大蛇を倒して櫛稲田姫の両親の許しを得て結婚する。ソサノヲは風神エンリルの霊魂を受け継ぐ神だということを、古事記は伝えていたのである。

藤原不比等はスメル神話をよく把握していて、後の世の誰かが気付いてくれることを託したのであ

系図⑦　スメル神話　神代系図

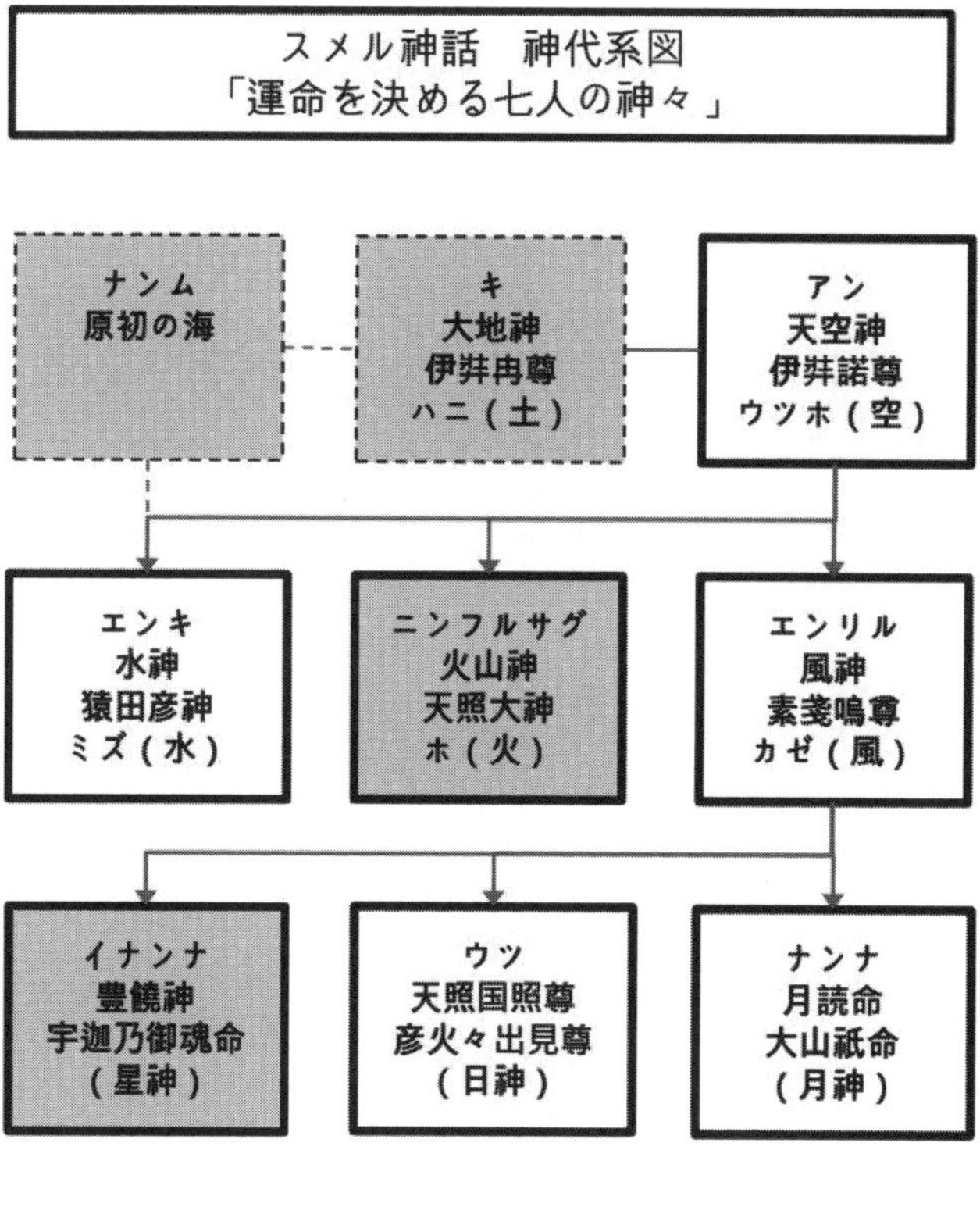

ろう。

富士宮下文書でのソサノヲの諡《おくりな》は八坂彦《やさかひこ》。出雲の熊野大社に眠る。

まさに大倭日高見国の基礎をつくりあげた皇祖であった。ソサノヲを祀る主要な神社系列は、氷川神社、津島神社、八坂神社、素戔嗚神社、須佐神社、須賀神社などがあるが、相殿なども含めれば、その祭祀数は圧倒的に全国ナンバーワンである。明治までは牛頭天王《ごずてんのう》とも習合しており、日本最大の祭り「京都祇園祭《ぎおんまつり》」の主役でもある。祇園祭はユダヤ教旧約聖書の「ノアの箱舟」を象徴した祭であろう。風神エンリルは人間を亡ぼそうと大洪水を計画して実行したスメルの最高神であり、この神の怒りを再発させぬように鎮めているのである。

第五十二代・嵯峨《さが》天皇は「素戔嗚尊はすなわち皇国の本主《ほんしゅ》なり、故に日本の総社《そうじゃ》と崇め給いしなり」として、津島神社に「日本総社」の号を奉られた。嵯峨天皇にはおそらく空海から教示されたのであろう。

先に紹介した二見興玉神社には、「蛙の奉献」として金色の蛙が祀られている。龍神信仰の一部として説明されるが、おそらくこれは扶余の金蛙《きんあ》王、すなわちソサノヲの出自を祀るものだろう。エンキ神を継ぐ猿田彦神が、エンリル神を継ぐソサノヲを祀ったものに違いない。

ソサノヲは、自分の皇女（栲幡千千姫）を皇后とし、孫となる皇子（瓊瓊杵尊）を大君につけて、自らは外祖父（高木神）として王権の最高権力者につく体制をつくった。藤原不比等はソサノヲと同じように、外祖父による権力体制を目指したに違いない。また武神・軍神であることに加えて文才にも溢れていたことが記紀に残される。藤原不比等も「文武両道」の達人になることを目指した。

そして本書では（本人に意図は無かったものの）、母（伊弉冉尊）と娘（神大市姫）を共に自らの妃にしている。風神エンリルと同じだ。

これは神道の大祝詞では「国つ罪」の中のひとつ、「上通下通婚《おやこたわけ》」（母と子と犯せる罪・子と母と犯せる罪）として禁じられることだが、物部氏の古史といわれる秋田物部文書に記載の物部氏祝詞には、何故かこの罪は記載されていない。

実は藤原不比等も上通下通婚であった。ここもソサノヲを真似たのかどうかはわからないが、意識していたかもしれない。


スメル神話の火山神ニンフルサグは、風神エンリルの妃ではあるが、水神エンキとも非常に仲が良い。大鷲（鳥族）をトーテムとする。この火神の霊魂を受け継ぐのが神大市姫、後に曾孫となる神武天皇より天照大御神の諡を贈られる。

スメル語で、ニンは貴婦人、フルサグは聖なる山、という意味だ。

すなわち大地の女神・火山神ニンフルサグとは「聖なる山の貴婦人」という意味で、富士山で活躍した神大市姫に相応しい称号であろう。

国宝・籠神社の勘注系図《かんちゆうけいず》には、後の邪馬台国の女王である卑弥呼《ひみこ》とも比定される「日女姫」に対し、亦名「倭迹々日百襲姫命《やまとととひももそひめ》」とあり、また更に亦名で「神大市姫」とも記されている。神大市姫の名が一時的に、祭祀王の世襲名として使われていたのかもしれない。また大和で最古といわれる箸墓《はしはか》古墳は「大市墓《おおいちはか》」と宮内庁に治定されており、神大市姫の「大市」と何か関係している可能性がある。

当初は富士山に祀られたが、現代は伊勢神宮におられる。

伊勢以外の神社では、浅間神社等において「大歳御祖命《おおとしみおや》」、つまり「大歳命＝彦火々出見尊の母」として祀られる。「市神社」も含めて、本人はこちらの方がのんびりとできているかもしれない。

「大歳御祖神社《おおとしみおや》」祭神　大歳御祖神（静岡浅間神社）　静岡市
「市神社《いちがみしゃ》」　祭神　大市比売命（津島神社境外摂社）津島市
　　　　大歳神・宇迦乃御魂神

二人の逝去の時期はわからないが、古事記にて神武天皇に布津御魂の神剣を届けるように指示する高皇産霊命と天照大御神が二人であれば、その時期まで人として存命されていた可能性も十分にあるだろう。

二人は日本の皇祖だが、恋の悩みにも苦しみ、また親としての責任を果たすために辛いこともあった。私たち現代人と同じなのだ。


そして水神エンキの霊魂を受け継ぐ神こそは猿田彦神である。

エンキ神とニンフルサグ女神には、伝説の炎帝神農とも通じる神話があるので紹介しておこう。

女神ニンシキル（後のニンフルサグ女神）は水神エンキに対して、街の運河に十分な水が流れるような灌漑工事を要請した。エンキ神は瞬く間に街が水で溢れんばかりの工事を実行した。そして二人は交合する。女神ニンシキルはニンニシグ女神を産む。するとエンキ神はそのニンニシグ女神ともすぐ交合する。ニンニシグ女神はニンクラ女神を産む。

そしてまた同じことが起き、ニンクラ女神はウットゥ女神を産む。

激怒したニンフルサグ女神はウットゥ女神の下腹部からエンキ神の種子を引き出して野に植えると、そこから大地に八種類もの草が生えた。エンキ神はその草をすべて食べてしまったが、毒にあたってひどい病気になってしまう。周囲の神々はおろおろするしかなかった。

ここで風神エンリルの指示を受けた「狐《きつね》」が、隠れていたニンフルサグ女神を探し出して頼み込み、エンキ神の治療にあたる。ここで女神は「愛しい兄様、どこが病んでいるのですか」とエンキ神を兄とも呼ぶ。

水神エンキは植物たちのそれぞれの運命を定め、そしてニンフルサグ女神の治療でようやく立ち直ることができた、という。

もしかしたらこの「狐」は女神イナンナ（宇迦乃御魂命）であり、この「狐」が稲荷神社を守っているのかもしれない。

中国神話で「炎帝神農」は医療と農業の神とされる。

特に医療については、薬となる植物の効用を見極めるため、自らが薬草と毒草をすべて食して毒の有無を検証した。炎帝神農の身体は頭部と四肢を除いて透明であり、もし毒があれば内臓が黒くなるので、それをもって植物の効用を確かめたという伝説が残っている。

これは八種類の草をすべて食べて自ら病み、その後の植物たちの運命を定めたというスメル神話のエンキ神と同じ伝承であろう。

猿田彦神は水神エンキと炎帝神農の霊魂を受け継ぐスメル人直系だ。

古事記での三貴子は月読命の活躍が少なくてバランスが悪いという意見には違和感がないだろう。一方、日本書記一書第六では「天照大御神は高天原を、月読命は青海原の潮流を、素戔嗚尊は天下を治めなさい」となっていて、神々の役割は変わっていくことも示唆している。

三貴子としてのバランスは彦火々出見尊、宇迦乃御魂命、猿田彦神の方がずっと良いだろう。古代日本の「三貴神」といってよい。

後の五世紀に渡来してきた秦氏が祀ったのは、この三柱であろう。

八幡神社は正八幡の彦火々出見尊、稲荷神社は宇迦乃御魂命、そして庚申信仰は聖徳太子が猿田彦神を祀った。

| | | | |
|---|---|---|---|
| 彦火々出見尊 | 日神 | (日神ウツ) | 八幡信仰 |
| 宇迦乃御魂命 | 金星神 | (豊饒の女神イナンナ) | 稲荷信仰 |
| 猿田彦神 | 海神・月神 | (知恵と水の神エンキ) | 庚申信仰 |

「エンキ神の定めた世界秩序」の伝承では、エンキ神は宰相として世界の秩序を定める決意を表明し

ている。

「私はアン神の長子、国土の大いなる君主、すべての異国の父、豊かさをもたらす。正義を監督し、エンリル神と共に良き運命を定める。

我がアブズ（深淵）では聖歌と祈祷が絶えず聞こえる。

我が旗艦『アブズの牡鹿』は速やかに航行し、（中略）いざ行かん。私はエンキ神。国中を巡って、運命を定めよう」

エンキ神の母は、原初の海ナンムだという。エンキ神の深淵アブズの水は真水だが、母なる海から生まれた「海御中主神《うみみなかぬし》」でもあったのだ。

この神話の中で、エンキ神は女神イナンナに「喜ばしい声で語る女性らしさ」「優美な衣装と女性の魅力」「女性らしい話術」の能力も与えている。マグダラのマリアの魅力はここから生まれたのだろう。

猿田彦神がエンキ神の霊魂を受け継ぐイエス・キリストであり、現代で最も多くの人々が信仰するキリスト教の創始者であるとすれば、この「エンキ神の定めた世界秩序」は今でも生き続けているといえるのであろう。しかしその元は「天成る道」であり、日本と同根であったのだ。

もうひとつ注目すべきは旗艦「アブズの牡鹿」だ。

エンキ神の水軍を司る神々は「鹿」をトーテムとする一族であった。これは安曇族である。クニトコタチ・クニサッチの天孫族をメソポタミアの地から航海によって連れてきた海軍である。

筑紫の志賀海神社、諏訪の諏訪大社前宮（建御名方命《たけみなかた》）、鹿島の鹿島神宮はいずれも「鹿」の神社である。現代で鹿といえば大和（奈良）の春日大社を思い浮かべるが、この鹿たちは常陸の鹿島神宮から歩いて大和まで行ったという史実がある。この鹿が途中で病気となり死んでしまったので手厚く葬った地が、東京の江戸川区に「鹿骨《ししぼね》」の地名として残り、小さな鹿見塚《ししみつか》神社がその伝承を伝えている。

スメル神話・エンキ神の古代史は街の至るところで繋がっている。

# 四

# 神日本磐余彦火々出見天皇《かむやまといはわれひこほほでみてんのう》

## 「諏訪《すわ》の建御名方命《たけみなかた》」

さて少し遡って重要な神々の伝記を確認しておこう。

建御名方命《たけみなかた》は出雲七代大名持・天之冬衣命の次男であり、亦名を御穂須々美《みほすすみ》ともいう。母は奴奈川《ぬなかわ》姫《ひめ》、越の奴奈川神社で祀られる。

「奴奈川神社」越後国一宮天津神社摂社　富山県糸魚川市
　祭神　奴奈川姫命

宗像三女神の一人、多紀理比女《たきりひめ》命（奥津島比女《おきつしまひめ》命・田心姫）と比定する。記紀では二人の大名持である天之冬衣命と八千矛命を共に大国主神とするため、祭神の判別が非常に難解になっている。後に神道集では、建御名方命は母を日光二荒山に訪ねたと記しており、日光二荒山神社に祀られる田心姫（多紀理姫）が母であることは確かであろう。

国譲りの後、建御名方命には出雲での役職は残されていなかった。

領地は一国のみとされ、且つ九代大名持は兄・八重波津見（事代主）の子、甥の鳥鳴海《とりなるみ》が襲名する。タケミカツチは建御名方命に軍神としての才能を見出していたに違いない。富士宮下文書ではフツヌシ・タケミカツチと並ぶ軍神として早くから活躍している。おそらく建御名方命の陣地・諏訪をいち早く制覇していたのは安曇族の穂高見命であろう。
穂高見命は既に塩尻峠を越えて安曇野の地を開拓していた。ソサノヲと父・宇都志日金拆命が約束した高峰への挑戦である。穂高見命は穂高神社にて祀られている。穂高連峰への登山口、大正池《たいしょういけ》や明神池《みょうじんいけ》などがある上高地《かみこうち》とは、「神降地」「神垣内」の意である。

「穂高《ほたか》神社」信濃国三宮
　祭神　穂高見命《ほたかみ》
　本宮　長野県安曇野市穂高
　奥宮　長野県松本市安曇上高地明神池畔
　嶺宮　北アルプス奥穂高岳山頂

穂高見命には男勝りの活躍で従軍してきた娘の八坂刀売命《やさかとめ》がいた。
建御名方命は安曇族の諏訪の女王に婿入りしたのである。

「小野神社」信濃国二宮　長野県塩尻市
　祭神　建御名方命
「諏訪大社」信濃国一宮　長野県諏訪市・茅野市

祭神　建御名方神・八坂刀女神
上社本宮《かみしゃほんみや》・上社前宮《かみしゃまえみや》　下社秋宮《しもしゃあきみや》・下社春宮《しもしゃはるみや》

諏訪大社の原初の宮である上社前宮の「御頭祭《おんとうさい》」は、「鹿」に関連した祭祀である。古代では鹿の首七十五頭が生贄として神に捧げられた。

秀真伝は、古代では肉食が禁じられていたが、極寒地の諏訪においてのみは男神アマテルが鹿肉を食することを許されたのだと伝えている。

後の第七代・孝霊《こうれい》天皇の御代、これを伝える興味深い記述がある。

「シカイヌチヨリ　ヒトヒトリ　タケミナカタノ　オシエナリ」

鹿の命よりも人ひとりの命が大切である、これは建御名方命の教えであるという。大自然と共に生きることの摂理であろうか。諏訪の地はやはり縄文王国であり、スメル人の淵源の地であったかもしれない。

タケミカツチと建御名方命は、八ヶ岳麓の富士見台である御射山《みさやま》から不二山の眺望を臨んだのであろう。建御名方命はその神々しさに圧倒された。日本三大奇祭ともいわれる富士吉田の「火祭り」は、北口本宮《きたぐちほんぐう》富士浅間神社と、その元宮ともいわれる諏訪神社の合同例大祭である。

往古には八ヶ岳の方が不二山よりも高峰であったが、火山爆発で頂上が吹き飛び八つの峰に別れた。そして飛んできた大きな岩が守屋山《もりやさん》の麓のフォッサマグナと中央構造線の交点を抑え込んだ。「諏訪七石《すわななのいし》」のひとつ「小袋石《こぶくろいし》」の伝承である。大自然の摂理としかいいようがない。

彦火々出見尊には養子が一人いる。六人目の皇子となるのは、建御名方命の長子、大國玉命《おおくにたま》（建御名方彦神別命《たけみなかたひこかむわけ》）である。

彦火明命は富士王朝入りする前に、大和から一族を連れて諏訪を経由して巡行し、諏訪一族とも交流を深めていた。建御名方命の妃、八坂刀売命は安曇族・穂高見命の娘である。建御名方命は日嗣となる彦火明命（彦火々出見尊）に対して、長子を養子として宮中入りさせ、永久の忠誠を誓ったのである。富士宮下文書では、軍神・大國玉命は、大物主神（彦火明命）の後継として、次の世代の総軍事司令官として活躍する。

諏訪の軍団は常に「鹿」に跨って戦に臨んだとも記されている。

「諏訪大社　若御子社・若宮社」
　祭神　建御名方彦神別命（大國玉命）

## 「稚日女尊《わかひるめ》と瓊瓊杵尊《ににぎ》」

稚日女尊（ワカヒルメ）は通説では天照大御神の妹とされる。本書ではソサノヲ皇女の栲幡千千姫を稚日女尊と比定する。イサナミは神大市姫（姉）と栲幡千千姫（妹）、二人の皇女がいた。栲幡千千姫は養蚕・機織の神であり、川の水の神でもある。養蚕の地・毛野に天棚機姫神《あめのたなはたひめ》（白瀧姫）の伝承が伝わり、速秋津姫神として祀られている。そして、上野国一宮の貫前神社の祭神は一説に稚日女尊ともいわれている。

「白瀧《しらたき》神社」群馬県桐生市
　祭神　天八千々姫命・白瀧姫命
「甲波宿禰《かわすくね》神社」上野国四宮　群馬県渋川市
　祭神　速秋津彦神・速秋津姫神
「貫前《ぬきさき》神社」上野国一宮　群馬県富岡市
　祭神　経津主命・姫大神（稚日女尊　一宮巡礼記）

栲幡千千姫＝万幡豊秋津師姫は、その名にアキツとあり、祓戸大神としての速開都姫神《はやあきつひめ》とも同体であろう。

「祓戸大神《はらえとのおおかみ》」
瀬織津姫神《せおりつひめ》　神大市姫（櫛稲田姫）（穢れを川から海へ流す）
速開都姫神　万幡豊秋津師姫（待ち構えて穢れを飲み込む）
気吹戸主神《いぶきとぬし》　月天子（天御中主）（穢れを根国に息吹で放つ）

速佐須良姫神《はやさすらひめ》　伊弉冉尊・素戔嗚尊　（根国の穢れをさすらって失う）

祓戸大神の四神については様々な比定説があって定説はまだ無い。

吉田神道では四神の働きを纏めて素戔嗚尊一柱とする。筆者は伊勢内宮の倭姫命世紀を参考として右の通り比定している。月天子（天御中主神）、伊弉冉尊（イサナミ）と皇女二人である。素戔嗚尊（ソサノヲ）と速佐須良姫は力を合わせると記されている。速秋津姫は、現代では隠されているが、伊勢内宮にも水戸神《みなとのかみ》として、夫君（天忍穂耳尊）と共に祀られている。

「伊勢内宮別宮　瀧原宮・瀧原並宮」
　祭神　天照大御神御魂
　（速秋津比古命・速秋津比女命　倭姫命世紀）

秀真伝では、イサナキとイサナミの子である蛭子命（ヒルコ）が女神とされており、ヒルコヒメ＝ワカヒメ（ワカヒルメ）であり、そして何と天児屋根命の父である天八意思兼命の妃ともなっている。

本書では栲幡千千姫は夫君の天忍穂耳尊が早逝された後、天八意思兼命と再婚されたものと比定しておきたい。晩年は伊勢から熊野・播磨方面まで、ソサノヲの皇女として積極的に活躍されたのであろう。

「伊佐波《いさわ》神社」志摩国一宮　三重県鳥羽市
　祭神　稚日女尊・伊佐波登美命・玉柱屋姫命・佐依姫
「丹生都比売《にうつひめ》神社」紀伊国一宮　和歌山県伊都郡
　祭神　丹生都比女大神（稚日女尊）・高野御子大神
　　大食津姫大神・市杵島比女大神
「生田《いくた》神社」兵庫県神戸市
　祭神　稚日女尊

富士宮下文書では、栲幡千千姫と天忍穂耳尊には二人の皇女（瓊瓊杵尊の妹）がいたとするのだが、この二人の皇女が忌部氏の祖・天太玉命と中臣氏の祖・天児屋根命に嫁いでいることも記しておきたい。両命は時の左大臣・右大臣であり、皇統を引き継ぐ三血族ともされていた。

この観点からも、栲幡千千姫の血は後裔に繋がれていたであろう。

栲幡千千姫の皇子・瓊瓊杵尊は富士宮下文書では残念ながら早逝されて、不二阿祖山皇祖宗廟に祀られた。

秀真伝での大活躍とは極めて対照的なのだ。

宮内庁治定陵墓は、天津日高彦火瓊瓊杵尊・可愛山陵《えのみささぎ》（鹿児島県薩摩川内市・新田神社）である。

瓊瓊杵尊は誓約で生まれた神の中の「天津日子根命《あまつひこね》」に比定されるのだが、古事記にて天津日子根命は天穂日命（出雲国造の祖）と共に、いきなり冒頭で神裔（後裔氏族）が説明されており、活津彦根命（彦火々出見尊）の神裔がここで隠されるのとは対照的なのである。また后である木花咲夜姫は富士宮下文書では残念ながら富士山で自死される。瓊瓊杵尊の血は繋がれたのか？

淡海（近江）に三上祝家《みかみほふりけ》という氏族がある。近江富士と呼ばれる三上山を神奈備とする御上《みかみ》神社にて天御影《あめのみかげ》命を祀る。系図では天津日子根命（瓊瓊杵尊）を祖とし、その二代目が明立天御影《あけたつあめのみかげ》命であり、紀伊の国懸神宮《くにかかすじんぐう》で祀られる神だ。通説では天御影命とはその父が大君（天皇）であり、本来ならば自らが大君になるべき血筋ながら、何らかの理由により大君になれなかった皇族であるという。神武天皇以降の欠史八代の間にも別人の天御影命が一人登場してくる。明立天御影命はまさに瓊瓊杵尊の後裔に違いない。更にその後裔三代目は天目一箇神《あめのまひとつのかみ》という鍛冶の神で、この後裔は後に古代史で活躍している。どうやら瓊瓊杵尊の血もしっかりと後世に繋がれている。

「國懸神宮《こくかかすじんぐう》」紀伊国一宮　和歌山県和歌山市
　祭神　國懸大神（日矛鏡）
　相殿　明立天御影命・玉祖命・鈿女命
「多度《たど》大社《たいしゃ》」伊勢国二宮　三重県桑名市
　祭神　本宮　天津彦根命・面足尊・惶根命
　　　　別宮　天目一箇命（一目連神社）

「箱根神社《はこね》」関東総鎮守　神奈川県足柄下郡
祭神　瓊瓊杵尊・木花咲邪姫命・彦火々出見尊

## 「迦毛大御神《かもおおみかみ》」

彦火々出見尊には五人の皇子と一人の養子がいた。六人に加えてもう一人、その王朝で重要な役割を果たした神について説明しておこう。

彦火々出見尊と妃の豊玉姫は、日嗣として富士王朝・不二阿祖山高天原に迎えられた。おそらく一行の行程は、大和（三輪）～山城（賀茂）～淡海（野洲）～美濃（南宮）～尾張（真清田）～神坂峠～信濃（諏訪）～甲斐（酒折）～富士吉田であろう。諏訪では建御名方命と親交を深めて、養子を受け入れていた。

豊玉姫は蛭子命（安曇族）の一族になるが、富士宮下文書では富士王朝で后となる正当な血族とは認められずに、なんと天児屋根命の猶子（養子）となって日嗣の儀式（大嘗祭《だいじょうさい》）に臨んだのである。つまり安曇族は天御中主神が決めた皇統・左大臣家・右大臣家の三皇統からは外れていたということだ。このあたりは厳しい統制があったかもしれない。

豊玉姫は海神（蛭子命）安曇族の血を引いていながら、天児屋根命の猶子となって大嘗祭に臨まねばならなかったことは納得できなかった。

王朝の堅苦しい段取りは自分には合わない。多忙な大君（彦火々出見尊）の役割に対して申し訳ないと思いつつ、ついつい愚痴を漏らしてしまったのではないか。彦火々出見尊は皇子たちを全国の主要な位置に配置して国防を固めることを最優先策として取り組んでいた。豊玉姫の自由奔放な性格から愚痴がでることはよく理解できた。しかし彦火々出見尊は全国の神々の動きをよく見ていた。王朝の体制を更に強化すべく、ある人物を宮中に取り込むことを考えていた。

味鋤高彦根命《あじすきたかひこね》、改め建角見命《たけつのみ》（富士王朝では三島溝咋命《みしまみぞくい》）に身内の皇族としてもっと王朝運営に参画してもらいたい。味鋤高彦根命は出雲の大名持ヤチホコの嫡子であり、その母は妹の宇迦乃御魂命、つまり建角見命は彦火々出見尊の甥にあたる。その後、父ソサノヲの従兄である金山彦の一族に婿入りして鉱山を支配する一族を率いていた。

秀真伝では、彦火々出見尊から建角見命に対して、自分の妃の一人を降嫁させる（譲り渡す）ことが記されている。極めて興味深いことだ。

この姫は磯依姫《いそよりひめ》とされていて、豊玉姫とは記されていないのだが、磯依姫とは海神の巫女との名であり、おそらく豊玉姫が磯依姫との亦名に変えて降嫁したのであろう。これは本書独自の比定である。

豊玉姫は、古事記では、出産後すぐに海へ戻ってしまった。日本書紀では、「初め豊玉姫は別れるときに、恨み言をしきりにいわれた」と記されている。そして富士宮下文書では、大嘗祭の後、何とすぐに亡くなられてしまうのである。やや違和感がある。

どうやらこのような（降嫁されたという）ことであったのであろう。

建角見命は、鍛治の一族の棟梁である金山彦の一族に加えて、世襲名豊玉彦、すなわち穂高見命の義弟として海神安曇族にも婿入りしたのである。後に建角見命は、王朝を裏で支える大御所として、迦毛大御神《かもおおみかみ》と呼ばれることとなる。古事記で大御神（オオミカミ）と呼ばれるのは、天照大御神とこの迦毛大御神の二人だけなのである。

先祖の血統を重視する王朝重臣（天太玉命・天児屋根命）の施策だろうが、自由奔放な豊玉姫はむしろ喜んでいたのではなかろうか。建角見命は富士（三島）、大和（三輪）、出雲、そして母の縁で宗像にも地盤を持つ大豪族であり、王朝の堅苦しい仕来りに辟易していた豊玉姫にはより相応しいものだったとも思える。豊玉姫の本拠地は筑紫の志賀海神社である。しかし間違いなく豊玉姫は富士山までは来ていたのだ。

それでも富士山を離れる際には何かこみ上げてくるものがあった。
日本書紀に記される「挙歌《あげうた》」は二人が「人」であったことの璽《しるし》である。

（彦火々出見尊）　オキツトリ　カモツクシマニ　ワガイネシ
　　　　　　　　　　　　　　イモハワスラシ　ヨノコトゴトモ

（豊玉姫）　アカタマノ　ヒカリハアリト　ヒトハイヘド
　　　　　　　　　　　　キミガヨソヒシ　タフトクアリ

豊玉姫の富士王朝でのこの気持ちを表す神社がある。
青木ヶ原の大樹海の中にひっそりと佇んでいる。

この時、皇子たちと血族の配置は以下の通りであったろう。

・伊勢　長子　櫛玉命
・筑紫　二男　彦波限命（鵜草葺不合尊）
・丹波　三男　大山咋命
・東国　四男　羽山戸命（胆朽磯丹杵穂命）
・尾張　五男　天香語山命
・諏訪　養子　大國玉命
・山城　義弟　建角見命
・筑紫　義弟　穂高見命

富士宮下文書はこの後、彦火々出見尊は石割姫《いしわりひめ》を后としたと伝える。

この姫は誰だったのであろうか。後程明らかにしてい

写真⑤　青木ヶ原樹海に祀られる豊玉姫
（筆者撮影）

こう。

彦火々出見尊は、常に外寇に対して臨戦態勢を維持する必要があることから、その軍事態勢の中心となる都を筑紫島に配置する決心をした。

あくまでも王朝祭祀の中心は不二高天原（天都《てんと》）に置くが、国防の中心を担う機能を新しい都（神《しん》都《と》）の筑紫島の日向《ひむか》に移転する。

大君である彦火々出見尊は富士王朝（天都）で引き続き采配を握るが、外寇に対する軍事作戦の指揮は「神都」が全権を握る体制である。

彦火出見尊は神都の日嗣として二男の彦波限命《ひこなぎさ》を指名する。

初代神皇となる彦波限命は、日向の地に新しい宮殿の建設を指示したが、急かす彦火々出見尊の出陣要請により、宮殿ができあがる前に筑紫日向の地に着陣した。富士宮下文書ではこの故事を以て、「鵜草葺不合尊《うがやふきあえず》（ウガヤフキアエズ）」と諱を賜った。

この名の由来は豊玉姫の産屋ではなかったのである。

神都の政の補佐役は安曇族の穂高見命と賀茂族の祖となる建角見命である。祖父となる宇都志日金拆命の諱の通り、安曇族は「宇」の家であり、「宇」の一族が栄え、不二山も合わせて統べる世がきたのである。

富士宮下文書では、これを「宇家弥不二合須世《うがやふじあわすよ》」・日向高千穂高天原《ひむかたかちほたかあまはら》と呼ぶ。

系図⑧　高天原の物語　全体系図

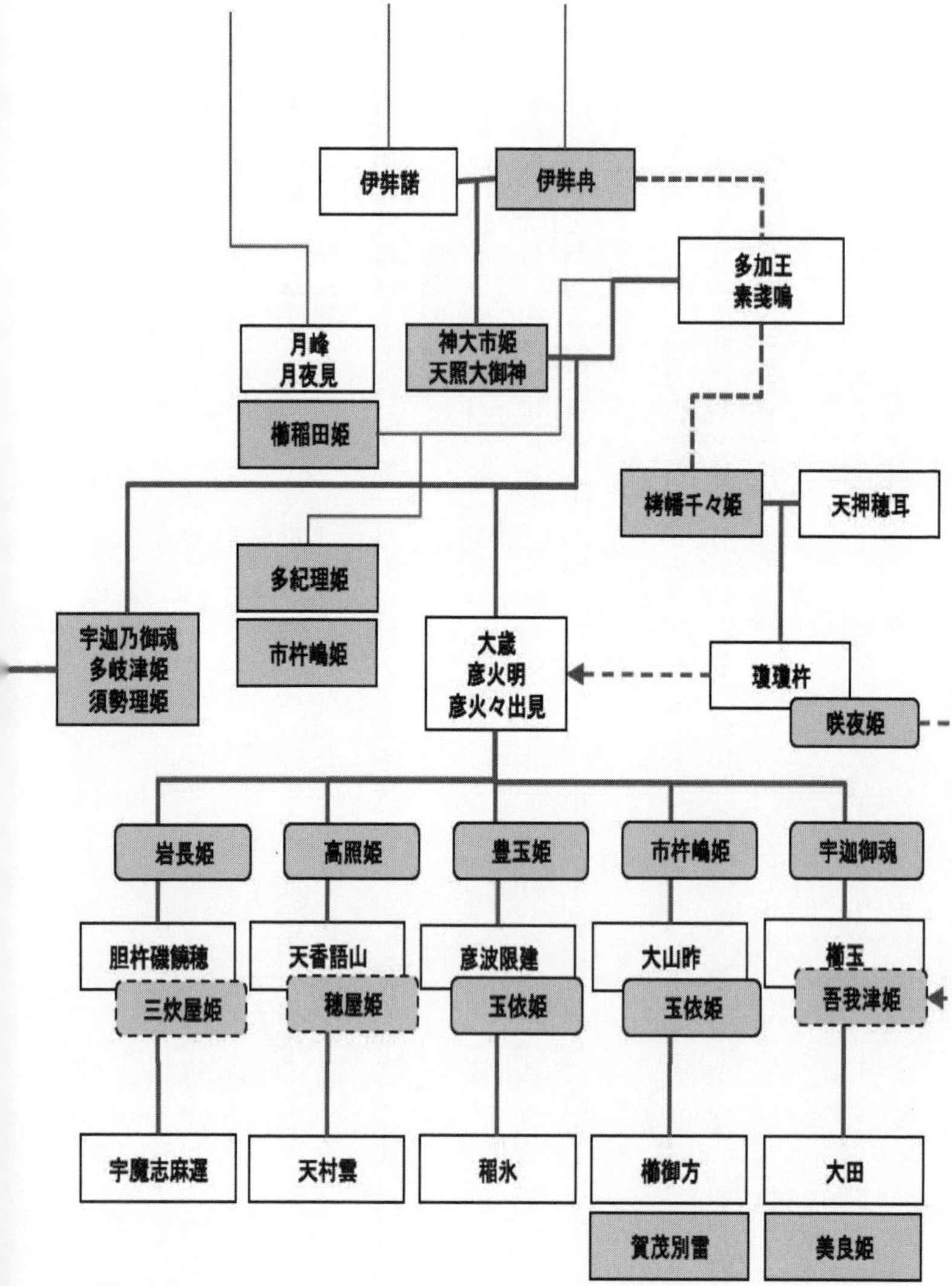

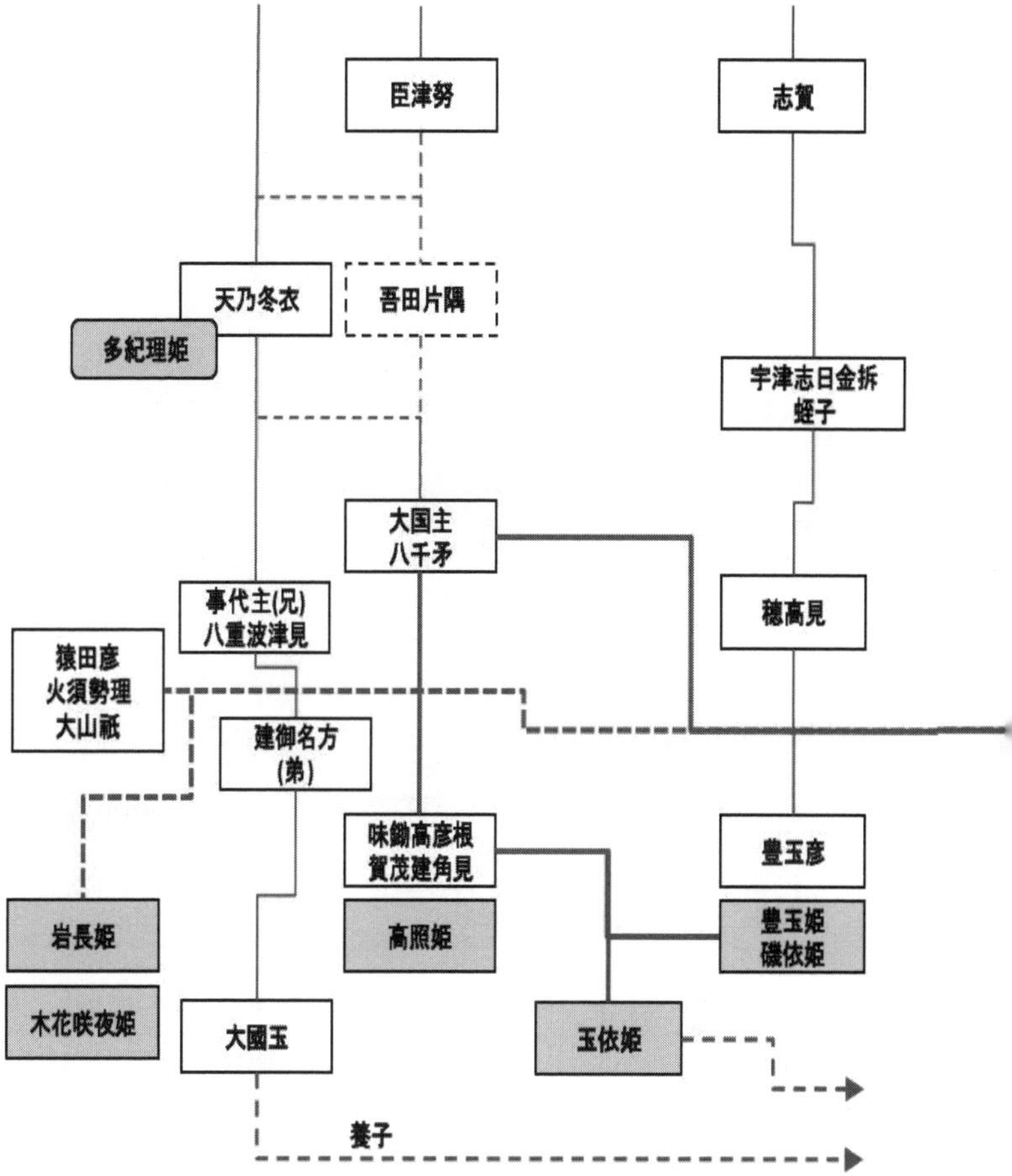
臣津努
志賀
天乃冬衣
吾田片隅
多紀理姫
宇津志日金拆
蛭子
大国主
八千矛
事代主(兄)
八重波津見
穂高見
猿田彦
火須勢理
大山祇
建御名方
(弟)
味鋤高彦根
賀茂建角見
豊玉彦
岩長姫
高照姫
豊玉姫
磯依姫
木花咲夜姫
大國玉
玉依姫
養子

系図⑨　彦火々出見尊の五人の皇子たち

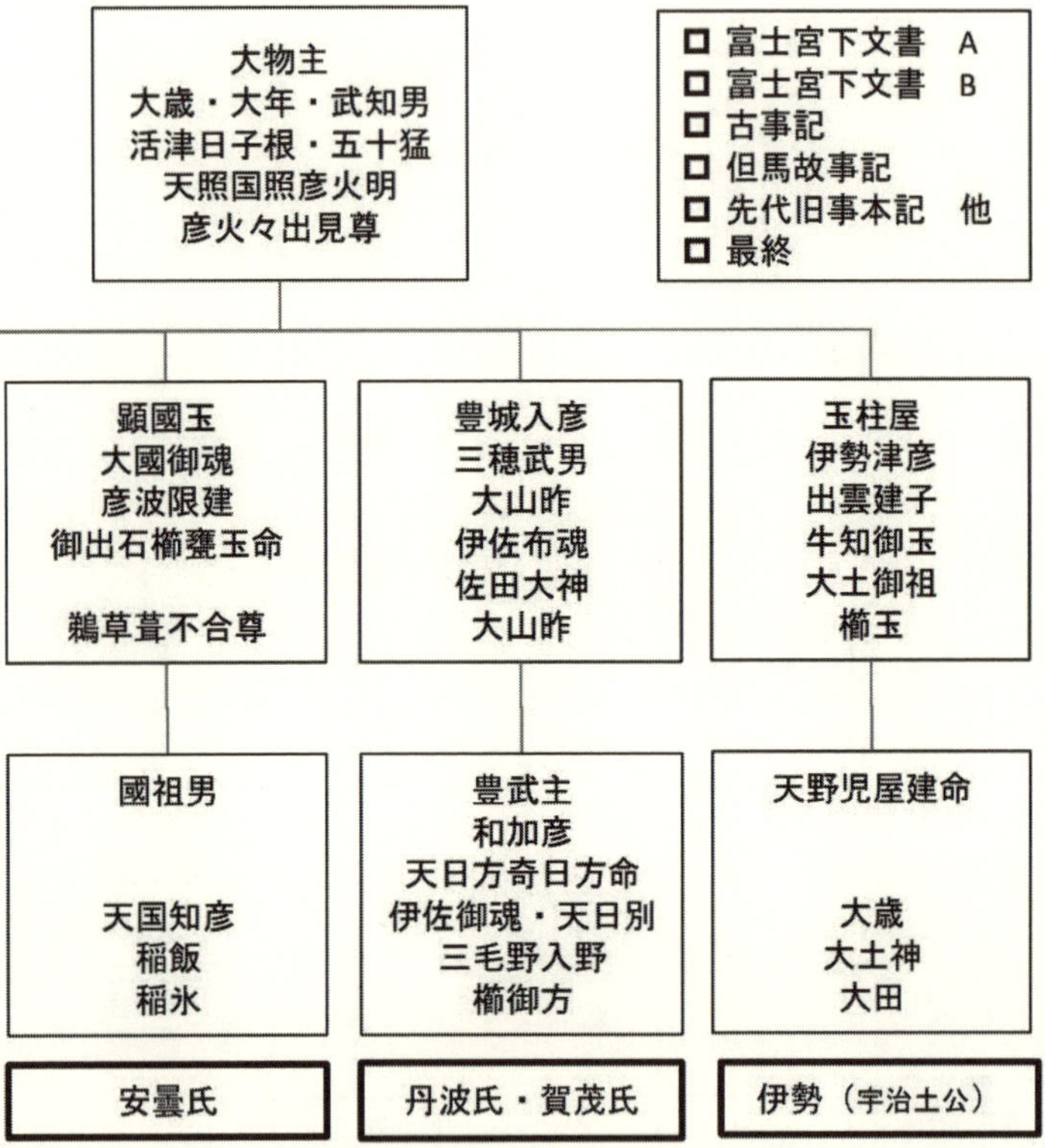

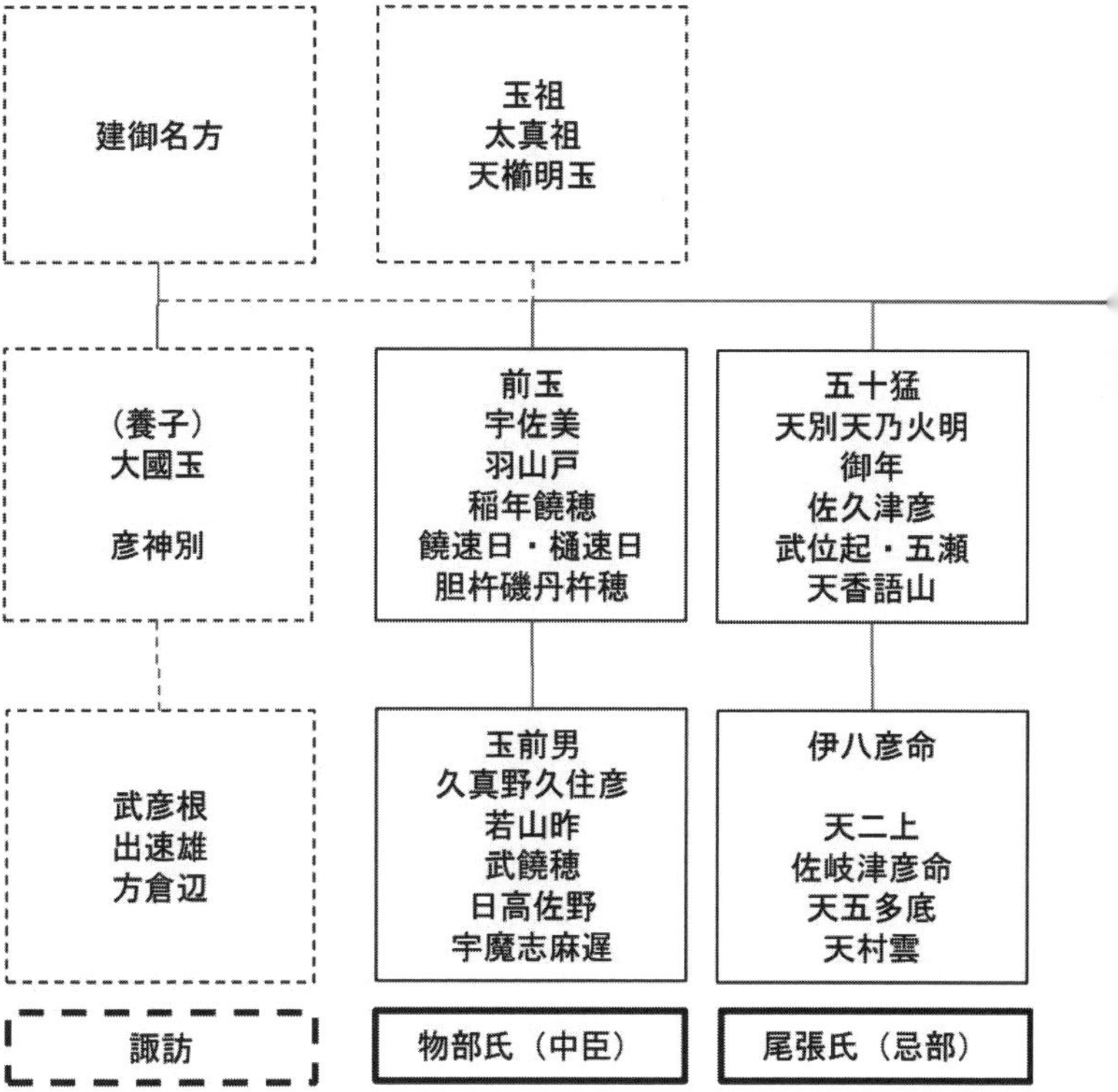
建御名方
玉祖
太真祖
天櫛明玉
（養子）
大國玉
彦神別
前玉
宇佐美
羽山戸
稲年饒穂
饒速日・樋速日
胆杵磯丹杵穂
五十猛
天別天乃火明
御年
佐久津彦
武位起・五瀬
天香語山
武彦根
出速雄
方倉辺
玉前男
久真野久住彦
若山昨
武饒穂
日高佐野
宇魔志麻遅
伊八彦命
天二上
佐岐津彦命
天五多底
天村雲
諏訪
物部氏（中臣）
尾張氏（忌部）

通説では、後の時代に邪馬台国《やまたいこく》があったとされ、その所在地は筑紫（九州）、近畿（奈良）で未だに決着をみていないが、本書の比定ではもともと邪馬台国は無かった。ヤマト国なのである。「天都」が不二阿祖山高天原にあり、交代で出雲日御碕高天原に渡り、そして外寇に備える「神都」が、日向高千穂高天原として筑紫島に新たに造られた。

これが富士宮下文書と九鬼文書を繋いだ高天原の歴史である。

彦火明命、改め彦火々出見尊、亦名天照國照尊の皇子たちは五人。この五つに分かれた皇統から大倭日高見国の創世の歴史が始まる。神武天皇即位の紀元五七年までの歴史を追っていくことで、「猿田彦神はイエス・キリスト」である証明に近づいていくはずである。

## 「宇《う》伽《か》耶《や》不《ふ》二《じ》合世《あわすよ》・日向《ひむか》高千《たかち》穂《ほ》高天原《たかあまはら》」

富士宮下文書にある「宇家弥不二合須世（ウカヤフジアワスヨ）」という言霊は極めて印象的であり特徴的だ。「宇」の家は、宇佐の月神「天御中主神」に始まり、「宇都志」の海神族であり、「ウガヤフキアエズ尊」でもある。スメル神話の日神ウツも「宇」の一族であろう。

筑紫島に始まった「宇」の家、「大倭国」が弥えて、富士山の「日高見国」までを含めて統治する「大倭日高見国」と同じ意味を持つ言葉であると考えてよいだろう。

「宇」とは家や家族の意味だ。神武天皇を祀る橿原神宮《かしはらじんぐう》には、神武天皇の目指した「八紘為宇《はっこういちう》」の説明がある。この「宇」だ。「神武天皇の『八紘為宇』の御勅令の真の意味は、天地四方八方の果てに至るまで、この地球上に生存するすべての民族が、あたかも一軒の家に住むように仲良く暮らすこと、つまり世界平和の理想を掲げたもの」である。

彦火々出見尊を助けた塩土老翁は天孫族の重鎮で、天皇家の守護神たるエンキ神の霊魂を受け継ぐ海神、「底・中・上」の住吉三神が一体＝一人となった人格神との伝承がある。亦名を事勝國勝長狭命、日本書紀で瓊瓊杵尊の天孫降臨でも登場し、また神武天皇に東征を勧める神でもある。高良玉垂宮神秘書は「ウガヤフキアエズ尊は住吉大明神である」とも記している。本書ではこの塩土老翁は猿田彦神とも同体であるとの比定を続けてきた。猿田彦神は住吉大明神とも同体であり、スメル神話・水神エンキの霊魂を受け継いでいたということになる。

宇家弥不二合須世（ウカヤフジアワスヨ）という言霊に対して、記紀の鵜草葺不合尊（ウガヤフキアエズ）という否定形（不合）の言霊の違いは何を意味しているのだろうか。伝承では「ウカヤフジアワセズ」という明確な否定形の呼び名も伝えられている。

記紀では鵜草葺不合尊（ウガヤフキアエズ）という名は、産屋に鵜の羽を使って屋根を葺こうとしたが、まだ葺き終わらないうちに豊玉姫が御子を産まれてしまったことで名付けたとする。これは藤原不比等による言霊の謎かけであろう。

この言霊の本来の意味は「宇・『伽耶』×『不二』・不合（ウ・カヤ×フジ・アワセズ）」ではないだろうか。

「伽耶（カヤ）」とは、後に朝鮮半島最南端に存在する金官伽耶国《きんかんかやこく》、記紀では任那《みまな》と記される地域のことである。七世紀後半、天武天皇即位の直前、同盟国の百済復興を賭けて、大倭日高見国は唐・新羅の連合軍と白村江《はくすきのえ》海戦で戦った。ここで大敗戦を喫して、海軍の名族である安曇族は壊滅的な被害を受けてほぼ滅亡することになる。この時代までの実態は徐福、素戔嗚尊、猿田彦神の渡来の流れも受けて、まだ三韓との国境は定まっておらず、伽耶（朝鮮半島）と不二（富士山）を合わせる海峡国家だったのである。しかし記紀では、神武天皇以降はほぼ現代と同じ国土の領域を持つ国になったことにした。三韓（高句麗・百済・新羅）は別の国であり、あくまで国家同士の外交があったことにした。神武天皇の前の皇統を宇伽耶不二不合尊＝鵜草葺不合尊（アカヤフジアワセズ）という言霊としたのは、そのような暗喩があった。ある時点でカヤフジアワセズ国から、カヤフジアワセズの国になったということだ。


天武天皇と藤原不比等は自らが天御中主神の後裔との自負があった。

天武天皇の諱は「大海人《おおあま》」とされる。まさに水神・海神なのである。

これを幼少時に丹波の海部氏に育てられたからとする説が多いが、本書ではその説はとらない。

大海人とはスメル人の海神そのものであり、天御中主神であり、水神エンキの生まれ変わりの住吉大明神でもあるという意味であろう。

通説とは異なるが筆者は「天武天皇は物部氏である」と比定する。籠神社の海部氏は、物部氏と対峙する尾張氏・丹波氏の祖である。

さて日向高千穂高天原はどこにあったのであろうか？

記紀でいう天孫降臨の場所についても諸説あって、未だに論争中というのが実態だ。古代では「日《ひ》向《むか》」という言葉は、具体的に現代の宮崎を示すものではなく「日に向かうところ」という普通名詞と理解する。

言語考古学者の川崎真治氏は、瓊瓊杵尊の天孫降臨の地は既に紹介した開聞岳（牧開神社）であろうとする。吾《あ》田《た》大《おお》隅《すみ》火《ほの》闌《す》降《せり》族と牧開神《ひらさきのかみ》であり、猿田彦神の本拠地である。

九州には他にも神武天皇、稲氷命などの伝承に関連する多くの神社がある。富士宮下文書では、記紀に記される瓊瓊杵尊による華麗な天孫降臨は無く、大陸からの外寇に備える神都があったことになっている。

おそらく史実はこちらに近く、また当時は大陸・半島からの渡来者が途切れなく来るような時代であり、九州にはより多くの分散型の皇都があったのであろう。富士宮下文書では、ウガヤフキアエズ時代の海軍総裁である豊玉彦の八人の皇子たちが、宇佐を海軍基地として活躍したと記し、彼らが掲げていた八本の旗が「八幡《やはた》」の語源であるとする。

高良玉垂宮神秘書は、奈良時代の筑紫の三つの宮の伝承を伝える。

右宮　住吉大明神　（住吉神社　筑紫国一宮　福岡市）
中宮　高良玉垂大菩薩（高良大社　筑後国一宮　久留米市）
左宮　宇佐八幡宮　（宇佐神宮　豊後国一宮　宇佐市）

おそらく瀬戸内海航路を大和から筑紫に向かう時の名称（右中左）なのであろう。高良大社は古代において筑紫の物部氏の総本社だった。

亀山勝《かめやままさる》氏によれば、古代では博多湾と有明海は河川を通じた水路で結ばれていたという。外洋を周ることなく博多湾と有明海を船で移動できれば、筑後川流域となる高良大社周辺が非常に発展していたことは間違いないだろう。

また宇佐神宮ともども豊前で古代から信仰を集めた古社がある。

「香春《かわら》神社」豊前国一宮　福岡県田川郡
　祭神　辛国息長大姫大目命《からくにおきながおおひめおおめ》・忍骨命《おしほね》（天忍穂耳尊）・豊比売命

祭神の比定が難しい神社だ。ここには後の時代に「熊野権現」が渡来したという伝承が残る。九鬼文書では、欠史八代にあたる第五代・孝昭天皇の時代に「高千穂より（大和へ）遷宮」という表現が見えている。

神武東征により、大和の地に新しい高天原がつくられたが、同時並行的にまだ日向高千穂高天原も存在していたに違いない。この時代は魏志倭人伝にて「倭国大乱」と書かれた時代になる。孝昭天皇が鍵を握る人物であると覚えておきたい。

## 「饒速日《にぎはやひ》命（ニギハヤヒ）と神武東征《じんむとうせい》」

皇統系図の全体感（系図⑨）をもう少し理解しておこう。

彦火々出見尊の次の世代を暫定的に「初代・饒速日（ニギハヤヒ）世代」と称することにする。饒速日命とは、物部氏の祖といわれる宇魔志麻遅命の父とされる。記紀にて、天磐船《あめのいわふね》に乗って虚空をかけ行き、『虚空《そら》見つ日本《やまと》の国』という名言を残す。古代史ファンは饒速日命の正体探しに熱中する。筆者もその一人であった。

先代旧事本紀に「天照国照彦天火明櫛玉饒速日尊《あまてるくにてるひこあまのほあかりくしたまにぎはやひ》」の名が記される。いくつかの神社に似た名で祀られ、普通はこれで決まりと思う。

しかし籠神社の海部宮司は、これは三柱の神の名を習合したもので、本当の饒速日命は、この後の数世代後に現れたと明言されている。

「天照国照彦火明命」＋「櫛玉命」＋「饒速日命」

こちらが正解であると徐々に確信することができた。先代旧事本紀では、饒速日命は彦火明命世代に習合されてしまったが、胆杵《いき》磯《し》丹《に》杵《ぎ》穂《ほ》命こそが宇魔志麻遅命の本当の父である。但馬故事記では、亦名を変えながら繰り返しこの系図が語られており、世代の判定は本書比定の通りでよいと思う。

初代とするのは、籠神社の海部宮司が示唆される通り、第二代の饒速日命は欠史八代の間に出現すると考えるからだ。饒速日命は藤原不比等により複数の神を習合して創作された。

いずれにせよ初代・饒速日命世代は錚々たる古代史のメンバーだ。天櫛玉命《あめのくしたま》・大山咋命《おおやまくい》・彦波限命《ひこなぎさ》（ウガヤフキアエズ）・天香語山命《あめのかごやま》・饒速日命《にぎはやひ》（胆《い》杵《き》磯《し》丹《に》杵《き》穂《ほ》命）であり、古史古伝でもそれぞれの氏族を代表する顔ぶれである。初代・饒速日世代は、彦火々出見尊と共に東上して特に大山咋命、天香語山命、胆杵磯丹杵穂命が東国を広く開拓した。賀茂建角見命（味鋤高彦根命）が牽引していたのだろう。

「都都古和気《つつこわけ》神社」陸奥国一宮　福島県白河郡棚倉町
祭神　味鋤高彦根命

その次の世代を「神武天皇世代」と称することにする。

大田命《おおた》・櫛御方命《くしみかた》・稲氷命《いなひ》・天村雲命《あめのむらくも》・宇魔志麻遅命《うましまじ》であり、神武天皇はこの五人の中にいる。

玉依姫を祀る九十九里の上総国一宮・玉前神社の近くに神武天皇世代神を祀る神社がある。この世代も彦火々出見尊とともに東上して、不二山から東国にまで進出していたのは間違いない。

「三ノ宮神社」上総国三宮　千葉県長生郡睦沢
祭神　五瀬命・稲氷命・三毛入野命

その後、神武天皇世代は、彦波限建鵜草葺不合尊の日向高千穂高天原（神都）開拓を支援すべく、筑紫島に西下した。

そして後に、そこから再び東征を行うのである。

神武東征神話を確認しておこう。登場する皇子は四人だ。

古事記、日本書記、富士宮下文書で名が異なることに留意しよう。

長男　五瀬命、彦五瀬命、海津彦五瀬王命
二男　稲氷命、稲飯命、彦稲飯命、天津稲飯王命
三男　御毛沼命、三毛入野命、稚三毛野命、三毛野入野命
四男　若御毛沼命、豊御毛沼命、狭野命、佐野命、日高佐野王命

三男と四男の名には「毛」という文字が多く使われている。「毛」とは「毛国・毛野」のことであり、相当な地縁があったと想定させる。

生誕の地かもしれない。後の上毛野（群馬）、下毛野（栃木）である。既にこの時代、東国につい

ても相当の開拓がされていたということだ。

日本書紀で神武東征の経路を確認しておこう。

神武天皇は、日向国吾田村（鹿児島）にて吾平津姫《あひらつひめ》を娶っていた。

血族に対して「昔、高皇産霊尊と天照大御神が、この豊葦原瑞穂国を祖先の瓊瓊杵尊に授けられたが、遠い所の国ではまだ王の恵みが及ばず村々はそれぞれの長があって境を相争っている。塩土の翁（塩土老翁）に聞くと『東の方に良い土地があり、青い山が取り巻いている。その中へ天《あま》の磐船《いわふね》に乗って、とび降ってきたものがある』という。饒速日であろう。そこに行って都をつくるに限る」といい、自ら船軍を率いて、日向の地から東征に向かう。

速吸之門《はやすいのと》（大分・豊予海峡）にて、椎根津彦《しいねつひこ》を水先案内人として迎えいれる。宇佐（大分）では宇《う》佐津彦《さつひこ》に会い、宇佐津姫を配下の天種子命《あめのたねこ》（中臣氏）に娶せる。そして、安芸（広島）、吉備（岡山）と瀬戸内海を東征して波速（大阪）に着く。陸路にて生駒山を越えて大和（奈良）を目指すが、ここで長脛彦《ながすねひこ》と戦闘となり、矢を肘に受けた長男・五瀬命《いつせ》は負傷する。「我は日神の子孫であるのに、日に向かって敵を討つのは天道に逆らっている。背中に太陽を負い、日神の威光をかりて、敵に襲い掛かるのが良いだろう」と判断して、海路に再び変更して紀伊半島を回り込む。紀国（和歌山）で五瀬命は亡くなってしまう。

熊野に向かう海路の途中で急な暴風に遭遇する。ここで二人の兄が亡くなってしまう。稲飯命は、「我が先祖は天神、母は海神であるのに、なぜこのように苦しめるのか」と、三毛入野命《みけいりの》は、「我が母と叔母は二人とも海神である。それなのにどうして波を立てておぼれさすのか」と嘆く。神武天皇はわずかな伴と共にようやく熊野に上陸する。

ここで改めて考えたいのは、神武天皇に大和の地へ行くべしと示唆したのは塩土老翁、本書比定によれば猿田彦神であったということだ。

記紀は神武東征に相当の年数を要したと示唆するが、神武天皇即位を紀元五七年とすれば、猿田彦神が東征を示唆した時の年齢は四十代後半であったろう。まだ大倭日高見国で存命であったのだ。いずれにせよ猿田彦神が神武東征を示唆したことの意義は大きいものと思う。

神武天皇の筑紫島での本拠地・出発点はここにあったのではないか。

「狭野《さの》神社」宮崎神宮別宮　宮崎県西諸郡高原町
　祭神　神日本磐余彦天皇

第五代・孝昭天皇の時代の創建という伝承が残る。また孝昭天皇だ。

三毛入野命は、高千穂神社に血族も含めた深い伝承が残っている。

「高千穂《たかちほ》神社」宮崎県西臼杵郡高千穂町
祭神　高千穂皇神（日向三代皇祖神と配偶神の総称）
十社大明神（神武天皇皇兄・三毛入野命と妻子神九柱）

稲飯命と妃・皇女が祭神に記される神社が速吸之門の近くにある。

ここに主祭神として椎根津彦が祀られている。一緒にいたのである。

「椎根津彦《しいねつひこ》神社」大分県大分市佐賀関（海部郡）
祭神　椎根津彦命
配神　武位起《たけくらおき》命・稲氷命・祥持姫《さかもつひめ》命・稚草根《わかくさね》命

武位起命は、椎根津彦の祖父となる天香語山命である。

長脛彦との闘いで亡くなられる神武天皇の兄・五瀬命は、おそらく神武天皇より一世代上の尾張氏・天香語山命であろう。

竹内文書では神武天皇の兄・五瀬命は一世代上の大君（天皇）であったと位置付けられている。

ここでいう竹内文書とは、竹内睦泰氏口伝の正統竹内文書でなく、五世紀に活躍した大臣・平群真鳥《へぐりのまとり》が残したといわれる古文書「竹内文書」である。竹内文書はウガヤフキアエズの皇統が七十三代あったが、その第七十一代が「天照国照日子百日臼杵天皇《あまてるくにてるひこももひうすきねのすめらみこと》」、第七十二代を「彦五瀬天皇《ひこいつせのすめらみこと》」、第七十三代を「狭野尊《さののみこと》（神武天皇）」としている。第七十一代が彦火々出見尊であることは間違いない。

神武天皇までの世代も相応だが、「五」を諱に持つ一族の五瀬命という亦名は、やはり天香語山命が相応しいだろう。


五瀬命が一世代上の天皇だったとする竹内文書は、尾張氏系の一族による史書と考えられる。記紀では、天香語山命は人格神としては一切登場しない。藤原不比等は天香語山命の名すら記すことを躊躇ったと思われる。皇子の天村雲命も同様である。籠神社・海部宮司の祀る神だ。


記紀と古史古伝それぞれの神武東征に関する特徴を確認しておこう。

記紀は、ウガヤフキアエズ尊の後裔が天皇家となったと記すが、ここまでの系図分析では実際の系図は必ずしもそうでなかったことが想定される。すなわち、この五系統の皇子たちの中の四人を、縦の系図としてウガヤフキアエズ尊の皇子と見做して記しているということだ。

富士宮下文書も、五瀬命は皇太子であったと記している。

稲氷命は記紀では亡くなったようにみえるが、平安時代に編纂された古代氏族名鑑である「新撰《しんせん》姓氏録《しようじろく》」においては「新羅の王になった」と記されている。

秀真伝では、玉依姫の皇子たちは、前夫との間の連れ子として三毛入野命、そしてウガヤフキアエズ尊との間に稲氷命と神武天皇の二人、合計三人いたとされる。

物部氏系の史書とされる先代旧事本紀では、胆杵磯丹杵穂命を彦火々出見尊と習合し、饒速日命の皇統を重視させようとする意図がみえる。

一方、宇魔志麻遅命と天日方奇日方命（櫛御方命）は、「天皇が治めるこの国の政治を掌る大夫《たいふ》となった。大夫とは今の大連《おおむらじ》、または大臣《おおおみ》という」とあり、左右の大臣に任命されたと記している。

記紀も古史古伝も、神武天皇の出自をはっきりと記したくないという意図があったことは明らかだ。天武天皇と藤原不比等は、記紀編纂において、各氏族から系図を提出させて、それをすべて焚書とした。新しい日本国の出発にあたり、それまでの歴史を記紀に統一しようとした。

もう氏族同士の諍いは止めようとの意図があったことは間違いない。

古代の大倭日高見国の天皇家は、特に「欠史八代」といわれる時代においては、「物部氏」「尾張氏」「安曇氏」「丹波氏」から、時の最適任者が奉戴されて天皇に即位されたと考えてよいと思われる。記紀の系図は、他の古史古伝等によって補填されなければならない。但し、筆者は、天武天皇の時代に至るまでこの系列をはずれて天皇が即位されることは無かったと比定している。彦火々出見尊の皇統はずっと現代まで存続しているということだ。

初代・饒速日世代と神武天皇世代では、世代間の紛争が若干あったのではないかと考えるが、一方、神武天皇の和風諡号が、「神日本磐余　彦火々出見尊」となっているのは、彦火々出見尊の血族が続いていることを強調しているわけだ。

記紀に記されたような、ほぼ直線で縦に繋がれた皇統系図にはなっていない。しかし彦火々出見尊の血が二千年以上も日本国の天皇家に繋がれることは「驚愕の民族史」であり、素晴らしく誇れることだ。

さて最終章は氏族の紀伝風に語っていくことにしよう。

## 「宇治土公《うじつちのきみ》　天櫛玉命《あめのくしたま》（伊勢津彦命《いせつひこ》）～大田命《おおた》」

彦火明命と宇迦乃御魂命の皇子・天櫛玉命は、猿田彦神の養子となって伊勢地方（伊雑宮）に進出した。亦名は伊勢津彦・出雲建子《いずもたけこ》だ。

伊勢津彦は神武天皇東征の際、伊勢に進出してきた天日別命《あめのひわけ》（櫛御方命）からの国（伊勢）譲り要請を一度拒否する。しかし饒速日命と同じく次の世代に任せる姿勢を見せ、大風を起こして光を放ちながら東国へ去ったという伝説を残している。伊勢国風土記に記されている。

伊勢津彦は、美濃～恵那～伊那を経て、建御名方命の御子で彦火々出見尊に養子入りしていた大國玉命が治める信濃・諏訪の地へ向かった。

風の神である級長津彦命《しなつひこ》と共に、そして母と共に祀られている。

「風間神社」長野県長野市
　祭神　伊勢津彦・級長津彦命・事代主命
　　　　倉稲魂命（宇迦乃御魂命）

諏訪の語り部伝承によれば、建御名方命には四人の御子がいた。長男は彦火々出見尊の養子（大國玉命）となった。次男は諏訪の統治王を継いだ。四男は祭祀王を継いだ。そして三男が、伊勢津彦と血縁を結んで気候を読む力を持つ「風《かぜ》の祝《ほふり》」となって諏訪の発展に貢献した。霧ヶ峰周辺は「風の谷」であり、古代の諏訪湖は海のようであった。

「風の谷のナウシカ」は諏訪が舞台であったのかもしれない。

伊勢と諏訪のルートが、猿田彦神と天櫛玉命（伊勢津彦命）の関係で結ばれたことは意義が大きい。諏訪には、キリスト教と何らかの因果がありそうな伝承が多数あるからだ。

信濃国一宮である諏訪大社の前宮《まえみや》と本宮《ほんみや》は、大和の大神《おおみわ》神社と同じく最古の神社の形態として本殿が無く、背後の「守屋（モリヤ）山」をご神体とする。旧約聖書では、神（ヤハウェ）がアブラハムに息子イサクをエルサレムの「モリヤの地」に連れてくるように命ずる。神の命に応じてアブラハムがイサクの命を捧げようとしたその瞬間、神からアブラハムの信仰心を信じて中断の命が下りる「イサクの燔祭《はんさい》」という有名な場面がある。諏訪大社では、この伝承を受け継ぐ神事が明治維新まで続けられていた。イスラエル駐日大使が新任された際には、まず阿波の剣山と、この諏訪大社を訪れるのだという。

そしてこの守屋山頂には、七世紀の物部氏の惣領である物部守屋《もののべもりや》を祀る守屋神社がある。蘇我氏との神道仏教戦争（丁未の乱）で敗れた物部守屋の一族は、この諏訪の地に落ち延びてきていた。

古代史は繋がっている。

伊賀国風土記逸文によると、猿田彦神には「吾娥津姫命《あかつひめ》」という皇女がいる。おそらく天櫛玉命（伊勢津彦）は、この吾娥津姫命を妃として娶ったと思われる。しかしこの姫の母は誰であろうか？

猿田彦神の妃は誰であろうか？

猿田彦神には宇迦乃御魂命以外に妃はいないはずだ。

そう、この姫は不二山の自死から隠された木花咲夜姫に違いない。

木花咲夜姫は、日本書紀ではその名を「神吾田鹿葦津姫《かむあたかしつひめ》」ともいう。アカツヒメと見做してもよいであろう。

木花咲夜姫は不二山で飛び込み自殺を図ったが、父である猿田彦神と天児屋根命に止められ、毛野の地にしばらく匿われたのであろう。

もしかしたら、猿田彦神（イエス）、宇迦乃御魂命（マグダラ）、彦火々出見尊（ラザロ）と共に、サラ姫として、エルサレムにいたのかもしれない。

埼玉古墳群にある前玉神社（浅間神社）では、木花咲夜姫を祀る「さきたま火祭り」が市民により続けられる。祭の最後に登場する「乎獲居臣《をわけのおみ》」は稲荷山《いなりやま》古墳「金錯銘鉄剣《きんさくめいてつけん》」の主である。また毛野には、木花咲夜姫を祀る秘密がありそうな古社がいくつかある。いずれも日本武尊《やまとたける》の東征時の創建とされ、猿田彦神は配神として祀られている。

「産泰《さんたい》神社」群馬県前橋市
祭神　木花佐久夜毘売命

「子持神社《こもち》」群馬県渋川市
祭神　木花開耶姫

天櫛玉命にとって木花咲夜姫は同母の妹だが、二人は結ばれて、大歳命（大土神）と弥豆佐々良姫《みずささらひめ》（ミズササラヒメ・美良姫）を産む。

大歳命という亦名は祖父となる彦火明命の諱と同じ一族の世襲名であり、後の諱は大田命《おおた》、古事記での亦名は大土神、または大土乃御祖神、伊勢・宇治土公《うじとこ》氏の祖である。弥豆佐々良姫は、後に諏訪から大國玉命《おおくにたま》に連れられて伊勢の地を訪れ、国造となっていた天日別命（櫛御方命）に嫁いで、猿田彦神と宇迦乃御魂神の高貴な血を繋げていく。

これは伊勢風土記逸文に記されており、また二人は神宮にも祀られているのだが、この大國玉命を建御名方命の御子（彦火々出見尊の養子）と比定する見解は、富士宮下文書を底本とする本書独自の比定である。

「度会大國玉比売神社《わたらいおおくにたまひめ》」（外宮摂社）
祭神　大國玉命・弥豆佐々良姫命

ミズササラ姫は、ミズ姫とも、ミラ姫とも、サラ姫とも、亦名で呼ばれたであろう。秀真伝では、大物主神の一族である櫛御方命が「オオタの娘、ミラ姫を娶る」とし、その子アタツクシネ（阿田津久志尼命・天櫛根命）を産んだと記している。このミラ姫が弥豆佐々良姫だ。

櫛御方命（クシミカタ）は秀真伝の前半の著者である。櫛御方命は、「私は猿田彦神（イエス）の血を引くミラ姫を娶ったのだ！」と大声で叫びたかったに違いない。そしてそれを後世に伝えることが秀真伝に託された祈りでもあったろう。ここまで全く注目されたことは無かった。

本書が櫛御方命の自慢話を後世に広めていこう。日本版の聖杯伝説だ。

ミラ姫は「サラ姫」でもある。「サラ姫」はイサナミの血を受け継ぐ世襲名であり、またアブラハムの正妻、イエスの娘とも伝承されるキリスト教における伝説の世襲名でもある。

木花咲夜姫の亦名「サクラ大刀自」はサクラ姫、サラ姫である。

宇迦乃御魂命の亦名「スセリ姫」はセリ姫（SeRi）、母音転訛でサラ（SaRa）姫である。神大市姫の亦名「セオリツ姫」も、同じくセリ姫であり、サラ姫なのである。

籠神社の海部宮司が、「大田田根古命は（伊勢の）大田命の後裔」と記されたことは、大変貴重な伝承である。伊勢と丹後、そして三輪（大物主）の一族も深い血縁で結ばれていたわけだ。

そして二人には娘も一人生まれる。渟名底仲姫《ぬなそこなかつひめ》命という。

この姫も古代天皇家の母系の礎となる。彦火々出見尊、宇迦乃御魂命に加えて、猿田彦神の血も間違いなく天皇家に繋がれている。

記紀に記される通り、この一族から第十代・崇神天皇の時代に大田田根古命（オオタタネコ）が現れて、大倭日高見国の祭祀（三輪・賀茂・伊勢）を再構築して世を安定したものとしたのである。
天櫛玉命の亦名である大土乃御祖神は、伊勢外宮の別宮である土宮で祀られている。親子三神である。

「外宮別宮　土宮」（外宮域内）
祭神　大土乃御祖神
（大歳神・宇迦乃御魂神・大土乃御祖神　度会神名秘書）

天櫛玉命も同じく伊勢内宮の摂社・朝熊神社で祀られていたが、現代ではその名は隠されている。おそらく同じ親子三神であろう。

「内宮摂社　朝熊《あさくま》神社」伊勢市朝熊《あさま》町
祭神　櫛玉命※・大歳神・桜太刀神　他（※内宮倭姫命世紀）

櫛玉命がしっかりと祀られるのは、日本書紀にて天武天皇が盛んに祀った奈良の廣瀬大社であり、この祭神も同じ親子三柱と比定する。

「廣瀬大社《ひろせたいしゃ》」二十二社　奈良県北葛城郡
主神　若宇加能売命（宇迦乃御魂命・伝　大忌神）
相殿　櫛玉命
穂雷命（本書　彦火々出見尊）

伊勢内宮の別宮である伊雑宮の現代の祭神は天照大御神だが、秘史では三人の神の名が隠されていた。

「内宮別宮　伊雑宮《いざわのみや》」志摩市磯部町
祭神　天照大御神（和）御魂
（天村雲命・天日別命・玉柱屋姫　内宮倭姫命世紀）

伊雑宮御師《おし》の西岡氏伝承によれば、玉柱屋姫について、「玉柱屋姫神天照大神分身在郷」「玉柱姫神瀬織津姫分身在河」と記される。天照大御神と瀬織津姫の分身である。玉柱屋姫は天櫛玉命（玉柱屋命）の皇女・弥豆佐々良姫（美良姫）に違いない。

先代旧事本紀の国造本紀によれば、天櫛玉命の三世孫・弟武彦《おとたけひこ》命は、相模国造になったという。相模国一宮は寒川神社であり、寒川比古が猿田彦神とすれば、自らの祖先を祀ったことになる。おそらく天櫛玉命の後裔は諏訪から富士の地へ出て、皇祖を祀ったのであろう。

木花咲夜姫が天櫛玉命の妃であれば、その後の富士山で木花咲夜姫が祭神として称えられることも更に納得がいく。


天櫛玉命は賀茂氏の系図にもその名を残している。系図上では、賀茂建角見命の父となっているが、これは後世の追記であろう。

天櫛玉命の貴い血を先祖の名（系図）に残そうとした賀茂建角見命＝迦毛大御神の意図を感じる。賀茂建角見命にとって、天櫛玉命は異父同母の兄にあたる。賀茂と伊勢は更に後世でも繋がっていく。


本書では、天櫛玉命を大歳命（兄）と宇迦乃御魂命（妹）の不義の子と比定しながら調査したが、これだけ神宮に祀られていることがわかったのは驚きであった。間違いないであろう。

古事記においても、第二十代・允恭《いんぎょう》天皇の実子である木梨軽皇子《きなしかるのみこ》と同母妹が不義の恋で罰せられたと記されている。古代においてはかなりの事例があった。筆者の比定では神武天皇以降の人代においても、皇統系図の解析により、びっくりするような不義の子が登場してくる。

天武天皇と持統天皇が、大和の廣瀬神社を盛んに祀ったという背景には、その当時の皇族においても同じような近親婚の事情があったのだ。

天櫛玉命はおそらく辛いこともあったはずだが、母（宇迦乃御魂命）が猿田彦神と再婚したことで、猿田彦神から多くのことを学んで成長し、それを後世に伝えたに違いない。不義の子は、天才が生まれるか、早逝されるか、どちらかである。これから出てくる御子もそうなのだ。

天櫛玉命は天才に値する霊力を持っていたに違いない。だからこそ、天照国照彦火明尊（父）や饒速日命（弟）と習合する名を付せられた。

天照国照彦天火明櫛玉饒速日命という名は「櫛玉の秘を解いてくれ」との藤原不比等の謎かけであるかもしれない。伊勢と諏訪の関係を更に解析すれば、まだ何か新しい秘密が解けるはずだ。

## 「丹波氏《たんばし》　玉依姫命《たまよりひめ》と大山咋命《おおやまくい》～櫛御方命《くしみかた》」

玉依姫は、彦火々出見尊の妃・豊玉姫（亦名　磯依姫）と賀茂建角見命の皇女。海神、出雲族、そしてソサノヲの血を引く。幼少の頃はその霊力の凄まじさを含めて、五人の皇子たちの憧れの的でもあったろう。

玉依姫はソサノヲの皇女である市杵嶋姫の皇子、大山咋命と結ばれる。大山咋命は出雲で生まれ、出雲国二宮・佐太《さた》神社の祭神と比定する。

「佐太神社」出雲国二宮　島根県松江市
祭神　佐太大神（通説　猿田彦大神　本書　大山咋命）

佐太神社の現代の祭神は猿田彦大神だが、佐太神社は明治政府から祭神変更を指示されたとの伝承がある。神社考古学の百嶋由一郎氏は、「サタヒコは猿田彦、サタは大山咋命」とされる。この説をとる。

大山咋命は若い頃は八千矛命とともに丹波地区の開拓に大いに励み、更に父の命により若狭・高志（越）の国を治めた。また父の後を継いで、三輪山の第二代大物主を襲名している。

大山咋命は、国常立尊の陣地でもあった桑田の宮にも祀られる。

「桑田神社」京都府亀岡市
祭神　市杵嶋姫　配神　大山咋命・大山祇命

父と猿田彦神との日嗣継承に関わる諍い（海幸山幸）を共に治めると、父に先立って新しい富士王朝の建設に向けて東国に進出した。

玉依姫を伴い、武蔵・常陸・下総・上総まで踏破したのだろう。

大山咋命は古事記では「鏑矢《かぶらや》を持つ神」とされる。玉依姫との関係で有名なのが「丹塗矢《にぬりや》」伝説だ。古事記では、三輪の大物主神（二代目＝大山咋命）が美女・勢夜陀多良比売《せやたたらひめ》（玉依姫）に思いをかけ、その用便中に自らが丹塗矢と化して、下から女陰を突いたという。

セヤタタラ姫は「セラ姫」であり、同じく「サラ姫」でもある。

賀茂伝説では、賀茂建角見命の娘・玉依姫が、川を流れてきた丹塗矢（大山咋命）を拾って床の間に置いておくと知らぬ間に子を孕んだ。

祝宴で賀茂角見命が孫に向かって「汝が父と思う人にこの酒を飲ませよ」というと、賀茂別雷命《かもわけいかずち》は「我が父（大山咋命）は天津神なり」といって、天の神に届くまで屋根を突き破って昇天された、という説話だ。

「賀茂御祖神社《かもみおや》（下鴨神社《しもかも》）」山城国一宮　京都市

祭神　賀茂建角見命・玉依媛命

（一説）大山咋命・玉依姫

（一説）神武天皇・媛蹈鞴五十鈴姫《ひめたたらいすずひめ》

秦氏が信仰した松尾・日吉大社、日枝神社で大山咋命は祀られる。

「松尾大社《まつおたいしゃ》」京都市西京区

祭神　大山咋神・市杵嶋姫命

「日吉大社《ひよしたいしゃ》」滋賀県大津市

祭神　大山咋神・大己貴神・鴨玉依姫神・田心姫神・菊理姫神

「日枝神社《ひえ》」東京都千代田区

祭神　大山咋神

富士宮下文書では大山咋命に、彦火々出見尊の皇子として三穂武男命《みほたけお》の諱が与えられ、そして相当する大物主神の系図には豊城入彦命《とよきいりひこ》の諱があてられる。豊城入彦命は系図以外には人格神として一切登場しない。

古代史で豊城入彦命（豊城命）といえば第十代・崇神天皇の皇子なのだが、時代があまりにも違い過ぎている。しかし昭和末期に刊行された『富士宮下文書の研究』において、多くの学者が、「この豊城入彦命は古事記に登場する崇神天皇の皇子とは異なる別人」と明言されている。

秀真伝では、瓊瓊杵尊から大山咋命に対して、

「ナンヂヤマクイ　ヤマウシロ　ノオホリツチヲ　ココニアゲ　オオヒノヤマオ　ウツシベシ」との詔《みことのり》がある。

オオヒノヤマとは不二山のことであり、東国開拓を託されたと思われる記述がある。どうやら豊城入彦命は古代において二人いたらしい。

大山咋命は初代豊城入彦命としておこう。第二代豊城入彦命は記紀で有名な崇神《すじん》天皇の皇子、毛野開拓の祖といわれる。

筆者は第二代豊城入彦を第十二代・景行《けいこう》天皇と比定している。

赤城山には三社の赤城神社があり、祭神に豊城入彦命も記されるが、この祭神はどうやら初代豊城入彦である大山咋命であろう。

毛野の伝承では、古代の上野国一宮は赤城神社だった。ところが貫前神社に織物の神様となる姫神が来て、大変世話になったことから、赤城神社は自ら二宮に下りて、一宮を貫前神社に譲ったのだと

いう。
貫前神社に来られた姫神は、大山咋命よりも上位になる栲幡千千姫（稚日女尊＝天皇）、またはその後裔であったに違いない。

徳川家康は江戸三大祭として日枝山王祭《ひえさんのうまつり》を大々的に支援した。日枝神社の祭神は大山咋命（第二代大物主）である。天海僧正の示唆もあったかもしれないが、家康は秀吉から関東の地に移封されたことを受けて、初代豊城入彦命として東国開拓に奮迅した大山咋命のことをよく承知していたに違いない。大山咋命を祀ることで秀吉への忠誠を示したのだ。

日枝山王祭は、大山咋命と玉依姫の婚儀であるとも伝えられている。

赤城山山頂の大洞赤城《おおほらあかぎ》神社の祭神は一般には赤城大明神とされるが、相殿に徳川家康公と大山咋命の名がある。大変興味深い。

「大洞赤城神社」群馬県前橋市富士見町
祭神　赤城大明神・大国主命・磐筒男神・磐筒女神
　　　経津主神・豊城入彦命
相殿　徳川家康公・大山咋命
御饌殿　大宜都比売神・保食神・豊受大神
御酒殿　大物主神・豊受大神

小沼宮（豊受神社）倉稲魂神・豊受大神

豊受大神・大物主神・宇迦乃御魂命の一族をこれだけ祀る神社は東国では珍しい。一族が毛野でも大いに活躍されたに違いない。

玉依姫の名は諏訪大社の奥宮等にも残される。また大山咋命を祀る神社は北陸に圧倒的に多いが、北関東から千葉周辺にも非常に多い。

大山咋命の亦名は火雷大神《ほのいかづちのおおかみ》ともいわれる。（山城国風土記）

「雷電《らいでん》神社」群馬県邑楽郡板倉町
祭神　火雷大神（一説　大山咋命）・大雷大神・別雷大神

玉依姫の亦名を富士宮下文書で「多摩依姫」とも記すのは、二人が武蔵国の多摩川一体まで進出した跡を残すものであろう。

また九十九里浜に接する玉前神社の祭神は玉依姫である。

「玉前《たまさき》神社」上総国一宮　千葉県長生郡一宮町
祭神　玉依姫

玉前神社がある九十九里浜には海幸山幸の伝説が伝えられ、またウガヤフキアエズ尊を祀る神社も隣にある。

「鵜羽《うば》神社」千葉県長生郡睦沢町

祭神　鵜草葺不合命・豊玉姫命・彦火々出見尊

富士宮下文書の系図では、大山咋命（三穂武男命）の子・和加彦《わかひこ》命とその後裔は「代々、丹波・豊受大神宮と籠神社を祀った」と記される。籠神社はその後裔として大山咋命をあまり強調されないが、富士宮下文書にここまで記されており、間違いない。丹波氏であり賀茂氏なのだ。

「若狭の遠住宿（遠敷・オニュウ）は、不二山が見えないほどの遠いところだが、その地で熱心に祖先を祀ったのだ」と記されている。

「若狭彦《わかさひこ》神社・若狭姫神社」若狭国一宮　福井県小浜市

祭神　彦火々出見尊・豊玉姫（一説　市杵嶋姫）

若狭彦神と若狭姫神は「遠敷明神《おにゅうみょうじん》」とも呼ばれている。奈良の東大寺二月堂で毎年三月に行われる「お水取り」行事において、「香水」と呼ばれる水を「お水送り」神事で送り出すのがこの遠敷明神である。神仏習合後も大きな影響を残された。若狭姫はもしかしたら、大山咋命の母である市杵嶋姫かもしれない。

大山咋命と玉依姫の長子は、東国では出雲御子《いずものみこ》と呼ばれたが、亦名を三毛入野《みけいりの》命（または三毛野入野命）ともいう。成長して父から大物主の役職を引き継ぎ、亦名を天日方奇日方《あまひかたくしひかた》命、櫛御方《くしみかた》命、三輪山での官名を大物主櫛甕玉《おおものぬしくしみかたま》という。大神《おおみわ》神社は三諸山（三輪山・御諸山）をご神体とする（本殿が無い）日本最古の神社である。

「大神神社」大和国一宮　奈良県桜井市
　祭神　大物主櫛甕玉（大物主大神）
　配神　大己貴神・少彦名神

大己貴神（大国主）が勧進されたのは第五代・孝昭天皇の時代、同じく少彦名神は第二十二代・清《せい》寧《ねい》天皇の時代とかなり後の時代であり、大物主神と大国主神を混同しないように留意したい。

秀真伝では、櫛御方命こそはその前半部分の著者自身であるともいわれるが、秀真伝ではその出自は出雲族の事代主命の御子だったとされ、大物主家に養子入りしたのだとされている。筆者はこの説はとらないので紹介するに留めるが、これは後に大田田根子《おおたたねこ》命によって再構築された大物主家、すなわち大神家（大三輪家）が、その祖神に出雲族をはじめ多くの神々を習合したことによるものと考えている。

そして二人の次子として一人の姫が生まれた。姫の名を賀茂別雷命《かもわかいかずち》、亦名を姫多々良伊須気余理比売命《ひめたたらいすけよりひめ》（古事記）、または媛蹈鞴五十鈴媛命《ひめたたらいすずひめ》（日本書紀）という。

記紀に記される初代・神武天皇の皇后だ。

「賀茂別雷神社（上賀茂神社《かみかも》）」山城国一宮　京都市
祭神　賀茂別雷大神

この「賀茂別雷命」と、先に説明した「美豆佐々良姫（美良姫）」が古代天皇家の母系の礎となっていく。

## 「安曇氏《あずみし》　玉依姫命と彦波限命《ひこなぎさ》〜稲氷命《いなひ》」

大山咋命は何らかの事情で玉依姫と離別せねばならなかった。玉依姫の落胆は大きかった。玉依姫の母・豊玉姫（磯依姫）は富士王朝の后であり、その嫡子・彦波限建鵜葺草葺不合命は五皇子の中で最も嫡流であるべき血筋だが、秀真伝によれば、后を早く亡くし、幼子（五瀬命）を育てていかねばならなかった。玉依姫は日枝（比叡）の地にて一人の幼子（三毛入野命）を養っていたが、周囲の一族（ワカヤマクイ）から強く請われて鵜葺草葺不合尊の後妃となる。不合尊の諱は「カモヒト」であり、糺《ただす》の森《もり》、現代の賀茂神社の近くに宮を構えていた。秀真伝は賀茂氏の色合いを強く出している。玉依姫の皇子たちは前夫（大山咋命）との間に三毛入野命、そして不合尊との間に稲氷命と神武天皇の二人、合計三人とする。秀真伝は他の古史古伝に無い四人の皇子の詳細な系図情報を伝えており、著者一族に何らかの意図があったように思える。

高良玉垂宮神秘書《こうらたまたれのみやしんぴしょ》を引用する。（一部原文を補填）

「豊玉姫ノ妹、玉依姫、竜宮ヨリ上リ賜イテ、コノ御子ヲ養育シ賜フナリ。コノ玉依姫ハ、彦波限武鵜草葺不合尊ノタメニハ、ウハキ（浮気）ニテヲハシマス。コノウハキ（浮気）玉依姫ト、オイ（甥）ノ彦波限武鵜草葺不合尊ト、ヤカテ夫婦トソナリ賜フ。

彦波限武鵜草葺不合尊ハ、住吉大明神ナリ。

コノ御子ニ住吉ノ五神トテ、御子五人ヲハシマス。二人ハ女子、三人男子ニテヲハシマス。二人ノ女子ノ御名ヲハ、表津少童命、中津少童命ト申スナリ、コレ二人ハ女子也。

男子三人ヲハシマス。嫡男大祝センソノ御名ヲハ表筒男尊《ウハツツヲ》ト申スナリ。次男神武天皇ノ御名ヲハ中《ナカ》筒男尊《ツツヲ》ト申スナリ。三男高良大菩薩ノ御名ヲハ底筒男尊《ソコツツヲ》ト申也。次男中筒男尊ハ、コノ土ニ留テ、神武天皇トアラハレ、皇代ヲ初玉フナリ。

住吉大明神ハ明星天子ノ垂迹《スイジャク》、大祝センソ表筒男尊ハ日神ノ垂迹、高良大井底筒男尊ハ月神ノ垂迹ナリ。コノ三神ハ天神ニテマシマス間、トソツ天ニ住ミ、三光トアラハレ、国土ヲ照ラシ賜フ也」

玉依姫は浮気していた？　こちらの伝承が正しいのかもしれない。

二人の皇女と三人の皇子という構図は本書で比定してきた系図と完全に一致する。二人の皇女とは、弥豆佐々良姫と賀茂別雷命である。

三人の皇子は住吉大明神「表・中・底」の三兄弟であり、中筒男尊が神武天皇、二人の兄弟は日神と月神であるという。まさに天孫族による「三位一体」の皇統を示唆する重要な伝承であろう。特に興味深いのは「住吉大明神（天皇家）は明星天子ノ垂迹《スイジャク》」ということだ。明星とは「金星」であり、スメル神話では豊饒の女神イナンナを示す。神武天皇はイナンナ＝宇迦乃御魂命の霊魂を受け継いでいるということだ。二人の皇女と三人の皇子は、彦火々出見尊の五人の皇子たちの皇統である。

稲氷命は海を越えて半島（新羅）に渡ることになるが、その後裔が天日槍《あめのひぼこ》命であり、この後に大倭日高見国の皇統を継ぐことになる。記紀が「鵜草葺不合命の子が皇統を継ぐ」と説明するのはそのことを予め示唆したものだ。椎根津彦《しいねつひこ》神社に祀られる祥持姫《さかもつひめ》命と稚草根《わかくさね》命は、稲氷命の妃と皇女だろう。この二人が稲氷命と一緒に半島（新羅）に渡ったのかどうかが定かでないが、おそらく一家連れ立って海峡を越えていったに違いない。大倭日高見国は海峡国家として更に発展を目指していた。五系統の皇子の後裔はその血を更に融合すべく連携を深めていた。

富士宮下文書では、神武東征に伴う戦闘は、瓊瓊杵尊の時代の外寇を大きく上回るような規模で国土全体を覆う大戦となっている。また第五十一代ウガヤフキアエズ尊は伊勢の地で亡くなられたという。

記紀と秀真伝では筑紫で亡くなられたとする。おそらくこれは伊勢であったように思うが、現代の宮内庁治定陵墓は、天津日高彦波限武鵜草葺不合尊・吾平山上陵《あいらさんじょうりょう》（鹿児島県鹿屋市）である。

籠神社の海部宮司は、神武東征は極めて穏やかに王権成立がなったと述べられており、筆者もこの系図の解析と、皇子たちが通婚し、また協調しながら国土開発にあたる秘史が明らかになってくることによって、神武東征は穏やかに進行したものと考えるようになった。

富士宮下文書に記される国内大戦は、おそらく天武天皇の時代の壬申の乱を、神武天皇の時代に被せて創作したものであろう。また古事記で玉依姫を鵜草葺不合尊の「叔母」として世代に違和感を敢えて残したのは、古事記での皇統の世代が実際よりも一代多く記されることを、予め暗喩したものであろう。同じようなことがこれからも多くあるのだ。

## 「尾張氏《おわりし》　天香語山命《あめのかごやま》〜天村雲命《あめのむらくも》・高倉下命《たかくらした》」

彦火明命と八千矛命（大国主）の娘・高照姫との子が天香語山命。

妃の高照姫の亦名は天道日姫《あめのみちひめ》、更に亦名は屋乎止女命《やをとめ》。現代まで引き継がれる海部家の世襲名であろう。天香語山命は丹波では異母妹となる市杵嶋姫の皇女・穂屋姫《ほやひめ》を妃として皇子・天村雲命《あめのむらくも》を産む。

また本書の系図には今回は敢えて記載していないが、熊野では味鉏高彦根命の娘・大屋姫を妃として皇子・高倉下命《たかくらした》を産む。

通説では、天香語山命は皇子の高倉下命と習合されてしまった。

記紀でも高倉下命は神武東征における熊野の地での重要な場面で登場するが、天香語山命は記紀には一切登場しない。天村雲命も同じだ。

これは藤原不比等の意図であろう。尾張氏の祖は徹底的に隠された。

天香語山命は父と共に日本海側を東国まで遠征し、高志（越）の国では弥彦神社の祭神となる。この頃は物部氏の祖・胆杵磯丹杵穂命と競争しながら国土開発にあたっていた。越の国では神社が隣り合ってある。

「弥彦《やひこ》神社」越後国一宮　新潟県西蒲原郡弥彦村
　祭神　伊夜日子大神　御名　天香山命　尾張一族

「物部《もののべ》神社」越後国二宮　新潟県柏崎市
　祭神　二田天物部命《ふたたのあめのもののべ》（胆杵磯丹杵穂命、宇魔志麻遅命の父）

佐渡は天香語山命（世襲名・五十猛命）が抑えようだ。

「度津《わたつ》神社」佐渡国一宮　新潟県佐渡市

祭神　五十猛命

天香語山命は、尾張から北上して飛騨の地にも一族の陣地を構えた。神奈備である位山《くらいやま》には天然記念物イチイの樹があり、この木から天皇家の笏《しゃく》をつくって献上することが通例になるという由緒付きだ。

飛騨の三霊山は、位山《くらいやま》・恵那山《えなさん》・伊吹山《いぶきやま》、縄文王国である。

「水無《みなし》神社」飛騨国一宮　岐阜県高山市

祭神　御年大神《みとしのおおかみ》（水無神＝天香語山命）

配神　大己貴命・三穂津姫命・応神天皇・高降姫命・神武天皇

須沼比命・天火明命・少彦名命・高照光姫命・天熊人命

天照皇大神・豊受姫大神・大歳神・大八椅命

山城の地にも一族の陣地がある。

「水主《みずし》神社」京都府城陽市
祭神　天照御魂神《あまてるみたまのかみ》（彦火々出見尊）・天香語山命・天村雲命
天忍男命・建額赤命・建筒草命・建多背命・建諸隅命
倭得玉彦命・山城大國魂命

丹波では、祖母・多岐津姫（三穂津姫）、父母とともに豊受大神の祭祀に尽くし、神籬を桑田宮から日本海側の与謝宮に移す。天香語山命と皇子・天村雲命は、同族である三毛入野命・稲氷命と共に筑紫島に進出した。筑紫の天忍穂耳尊の真名井の水を丹波真名井原に移して祀った。天村雲命は阿波（徳島）にも進出している。忌部氏が祀る忌部《いんべ》神社の現代の祭神は、天日鷲命となっているが、倭姫命世紀では古代の祭神は、天村雲命となっていたようだ。

「忌部神社」徳島県徳島市
祭神　天日鷲命《あめのひわし》（一説　天村雲命　倭姫命世紀）

忌部氏の祖は天太玉命であり、中臣氏の天児屋根命とともに祭祀を掌る両雄である。その後裔には、地区氏族毎に忌部五部神《いんべごぶしん》と呼ばれる神々がいた。大和、阿波、出雲、紀伊、讃岐、筑紫、伊勢などに存在する。

天村雲命は阿波忌部氏の天日鷲命とは行動を共にしていたであろう。あるいは同体であったのかもしれない。阿波忌部氏はその後の天皇家の祭祀（大嘗祭）においても重要な役割を果たす。物部氏と中臣氏の関係と同様、丹波氏（尾張氏）と忌部氏は同族化していたのであろう。

また天村雲命は、天日別命とともに伊勢・度会氏の系図にもその名を残している。大和・山城から伊勢にも進出していたのだ。

この一族は後に尾張氏となって、尾張国に本拠を移していく。

尾張では、三種の神器の一つである草薙剣を祀る熱田神宮が、尾張国三宮になっていることが謎の一つだったが、天火明命（彦火々出見尊）と一説の国常立尊・国狭槌尊であれば納得できる。

「真清田《ますみた》神社」尾張国一宮　愛知県一宮市
　祭神　天火明命（一説　国常立尊）
「大縣《おおあがた》神社」尾張国二宮　愛知県犬山市
　祭神　大縣大神（一説　国狭槌尊）
「熱田神宮《あつたじんぐう》」尾張国三宮　愛知県名古屋市
　祭神　熱田大神（一説　草薙剣を神体とする天照大御神）

大和三山《やまとさんざん》の一つに天香久山がある。古事記では神事に用いる陶土の採取場所とされた。山頂には国常立神社がある。

後に第四十一代・持統天皇《じとうてんのう》は万葉集に和歌を残す。

「春過ぎて　夏きたるらし　白妙の　衣干したり　天の香久山」

多くの解釈があるが、白妙衣《しろたえのころも》とは天皇が大嘗祭で召される衣装だろう。「ようやく天香語山命の皇統が安定して維持される」ことを、密かに喜ばれたのではないだろうか。

それにしても国宝「海部氏系図」には、始祖・彦火明命を最上段に記した後、児・天香語山命、孫・天村雲命の名が記されておらず、次に記されるのは、三世孫・倭宿禰命（天忍人命）である。祭神変更も含めて、藤原不比等と後裔からの統制を潜り抜けてきた歴史なのであろう。

## 「物部氏《もののべし》　胆杵磯丹杵穂《いきしにぎほ》命～宇魔志麻遅《うましまじ》命」

大物主神の五系統の一つが物部氏であることは、先代旧事本紀にて天照国照彦天火明櫛玉饒速日命が、尾張氏と物部氏の共通の祖とされていることからある程度は比定できる。

岩長姫を彦火々出見尊が娶ったとする仮説は以下三点から比定した。

第一に、上野（群馬）の古史に上野国志「榛名山志」がある。

「榛名《はるな》神社」上野国六宮　群馬県高崎市榛名山町
祭神　中殿　元湯彦命（彦湯支《ひこゆき》命＝宇魔志麻遅命の子）
東相殿　饒速日尊　　　　　　　　母　石長媛命《いわながひめのみこと》
西相殿　熟真道命（宇魔志麻遅命）

岩長姫が誰の母であるか不明瞭だが、どうやら物部氏に岩長姫の血が繋がっているのではないかと感じた。謎解きには直感の閃きも大切だ。

第二に、富士宮下文書で岩長姫は瓊瓊杵尊の弟の玉祖命《たまのおや》に嫁ぐが、その玉祖命は大海戦に出陣してすぐに亡くなられる。岩長姫の悲劇はまた続くのかと想像させられる。玉祖命も瓊瓊杵尊の御子である明立天御影命とともに国懸神宮に祀られるが、どうやらここは悲劇の皇子たちを祀るらしい。国懸神宮の主祭神は「日矛鏡《ひほこのかがみ》」であり、おそらく欠史八代で登場する天日矛命《あめのひぼこ》＝天日槍命が祀ったと思われる。

しかし系図では玉祖命の皇子に宇佐美《うさみ》命、更に孫に久真野久住彦《くまのくすひ》命が記されている。宇佐美命は熊野の地を開拓して、この地に伊弉諾尊・伊弉冉尊、天照大御神らの皇祖を祀る宮を造営する大活躍ぶりである。

饒速日命（胆杵磯丹杵穂命）ではないのか。籠神社の海部宮司は、「熊野に入ったのは天香語山命でなく饒速日命だった」と述べている。
その皇子、久真野久住彦命は、記紀での誓約に登場する重要な神であり、秀真伝でも「ミコノクスヒ＝皇子のクスヒ」とも記されて大活躍する神、すなわち宇魔志麻遅命ではないのか。おそらく玉祖命の逝去を受けて、彦火出見尊か、または饒速日命が岩長姫を娶ったのではないか。あるいは瓊瓊杵尊の后・木花咲夜姫の姉である岩長姫の家の跡取りとして婿入りしたと比定できるかもしれない。

第三に、古事記にある羽山戸《はやまと》命は、但馬故事記では亦名　端山戸《はやまと》命であり、また稲年饒穂《いきしにぎほ》命であり、また胆杵磯丹杵穂命でもあると判明した。

古事記では羽山戸命は大宣都姫を娶って多くの子を産む。この大宜都姫は保食神であり、宇迦乃御魂命の血を受け継ぐことを示唆している。

そして但馬故事記では、天火明命（彦火々出見尊）は天熊人（猿田彦）の娘・熊若姫（岩長姫）を娶って稲年饒穂命を産む、とある。

やっと辿り着いた。やはり彦火々出見尊が岩長姫を娶ったと考えてよいだろう。夫君が早逝された場合、妃は兄弟が引き取ることが古代の慣例だった。兄である天火明命（彦火々出見尊）が娶ったのである。

富士宮下文書での大物主神の皇子・前玉《さきたま》命の亦名は胆杵磯丹杵穂命であった。先代旧事本紀によれば天照国照彦天火明櫛玉饒速日尊の別名が胆杵磯丹杵穂命とある。ここでは初代の饒速日《にぎはやひ》命と称するが、天照国照尊（彦火明命）と同体ではなく、その皇子である。

何らかの理由により習合された。

胆杵磯丹杵穂命の皇子は武饒穂命《たけにぎほ》、亦名若山咋命《わかやまくい》・久真野久住彦命《くまのくすひ》・宇摩志麻遅命、物部氏の祖である。初代の饒速日命と宇魔志麻遅命は、熊野に進出して神祀を司った。熊野は物部氏の陣地だったのだ。

若山咋命は秀真伝において、玉依姫が大山咋命と別れた後、ウガヤフキアエズ尊の求婚を受けるかどうか悩んでいるときに参上して、ウガヤフキアエズ尊の后となることを説得している。同族の甥的な関係であるが、おそらく一族の中で極めて重みのある位置にいたのだろう。血族が五つに分かれていても、よく連携して一致団結していたに違いない。

先代旧事本紀では、誓約で生まれる神が記紀より一人多い。天津日子根命（瓊瓊杵尊）、活津日子根命（彦火々出見尊）、そして次に熯速日命《ひのはやひ》（胆杵磯丹杵穂命）、最後に久真野久住彦命となる。

物部氏の祖の系統を強く暗喩したかったのだと思われる。熯速日命という名は、鹿島タケミカツチの父と同じだ。つまり熊野の久真野久住彦命こそは、鹿島タケミカツチの霊魂を受け継ぐものとしたかった。

羽山戸命と大宜都姫の御子たちを祀る神社として、狭岡《さおか》神社がある。藤原不比等が自邸である「佐保殿」に創祀したことに始まるという。

何故、藤原不比等はこの一族を丁寧に自邸に招いたのであろうか？

「狭岡神社」奈良県奈良市
　祭神　若山咋命　以下　羽山戸命と大宜都比女の御子八神

若山咋命は、藤原不比等の一族の祖の一人だったのである。

物部氏の祖として岩長姫の血が繋がれていると判断した時、何か少し嬉しい気持ちになった。岩長姫は記紀では悲劇のヒロインでしかない。

父である大山祇命から瓊瓊杵尊の妃として妹の木花咲夜姫と共に薦められながら、瓊瓊杵尊はその容姿を理由に大山祇命の申出を断った。

そして記紀では二度と登場してこない。（古事記にて、出雲族二代大名持である八島士奴美神と結ばれる木花知流姫《このはなちるひめ》は岩長姫ではない）

大山祇命（猿田彦神）が、「岩長姫を娶れば、その命は末永く続く」と言われたのは、岩長姫を母系の祖とした物部氏が、その後も長く大和王権の中核にいたことを暗喩するものだった。岩長姫を祀る神社は木花咲夜姫よりずっと少ないが、物部氏を通じて多くの後裔を残したのだ。

貴船《きふね》神社で縁結びの神として祀られているのは、このような背景があったのだとわかると納得である。貴船神社は宇迦乃御魂命とその孫である玉依姫の一族を祀る社である。家族関係をわかりやすく記しておく。

「貴船神社」明神大社　京都市左京区鞍馬貴船町
祭神　本宮　高龗《たかおかみ》神（水神）宇迦乃御魂命　（本人）
白髭社　猿田彦神　（夫）
牛一社　木花咲夜姫　（娘）
川尾社　罔象女《みずはのめ》命（神大市姫）　（母）
結社　磐長姫命「縁結び」　（娘）
奥宮　闇龗《くらおかみ》神（高龗神同神）玉依姫　（孫）（本人）
吸葛社　味鋤高彦根命　（息子）（父）
日吉社　大山咋命　（夫）
鈴市社　五十鈴姫命（賀茂別雷命）　（娘）

富士王朝で彦火々出見尊の后となった石割姫は、やはり岩長姫だ。
富士吉田の天岩屋ともいわれる石割神社は天手力男命を主祭神とするが、石割神社縁起（古い由緒書）によれば、岩長姫も祀られていた。

「石割《いしわり》神社」山梨県山中湖村平野

祭神　素戔嗚尊・天手力男命・武甕槌命・岩長姫・日本武尊

写真⑥　石割神社（筆者撮影）

物部氏の古史である秋田物部文書によると、饒速日命は軍団を引き連れて秋田の唐松神社に降臨したという。この饒速日命は胆杵磯丹杵穂命であったろう。天香語山命と連携して、また競い合うように日本海側に拠点を開いていった。

「唐松《からまつ》神社」秋田県大仙市

祭神　迦遇突命・息気長足姫命・豊宇気姫命

高皇魂命・神皇魂命

古代の日本海北部には「渡島《わたりしま》」と呼ばれる島があったが、現代は海中に没したといわれる。グーグルマップで見ると、まさに日本海のど真ん中だったと思われる。この渡島を中継点として、物部氏はかなり早い時期から朝鮮半島（高句麗）と交流を持っていたようだ。また後のことになるが、この唐松神社には、丁未の乱で蘇我氏に敗れた物部氏の一族が逃れてきたと記されている。日高見国である。

「物部神社」石見国一宮　島根県大田市

祭神　宇魔志麻遅命

島根の物部神社は、徐福と共に半島から渡来した物部氏が最初に築いた一族の拠点であろう。宇魔志麻遅命は、鶴に乗ってこの地に降臨したと伝えられ、その山を鶴降山《つるぶやま》と名付け、物部神社の神紋を全国で唯一といわれる「真っ赤な太陽を背負った鶴＝ひおい鶴」にした。

物部氏は犬族なのだが、この物部神社の「鶴」も一族のシンボルだ。

饒速日命（胆杵磯丹杵穂命）の妃は三炊屋姫《みかしきやひめ》、長脛彦《ながすねひこ》の妹とされる。

秀真伝では「フトタマノマゴ　ミカシキヤヒメ」とあり、これは「天太玉命の孫、三炊屋姫」で、忌部氏の血族であることが比定される。

天太玉命は大倭日高見国で天児屋根命とともに祭祀で大きな役割を果たしており、栲幡千千姫の皇女を娶っていて饒速日命が妃とするに相応しい血族だが、神武東征において長脛彦を悪者として記紀に記すのは、後において中臣氏（物部氏）と忌部氏（尾張氏）が祭祀の主導権を争うことを想起させるものだ。

羽山戸命（胆杵磯丹杵穂命）は亦名が前玉命であり、武蔵国前玉神社の祭神である。前玉神社は稲荷山古墳を中心とした埼玉古墳群にあり、後に物部氏と尾張氏の東国進出の基地になった重要な拠点だ。

「前玉神社」埼玉県行田市
　祭神　前玉彦命・前玉姫命

物部氏の本拠地は、石見（物部神社）から筑紫（高良大社）、そして吉備（石上布都魂神社）から河内（石切剣箭神社）〜大和（石上神宮）へと移動した。そして、淡海（野洲）から東山道（神坂峠）を越えて、諏訪から毛野へ、そして東北へと東上する経路を確保していった。

「駒形《こまがた》神社」陸中一宮　岩手県奥州市
　祭神　駒形大神（天照大御神・天常立尊・国狭槌尊・吾勝尊・置瀬尊・彦火々出見尊）

駒形神社の伝承によれば、古代に関東に進出した毛野一族が台頭して赤城山を崇拝した。赤城山の外輪山に駒形山と名付けた。毛野氏は更に北に勢力を伸ばし、行く先々の休火山で外輪山を持つ形の良い山を探し出し、連山の中で二番目に高い山を駒ヶ岳《こまがたけ》、あるいは駒形山《こまがたやま》と名付けたという。不思議なことに駒ケ岳は東国に集中している。富士山に次ぐ日高見国の山岳信仰の象徴なのであろう。物部氏だ。

## 「神日本磐余彦天皇《かむやまといはわれひこてんのう》、その名は彦火々出見《ひこほほでみ》」

秀真伝では、神武天皇の和風諡号《わふうしごう》・神日本磐余彦をヲシテ文字にて「カムヤマトイハワレヒコ」と称する。「イワレ」でなく「イハワレ」である。通説では、「磐余＝イワレ」とは大和（奈良）の地名であり、これが磐余彦（イワレヒコ）の由来とされてきた。一方、日本書紀に記される神武天皇の名、すなわち「神日本磐余彦天皇、その名は彦火々出見」と世襲名が記される理由はこれまで明確な説明がされてこなかったといえるだろう。

ここまでの彦火々出見尊の五人の皇子たちの皇統分析を踏まえると、おそらく正しくは「イワレ」でなく「イハワレ」であり、イハの当て字を見繕ってみると「五派」「五波」「五葉」などの解釈ができる、と考えるようになった。これは彦火々出見尊の後裔である五皇子系統を、「五派別霊」「イハワレ」と称するとの暗喩ではなかろうか。日本書紀は神功皇后の三韓征伐を住吉大神（塩土老翁）と共に支援した神を「向匱男聞襲大歴五御魂速狭騰尊《むかひつおもおそほふいつのみたまはやさのぼり》」と記す。この五御魂《いつのみたま》と同体だろう。

古事記では神武天皇の東征が戦記物として書かれるが、籠神社伝承では初代・神武天皇即位の大和は極めて穏やかな政権譲渡であり、大きな戦闘は行われなかったという。神武東征の後半を確認しよう。

神武天皇は熊野に上陸するが、邪神の毒気により眠り込んでしまう。

そこへ天照大御神・高木神（ソサノヲ）と軍神タケミカツチから夢の中で授かった「布津御魂《ふつのみたま》の神剣」を高倉下命が届けて神武天皇を救う。

この神剣は石上神宮の祭神である。

更に神武天皇の夢の中に高木神（ソサノヲ）が現れて、これから先の道案内として「八咫烏《やたがらす》」（賀茂建角見命）を送り込む。八咫烏に導かれた神武天皇は、幾多の敵を蹴散らして「撃ちてし止まむ！」と謡いながら、長脛彦との最終決戦に臨む。ソサノヲの霊魂が神武天皇を支えていた。古事記ではここで饒速日命が参上する。

秀真伝による神武進軍に対する饒速日命の様子を記す。

「饒速日に神武軍の唄を告げると、『天の心に則った神軍だ。我ら一言もない』と言うや、戦いを引いて退却した」「饒速日は次第に天君（神武天皇）の人柄に天孫の子孫に相応しい威光を感じるようになり、親しみを覚えてお互いに懇ろな気持ちを抱くようになっていた」

「饒速日は言い終わるや否や涙を押し殺してナガスネヒコを切り殺すと、兵を引いて降伏した。君（神武天皇）も本来備わった饒速日の人柄と忠義心を褒め称えて、お互いの親交を深めあった」

饒速日命の神武天皇に対する心境の変化が感じられて興味深い。

秋田物部文書に記される神武東征神話は、記紀や秀真伝とはかなり異なる内容を含んでいるので、こちらも確認しておこう。

すなわち秋田物部文書では、神武東征の前に饒速日命は既にほぼ東国を統治しており、神武東征が果たされた時点で、物部氏（饒速日命）は自ら進んで帰順の印として東国を神武天皇に献上したというのである。

そして物部氏は、代々伝わる祭式、神宝、武術などまでもすべて献上した。天皇は物部氏の深い恭順の意を組み入れ、代々天皇の側近として重く用いた、というのだ。

おそらく初代・饒速日世代が東国（日高見国）を抑え、それを筑紫、西国（大倭国）から東征してきた神武世代に譲って、国を統合したと考えてよいのではないだろうか。

天櫛玉命と大田命は伊勢にいた。

稲氷命は朝鮮半島にいって新羅王になった。

櫛御方命（三毛入野命）は大物主となって大和（三輪）にいた。

宇魔志麻遅命は高倉下命と共に熊野から大和に向かった。

そして天村雲命は丹波から大和、伊勢にいた。

筑紫の奴国にて東征全体を支援して補佐に当たっていた迦毛大御神（賀茂建角見命・八咫烏）は、新羅にて稲氷命が王になったとの報を受けて、大陸の後漢（中国）に大倭日高見国の成立を使者により伝えた。

同年、後漢の光武帝より金印「漢委奴國王」を受ける。

これが「後漢書」によれば、紀元五七年のことである。

稲氷命は、新羅第四代王・昔《そく》脱解《だつかい》だ。この即位も同じく「三国史記」によれば、紀元五七年と伝わる。これこそ竹内睦泰氏が、神武天皇即位を紀元五七年と設定した根拠であろう。


同世代の五皇子全員が神武天皇であったといっても不思議ではない王権の設立ではなかったろうか。もちろんまだ完全に全国が統治されたわけではないが、大倭国（西国）と日高見国（東国）は相応に統合されたといえる。よく見ると五皇子にはすべて宇迦乃御魂命の血が受け継がれている。まさに古代日本の大地母神であった。


竹内睦泰氏は迦毛大御神（賀茂建角見命）について、古事記において天照大御神以外で唯一、大御神と記される人物＝大物と記している。

出雲族八千矛命（大国主）の皇子、味鉏高彦根命、改め賀茂建角見命は、ソサノヲの従兄である金山彦一族に婿入りして鉱山開発を抑え、続いて安曇族にも婿入りして海神族の惣領ともなり、そして神武東征においては八咫烏として全軍を導いた。そして皇女の玉依姫は、大山咋命と彦波限命を婿に迎えており、五皇子の中の二人の外祖父であった。

外祖父の力は強い。時の最大の実力者であろう。

おそらく筑紫から後漢に書簡を届けたに違いない。光武帝の金印は、後（江戸時代）に、筑紫の志賀島で発見された。安曇族の地である。

後漢の光武帝は、中国史上、一度滅亡した王朝の復興を旗印として天下統一に成功した唯一の皇帝とされる名君だった。迦毛大御神は光武帝の必死の王朝再興の努力を知っていたに違いない。光武帝が建武中元と改元して封禅《ほうぜん》の儀式を実施したのは紀元五六年、迦毛大御神からの使者は翌年の紀元五七年である。

当時の朝鮮半島ではまだ後の三韓、すなわち高句麗・百済・新羅の体制はできていない。徐福の渡来以降、大陸・朝鮮半島と大倭日高見国の往来はますます活発になっていたが、現代のような国境は全く無かったのである。海峡国家であったといってもよいだろう。

古代韓国の歴史が正史として記されるのは、一一四五年に完成した「三国史記」であり、日本の記紀より約三百年遅れる。

新羅の第四代の王・昔脱解《そくだつかい》は、通説では、倭国の東北一千里のところにある多婆那国《たばなこく》で誕生したこと、脱解が船で渡来した人物であることなどから、出生地を丹波国、但馬国などに比定する説が強い。

稲氷命である。古事記では「母の国を訪ねて海原の奥へと旅立った」と記された。この後、迦毛大御神は稲氷命の王朝支援として血族を送り込んだと思われる。後の新羅国王統となる「金姓」であり、新羅史に「金閼智《きむあるち》」と記される人物だ。亦名を匏公《ここう》、通説では倭人（大倭国）とされる。おそらくソサノヲの従兄・金山彦の一族、すなわち迦毛大御神が婿入りして率いた一族、天若彦命の後裔であろう。匏公の匏《ひさご》とは、「瓢箪（ひょうたん）」であり、元伊勢籠神社の象徴でもある。

また籠神社の海部宮司は、神武東征以降、人代の天皇となってから、再度、神武東征に匹敵する天皇による西下と東征があったと示唆されている。これは記紀には記されないが、筆者はこれを第十一代・垂仁天皇の時代と比定する。記紀の神武東征の物語は、おそらく二世代に亘る皇族の東征の歴史を重ねて創作したものだろう。

記紀でもそうだが、天皇は神であり、実在の人物とは別の大元霊神として表現され、また描かれている場合が多い。

しかし「人は神、神は人なり」であり、大元霊神（神格神）は人に降りて現人神（人格神）として治世を行うのである。

いずれにせよ五人の皇子たちの中の誰かが神武天皇だ。

最後に五皇子の皇族の動物トーテムを確認しておこう。

天櫛玉命（大田命）から続く宇治土公君は、牛知御玉命という亦名の示す通り「牛族」である。牛頭天王である素戔嗚尊のトーテムはこの一族が受け継いだ。
大山咋命・櫛御方命から続く丹波氏、三輪の大物主一族は「龍蛇族」である。大山咋命の母である市杵嶋姫は「龍神」と習合して祀られる。

日本書紀でも三輪山の蛇は大物主神の象徴として描かれる。

彦波限命・稲氷命の安曇族は、風に乗って飛ぶ鳥、船を操る海神、「鳥族」であり、また「鹿族」も一緒にいたであろう。

天香語山命・天村雲命の尾張氏は、当初は蛇族（亀）であったと思われるが、後世において「馬族」になった。

胆杵磯丹杵穂命・宇魔志麻遅命の物部氏は「犬族」である。

スメル神話のところで簡単に説明したが、復習しておこう。

初期のスメル人は平和を好む青銅器国家群で、そのトーテムは「牛」「蛇」「鳥」であった。

スメル神で風神エンリルは「牛」、火山神ニンフサルサグは「鳥」、そして水神エンキは「龍蛇」をトーテムとする。

大倭日高見国はスメル神話の神々によって守られていた。

その後、メソポタミアの北方から好戦的な騎馬民族（アッカド・バビロニア・アッシリア）が侵入して鉄器国家群を形成し、このセミチック・バビロニアン族のトーテムが「馬」「犬」であった。これから日本書紀では「馬と犬」を暗喩として語ることが増える。次の黙示録は、「尾張氏　対　物部氏」

の謎を明らかにしていくことになる。

神武天皇は大和（奈良）橿原《かしはら》の地に新しい都を築く。
大和橿原高天原である。神祀と軍事を整え、国造りを進める。
橿原神宮は明治になってから造られた。
神武天皇陵は、大和三山の一つ、畝傍山《うねびやま》の麓と伝わる。

現代でも天皇家は神社への熱い信仰を持たれている。
「四方拝《しほうはい》」とは毎年元旦の早朝に、宮中にて天皇陛下が天地四方の神祀を拝む儀式であり、対象は以下の通りである。

一　伊勢神宮
二　天神地祇《てんしんちぎ》（天津神と国津神、すべての神）
三　神武天皇陵
四　先帝三代（明治・大正・昭和天皇）の各山陵
五　武蔵国一宮（氷川神社）
六　山城国一宮（賀茂別雷神社・賀茂御祖神社）
七　石清水八幡宮（宇佐神宮を平安時代前期に京都へ遷宮）

八　熱田神宮（三種神器の一つである草薙剣を祀る）
九　常陸国一宮（鹿島神宮）
十　下総国一宮（香取神宮）

何故、今上天皇が四方拝でこれらの神社と天皇陵に祈るのか？

ここまでの黙示録で少しでも理解が深まれば本書の価値があったかと思われる。明治天皇は京都から東京へ遷都された際、まず氷川神社に行幸されたことはよく知られている。

素戔嗚尊、すなわち風神エンリルに祈られたのだ。

# 五　サラ姫の謎

## 「カゴメ唄と竹取物語《たけとりものがたり》」

筆者の古代史研究は始まったばかりであり、神武天皇以降は次の機会に纏めるが、そのテーマの一つとしてカゴメ唄と竹取物語の謎がある。

これは本書で記した「サラ姫の謎」を解くことでもある。

カゴメ唄の謎は古代史でもよく話題になるが、ここまで解析を進めてきて感じられるのは、藤原不比等によって封印された古代史、すなわち元伊勢籠神社の謎を解くことが「カゴメ唄の真意」だとわかってきた。

かごめ　かごめ　かごの中の鳥は　いついつでやる
夜明けの晩に　鶴と亀がすべった　後ろの正面だあれ？

「かごめ（籠目）」とは、塩土老爺（猿田彦神・イエス）が彦火々出見尊のために竹で組み上げて編んだまさに籠のこと。きちんと組み上げた籠目にはイスラエル国旗と同じ六芒星《ろくぼうせい》（ダビデの星・ヘキサグラム）が現れる。伊勢神宮の灯篭や籠神社には、しばらく前までこの印が刻まれていたという。

また竹取物語において、かぐや姫が生まれた時はとても小さかったので籠目の鳥籠で育てられた。

「いと幼ければ籠《こ》に入れて養ふ」とある。籠を「こ」と読ませる。籠（コノ）神社と同じだ。ここではっと気付いた。「かごの中の鳥」は、籠神社が元伊勢七神としても祀る「倭姫命（ヤマトヒメ）」のことではないかと。

「元伊勢七神」（海部宮司ご先祖による御軸）
男神　国常立尊・伊弉諾尊・素戔嗚尊
女神　天照大神・伊弉冉尊・豊受大神（宇迦乃御魂命）・倭姫命

竹取物語は平安時代前期に成立したとされ、現存する日本最古の物語だが、著者は未だに不明である。

竹から生まれたかぐや姫は絶世の美女となり、五人の皇子たちから求婚を受ける。その中には記紀編纂者・藤原不比等をモデルにしたという車持皇子《くらもちのみこ》もいる。かぐや姫は苦戦しながらも最後には車持皇子の嘘を明らかにして赤恥をかかせる。五人の求婚を退けたかぐや姫は帝《みかど》（天皇）からも入内の要請を受ける。帝と和歌のやりとりをして心が通い始めて三年が経った頃、かぐや姫は月に戻らねばならない最終期限を迎える。

何とか阻止しようとする帝の配下との別れ際に、かぐや姫は帝のためにと不老不死の薬を渡す。しかし天の羽衣を着たその瞬間に、かぐや姫はこれまでのすべてを忘れて月に戻っていく。天の羽衣とは天皇が即位する大嘗祭にて召される衣装だろう。帝はかぐや姫がいなければ不要として不老不死の薬を富士山の火口で燃やされてしまう。かぐや姫は月神であった。古代史の謎を題材とした物語であることは間違いない。

そして賀茂家の系図には「鴨県主《かもあがたぬし》　賀具夜（かぐや）姫」と名がある。

古事記の系図では、第十一代・垂仁天皇の后ともされるが、筆者の比定では、どうやらこの姫は垂仁天皇の皇女・八坂入姫《やさかいりひめ》であり、

この姫こそが「倭姫命（ヤマトヒメ）」、本書で紹介してきた倭姫命世紀の主役であり、そして「かぐや姫」であろう。

「いついつでやる」とは、まさに記紀に隠された古代史の、特に籠神社と神宮の秘密がいつ世間に明らかになるのかということだろう。

「後ろの正面」は籠神社だ。伊勢神宮の伊雑宮〜内宮〜外宮は一直線に並んでおり、その延長上にはピタリと籠神社がある。

「夜明けの晩」とは、このレイラインに何らかの関係がある特定の日時なのであろう。おそらく「東雲（しののめ）」である。東雲とは、朝日が昇り始める前に茜色に染まる空を意味する。籠神社の海部宮司は東雲を「最も聖なる光」と称されている。

漆黒の夜から東に日（彦火々出見尊）が昇り始める、月（猿田彦神）もまだ残っている。そして金星（イナンナ=宇迦乃御魂命）もまだ輝いている。おそらくこのような瞬間を指すのであろう。

「鶴と亀」は、この三人の血を受け継いでいる物部氏（物部神社のひおい鶴）と尾張氏（籠神社・椎

根津彦＝倭宿禰《やまとのすくね》がのる亀）、この二つの氏族が統治王として連携しつつ、対峙しながら政を統べる「すべった」時代とみる。富士王朝・国狭槌尊のトーテムも「鶴と亀」であった。

倭姫命は、その母、更にその母（祖母）と、氏族間の相克による悲しい物語を秘めたヒロインなのだが、これらのことは記紀からほとんど隠されてしまった。そして倭姫命（ヤマトヒメ）は後に草薙剣《くさなぎのつるぎ》を巡って、日本武尊（ヤマトタケル）と宿命の霊魂の対峙を迎えることになる。「ヤマトヒメ」と「ヤマトタケル」である。記紀で二人が叔母と甥とされるのは藤原不比等の創作である。この二人には聖なる交合があった。

竹取物語の著者はこの姫の歴史をよく知っていて、早く日本の古代史を明らかにしたいと訴えたに違いない。

籠神社は今でも賀茂神社とよく連携されて祭祀を掌ると知られる。

上賀茂神社には、御阿礼神事《みあれのしんじ》という「賀茂別雷命の再生と降臨」を祈願する神職のみの非公開の祭祀がある。賀茂別雷命には祝宴で賀茂建角見命から「汝が父と思う人にこの酒を飲ませよ」といわれ、「我が父は天津神」といって天の神に届くまで屋根を突き破って昇天されたとの説話がある。再生を祈るということは、何らかのご不幸があったことの暗喩かもしれない。そしてその神事に準備される祭具・二本の榊《さかき》には、「梶田と諏訪」と書かれている。

梶田とは上賀茂神社の末社「梶田神社」のことで、祭神は瀬織津姫である。すなわち「梶田と諏訪」とは「瀬織津姫（水神）」と諏訪の「建御名方命」を示すのだという。賀茂神社と諏訪大社が繋がっている?

ここでまた古代史の謎が解き明かされていく。

「度会大國玉比売神社」(外宮摂社)

祭神　大國玉命・弥豆佐々良比売命

諏訪から大國玉命(建御名方命の御子)が連れてきた天櫛玉命と木花咲夜姫の皇女・弥豆佐々良比売命(ミズササラヒメ)こそが、賀茂別雷命の再生ではないのかと。猿田彦神(イエス)の血も関係している。

これこそ「サラ姫の物語」なのである。宇迦乃御魂命から木花咲夜姫を通じたこの母系の血、月神の血は、もちろん「かぐや姫=倭姫命」まで繋がっている。カゴメ唄と竹取物語の謎を解く鍵はここにあった。

古代史は繋がっている。驚くばかりである。

そして更にスメル神話を読み込んでいくと「世界で最古のかぐや姫」に辿り着くことができた。スメル神話の「イナンナ女神讃歌」は、世界史上で最も古い、著者が明確にわかっている物語だという。その著者はメソポタミアのアッカド王朝創始者であるサルゴン王の「エンヘドゥアンナ王女」である。

今から約四千三百年前、紀元前二三〇〇年頃の実話である。

王女はアッカド人であったが、スメル語に習熟されていた。スメル人とアッカド人の融和を図るため、様々な施策でサルゴン王朝を支えたという最古の才媛である。アッカド王朝では月神ナンナを主神として祀っていたが、王女は祭祀ではナンナ神の配偶女神ニンガルの役割を担い、そして遂にはウルの都市神ナンナに仕える初代の女大神官になった。

そしてこの「王女が月神ナンナを祀る女神官になるという伝統」は、新バビロニア最後の王女まで、なんと約千八百年も途切れずに続いたというのである。驚きだ。かぐや姫の原点もメソポタミアにあった。

新バビロニアはメソポタミア最後の帝国であり、後にアケメネス朝ペルシャに征服されて、多くの人々が四方に移民となって逃れていく。

エンヘドゥアンナ王女の伝統は、大倭日高見国で受け継がれていったに違いないだろう。

## 「黙示録のおわりに　二〇二五年」

新約聖書の最終章「ヨハネの黙示録」は、これまで多くの議論がなされてきた歴史上最大の謎の預言書である。この論考については筆者の力の及ぶところではないが、ここにもスメル神話の神々が関与していることについて簡単に記しておこう。

黙示録で鍵となる数霊に七人の天子をはじめとする「七」があるが、これはスメルの神々の聖数であろう。イエスは「七つの角と七つの目」を持つ「子羊」とされている。

更に黙示録の「七」は、宗教的かつ宇宙論的な意味を内包する。

旧約聖書の創世記では、神は六日で天地万物を創造し、七日目には休んだ。七日目は聖なる日なのだ。そして「神の一日は千年」だといわれている。すなわち「神は六千年の間にすべてを完成する、六千年でこの世は完結する」ということである。七日目の安息日は、終末の後に続くキリストの再臨と審判、そして救済の時なのである。振り返ってみれば、スメル人のメソポタミア王朝から既に約六千年が経過している。

日本の現代が、太平洋戦争を一つの終末とする安息日なのかどうか、その判断はまだ極めて難しいところだ。

ヨハネの黙示録には「四つの生き物」が初めに登場する。

第一は「獅子」、第二は「若い雄牛」、第三は「人間のような顔（天使）」、第四は「空を飛ぶ鷲」だという。通説ではこの四獣をマルコ・ルカ・マタイ・ヨハネという四福音書の記者に喩えるのだという。

しかし筆者の視点は異なる。この四獣はスメルの神々であろう。

獅子は天空神アン、雄牛は風神エンリル、天使は水神エンキ、鷲は火山神ニンフルサグだ。水神エンキだけが獣ではなく人間の顔（天使）とされるのは、イエス（猿田彦神）が水神エンキの霊魂を引き継ぐものであることが暗喩されているとみる。

同じく黙示録には「大地の四隅に立つ四人の天使」が記されるが、彼らはその口から吐き出す風によって「大地と海を損なうことが許されている」という。大地は大地神キ、海は原初の海ナンムであろう。

スメル神話の四神の妻であり母であればこそ、四人の天使たちは影響を及ぼすことができる。黙示録と原初のスメル神話も繋がっている。

竹内睦泰氏は著書にて、竹内家の家紋「三つ葉紋」の意味について、「大和と出雲と秦氏（ユダヤ）の象徴」だと説明されている。なかなか整理がつかなかったのだが、ようやくその真意が理解できた。

大和　天照大御神　＝火山神ニンフルサグ
出雲　素戔嗚神　＝風神エンリル
秦氏　猿田彦神　＝水神エンキ（ユダヤ＝イエス）

と位置付ければ、原初のスメル神話とよく整合がとれる。

竹内睦泰氏は、「今、地球にとって最も重要なことは自然との共生（共に生きること）と、他民族との融和（多宗教との共存）である」とも述べられる。猿田彦神が学んだ古神道「天成る道」、あるいは聖徳太子の「和をもって貴しとなす」の原点に戻るべしということだ。世界の平和に向けて、日本人には原初の神から与えられた特別な役割がある。スメル人の原点は「君主（天皇）も神、国土も神、国民も神裔」という「三位一体」であり、これは日本人の宿命なのであろう。

まずは天皇家を大切に守っていかねばならない。彦火々出見尊の皇統は今でも続いている。猿田彦神は皇統を支えてきた最高の忠臣である。天皇こそ世界で最も長く続く平和の君主であり、日本の「神は人なり」の象徴である。

そして「国土も神」、大自然の脅威と共に生きていかねばならない。数千年単位、数百年単位で必ず災難は繰り返す。多くの山々が再び必ず噴火する。大震災も遠くない時期に再び必ず起きる。

宇宙の中で、地球には、生命体としての特別な役割があるらしい。

そして最も大切なことは一人一人の思い「国民も神裔」だろう。太平洋戦争後の歴史教育は一刻も早く見直す必要がある。日本人としての誇りを取り戻さねばならない。国民の思いこそが最も根本である。神話を失った民族は生き残ることはできない。大河ドラマで「古事記」でも取り上げられるような時代になるとおもしろいのだが。日本こそ、神話と現代の繋がりを世界で最も証明できる国であるはずだ。

「猿田彦神はイエス・キリスト」という謎を解明すべく、神武天皇即位の紀元五七年までを追ってきた。当初は「とても信じられない」と感じられた謎が、「もしかしたら」「いやそうに違いない」というところまで、筆者の思いは行き着いたところだ。いかがであろうか。

本書比定の内容には現代の神社伝承と異なるものが多くあるが、古史古伝を繋ぎ合わせ、黙示録として隠された謎を明らかにし、神々を「人の物語」として現し、一人でも多くの古代史ファンを増やし、もっと本当の神社伝承を広めていければとの思いにより、研究成果の「いいとこどり」で繋いであるので、その点については何卒ご容赦をいただきたい。

仮説としてお読みいただきたいが、古史古伝を繋ぎ合わせることで見えてくる史実もありそうだ、と少しでもご理解いただければ幸甚である。

筆者自身は全く霊感のない人だと自覚しているが、この研究を通して理解できたことは、この世には多くの大元霊神が存在し、そして多くの特別に高い霊感を持つ人たちがおられることだ。今この時にも、どこかでその大元霊神の霊魂を引き継ぐ人たちが、何かを感じて動いている。

間違いなく、そう感じられるようになった。

キリスト教の「聖杯の謎」をイエスの血脈とするならば、本書の推論は、「サラ姫の血脈はかぐや姫たちを通じて、現代の多くの日本人女性に繋がれている」ということになる。もしかしたら最も強くその霊魂を受け継ぐ至高の「サラ姫」が、どこかにおられるのかもしれない。

最近話題の書籍に、たつき諒氏の『私が見た未来　完全版』がある。

二〇二一年秋の刊行だが、筆者が読んだのは二年半が経過した二〇二四年春になってからだ。氏は予知夢の能力があるといい、一九九九年に刊行された書籍で、二〇一一年三月の東日本大震災が起こることを予知されていた。相当に高い神格の霊魂を受け継いでいるのか、あるいはそれらの神々と対話する霊力があるらしい。

前世は「サイババの娘」だったという。サイババ（一九二六〜二〇一一年）はインドのスピリチュアルリーダーで「聖なる父」を名乗った。引き継ぐ霊魂が誰であるかはわからないが、相応の大元霊神であったことに間違いはないだろう。

気になるのは、たつき諒氏が二十二年ぶりに刊行された完全版なる書籍において、次のように述べられていることである。

「本当の大災難は二〇二五年七月五日の早朝に起こる。フィリピン海沖で何らかの大異変が起こり、沿岸国に大津波が押し寄せる。その津波は東日本大震災の三倍はあろうかという高さになる。日本の三分の一か、四分の一が津波に覆われてしまう。

その時、二匹の龍が太平洋を日本に向かって泳いでいく姿が見えた」

「今度の大災難は日付がわかっているので、対策をたてることができるはずだ。今から準備して行動する重要性を改めて認識してほしい。

この本はそれを伝えるという役割を持って生まれてきた」

「大津波の後に訪れる新たな世界は、地球全体ですべての人々が明るく輝き、活き活きと暮らしている。大災難以降は、心の時代がくると信じたい。本当の奇跡とは心が変わること。大切なのは自分自身が生きのびること。私の役割はこれで『やっと終わる』と感じている」

たつき諒氏は、九歳の頃、自我の覚醒の中で「宇宙からの視線」を感じたという。そこにはひとりの老人、白髪で白い髭、身にまとう布も真白だが、その人は笑顔であった。もし神様がいるとすれば、こんな感じの人かも……。そう思った瞬間に涙が溢れてしまったのだという。

たつき諒氏は女流漫画家であり、その老人の姿をスケッチして書籍に掲載されている。その姿を見た瞬間、筆者は叫んでしまった。
「あ、エンキ神だ！」
その姿は塩土老翁そのものであり、住吉大明神であり、猿田彦神であり、イエスであり、ダビデ王であり、スメル神話の水神エンキとしか思えないのであった。エンキ神は人間に大洪水が起ることを秘かに告げてくれた神である。たつき諒氏の「準備すべし」とのコメントには一切の心の乱れも感じられない。預言なのか。もしかすると本当に起こる。

筆者は一九九九年のノストラダムスの終末予言や、二〇一二年のマヤ歴による人類滅亡説などには全く関心がなかった。振り返れば日々の生活に手一杯であって興味も沸かなかったし、もし仮に少し関心を抱いたとしても、「その時はその時だ」と割り切っていたに違いない。

しかし今回は少し思いが違う。筆者はここ数年、何かに導かれるように古代史の研究に取りつかれ、記紀に始まり古史古伝、三韓と中国史、そしてオリエント史と概要をかじって、ようやくここに「猿田彦神はイエス・キリスト」という竹内睦泰氏の謎かけに対する第一回の研究成果を纏めるに至った。今でなければ、たつき諒氏のメッセージは全く昔と同じようにただ通り過ぎていた。「私が見た夢完全版」が刊行された二年半前に読んでいたとしても、まだ全く伝わらなかったであろう。

こう考えると、筆者を古代史研究へと、何らかの意図を持って仕向けた神が、もし本当にいたとすれば、その神の意図はこの「たつき諒氏のメッセージの預言性」を理解させるためだったのではないかと思えてくる。たつき諒氏はサラ姫の霊魂を受け継いでいるのかもしれない。

加えて、神として覚醒された保江邦夫氏や、多くの特別に高い霊感を持つ方々が「二〇二五年」について語られるに及んで、「どうやらこれはエンキ神のお告げだ。何かが起こる」と真剣に考えるようになった。

エンリル神が人間の傲慢に対して激怒しているというのであろうか。

たつき諒氏の夢の「二匹の龍」の中の一柱は間違いなくエンキ神だ。

もう一柱は猿田彦神（イエス）かもしれない。

自らの選択と責任で、前向きに、できる範囲で、何か備えをせねばならないと思う。国土も神である。宇宙と、地球と、大自然の神々と共に生きていかねばならない。必ず乗り越えていけるはずだ。

最後までお読みいただきまして誠にありがとうございました。

「人は神、神は人なり」

了

参考資料一覧（古史古伝の分類は吾郷清彦氏の定義による）

（古典四書）

・古事記（福永武彦　訳）
・日本書紀（福永武彦　訳　・宇治谷孟　訳）
・先代旧事本紀（安本美典　監修、志村裕子　訳）
・古語拾遺（西宮一民　校注）

（古伝）

・ホツマツタヱ（池田満　ホツマ辞典）
（いときょう　古代史ホツマツタヱの旅　他）
（朝倉未魁　超訳ホツマツタヱ Web）
（日本翻訳センター　ホツマツタヱ Web）

（古史四書）

・正統竹内文書（竹内睦泰　古事記の暗号・古事記の邪馬台国　他）
（正統竹内文書の日本史　超アンダーグラウンド）
・竹内文書（sydneyminato　あなたの知らない竹内文書）
・富士宮下文書（三浦義照　神皇紀）

・九鬼文書
・物部文書
（異録書）
・但馬故事記
・吾郷清彦
・佐治芳彦
（神社伝承・その他）
・風土記
・神道集
・出雲富家
・宇佐家
・籠神社

（岩間尹　開闢神代歴代記）
（神原信一郎　富士宮下文書の研究）
（伊集院卿　富士王朝の謎と宮下文書）
（佐治芳彦　謎の宮下文書　他）
（三浦一郎　九鬼文書の研究）
（進藤孝一　秋田物部文書伝承）

（但馬国ねっとで風土記　Net　他）
（高天原論研究・日本超古代秘史資料　他）
（謎のウエツフミ　他）

（栗田寛　古風土記逸文考証　他）
（貴志正造　訳　他）
（斎木雲集　古事記の編集室　他）
（宇佐公康　古伝が語る古代史　他）
（海部穀定　元初の最高神と大和朝廷の元始
海部光彦　元伊勢の秘宝と国宝海部氏系図

海部やをとめ　倭姫の命さまの物語
海部穀成　籠神社の総合的研究　他）
・高良大社　（高良大社　高良玉垂宮神秘書　他）
・諏訪大社　（谷澤誠一　安倍晴明後裔語り部　You Tube　他）
・不二阿祖山大神宮　（渡邊政男　不二阿祖山大神宮）

（スメル・ユダヤ・イエス関係）
・渡邊政男　（歴史は国家の最高機密　他）
・三浦敦雄　（天孫人種六千年史の研究）
・川崎真治　（混血の神々）
・鹿島　曻　（シルクロードの倭人）
・酒井洋一　（日本の始まりはシュメール　他）
・小林登志子　（古代オリエント全史・シュメル神話の世界）
・中丸　薫　（古代天皇家と日本正史）
・ケンジョセフ　（日本はキリスト教国家）
・田中英道　（日本とユダヤの古代史&世界史　他）
・茂木　誠　（イエス・キリストと神武天皇　他）
・保江邦夫　（封じられた日本史　他）

・林和彦　訳（レンヌ＝ル＝シャトーの謎）
・ダンブラウン（ダ・ヴィンチ・コード）
・秋山眞人（シュメールの最終予言　他）
・岡田温司（黙示録）
・宝彩有菜（マリアの福音書解説）

（猿田彦関係）
・加部節男（天成る道　神道の体系と教義）
・戸矢　学（サルタヒコのゆくえ　他）
・清川理一郎（猿田彦と秦氏の謎）
・鎌田東二（謎のサルタヒコ）

（古代史全般）
・久保田幸里（古代天皇の実像　他）
・布施泰和（卑弥呼は二人いた　他）
・飛鳥昭雄（失われた徐福のユダヤ人「物部氏」の謎　他）
・亀山　勝（安曇族と徐福　他）
・矢作直樹（失われた日本人と人類の記憶）

・並木良和（全宇宙の大転換と人類の未来　他）
・たつき諒（私が見た夢　完全版）

（古代韓国史）
・金聖昊（沸流百済と日本の国家起源）
・三国史記（朝鮮史学会昭和三年本）
・小和田泰経（朝鮮三国志）

（重点参照ブログ）
・玄松子の記憶（神社データベース）
・ひもろぎ逍遥（九州王朝）
・神社見聞調考（百嶋神社考古学）
・セキホツ熊の謎を追え！（宮下文書）

（重点参照 You Tube）
・むすび大学チャンネル
・神社チャンネル
・TOLAND VLOG

・もぎせかチャンネル
・久保有政セミナー
・林浩司　You Tube

**【著者紹介】**

二宮　翔（にのみや　しょう）

一九八三年　早稲田大学政治経済学部卒　東京都在住

学生時代より日本の歴史小説を愛読、大阪で勤務中の二〇一九年に百舌鳥・古市古墳群が世界遺産に登録されたことを契機に日本古代史の研究を始める。

竹内睦泰氏「正統竹内文書」に影響を受け、古史古伝（富士宮下文書・九鬼文書・秀真伝など）や神社伝承（元伊勢籠神社など）に興味を持つ。

同書の「猿田彦神はイエス・キリスト」という謎の解明に、スメル神話などグローバルな視点から幅広くその真実性を考察している。

猿《さる》田《た》彦神《ひこしん》はイエス・キリスト　──高天原《たかあまはら》の黙示録《もくしろく》──

2024年12月13日　第1刷発行

著　者 ── 二宮《にのみや》 翔《しょう》

発行者 ── 佐藤　聡

発行所 ── 株式会社 郁朋社《いくほうしや》

〒101-0061　東京都千代田区神田三崎町 2-20-4

電　話　03（3234）8923（代表）

ＦＡＸ　03（3234）3948

振　替　00160-5-100328

印刷・製本 ── 日本ハイコム株式会社

落丁、乱丁本はお取り替え致します。

郁朋社ホームページアドレス　http://www.ikuhousha.com

この本に関するご意見・ご感想をメールでお寄せいただく際は、

comment@ikuhousha.com までお願い致します。

 ISBN978-4-87302-834-7 C0095